철학적 사유의 갈래

초월과 해체를 넘어서

철학적 사유의 갈래

초월과 해체를 넘어서

노양진 지음

서광사

철학적 사유의 갈래
초월과 해체를 넘어서

노양진 지음

펴낸이 | 김신혁, 이숙
펴낸곳 | 도서출판 서광사
출판등록일 | 1977. 6. 30.
출판등록번호 | 제 406-2006-000010호

(10881) 경기도 파주시 회동길 77-12 (문발동)
대표전화 (031) 955-4331   팩시밀리 (031) 955-4336
E-mail: phil6161@chol.com
http://www.seokwangsa.co.kr | http://www.seokwangsa.kr

제1판 제1쇄 펴낸날 ― 2018년 8월 23일

ISBN 978-89-306-1218-0   93160

　20세기 동안 두 차례의 거센 지적 동요를 거친 철학적 사유의 지형
도는 또 다른 변형을 요구한다. 경험주의적 정신과 논리적 도구로 무
장한 분석철학은 형이상학적 전통의 철학적 이론들을 지탱해 왔던 의
미론적 근거를 무너뜨렸다. 프랑스를 중심으로 광범위하게 확산되었
던 포스트모더니즘은 해체론적 비판을 통해 철학적 이론화 자체의 근
거를 무너뜨렸다. 전통적인 철학사의 시각에서 본다면 20세기는 지적
반역의 세기였다.

　전복과 해체의 흥분이 가라앉은 철학의 자리에는 지적 평온이 찾아
드는 대신 주류를 잃은 철학의 미래에 대한 불투명한 전망들이 교차
한다. 필자는 이러한 지적 불안이 철학적 사유에 대한 근원적 회의나
불신 대신에 대안적 사유로 이행해 가기 위한 새로운 탐구를 요청한
다고 본다. 그 새로운 탐구는 처음부터 메타적인 방식으로 이루어질
수밖에 없으며, 그것은 역설적이게도 새롭고 첨예한 이론으로 나아가
기보다는 오히려 이론들 자체로부터 후퇴하도록 권고한다. 과도한 이
론들이 후퇴한 바로 그 자리에서 우리가 공유해야 할 사유의 지반이
새롭게 드러날 것이기 때문이다.

필자는 이 책을 통해 사변적 전통의 붕괴와 함께 드러난 지적 분기 상황을 벗어나는 대안적 사유의 지형도를 탐색하려고 했다. 이러한 탐색의 출발점에는 '체험주의'(experientialism)라는 새로운 철학적 시각이 있다. 언어학자인 레이코프(G. Lakoff)와 철학자인 존슨(M. Johnson)의 지속적인 공동 작업을 통해 형성되어 가고 있는 체험주의는 낯설고 새로운 철학적 시각이다. 체험주의는 20세기 후반의 경험적 지식, 특히 인지과학의 성장에 주목하며, 그것이 철학적 탐구에 새로운 방향성을 제시한다고 주장한다. 체험주의의 기본적 목표는 우리의 경험과 이해에서 '몸의 중심성'을 회복하려는 것이다. 마음 중심의 정신주의적 전통 안에서 수행되어 왔던 전통 철학은 우리가 순수한 마음의 존재라는 '그릇된' 가정에 근거하고 있으며, 그 가정은 결과적으로 '우리의 것'에 대한 반성적 해명보다는 '우리가 원하는 것'에 관한 사유를 낳았다는 것이다.

경험적 탐구인 인지과학의 성과가 그 자체로 철학적 이론을 구성하는 것은 물론 아니다. 모든 철학적 사유는 항상 경험적 지식을 넘어서 나아가며, 종종 경험적 지식 자체에 메타적 의문을 제기한다. 이 때문에 철학은 흔히 순수하게 사변적인 학문으로 인식되기 쉽다. 그러나 우리가 주목해야 할 중요한 사실은 모든 철학적 이론이 당대까지 주어진 경험적 지식을 포괄하는 방식으로 이루어졌으며, 또 그래야 한다는 점이다. 경험적 사실을 외면하는 철학은 결국 경험적 사실에 의해 결정적으로 반박될 것이기 때문이다. 그래서 새로운 철학적 이론은 지금까지 우리에게 주어진 경험적 사실을 포괄하거나 적어도 양립 가능한 방식으로 구성되어야 한다. 레이코프와 존슨은 그것을 '경험적으로 책임 있는 철학'(empirically responsible philosophy)이라고 부른다.[1]

경험적으로 책임 있는 철학은 본성상 초월적인 것이나 선험적인 것
이 철학적 탐구의 축이 되어야 한다는 생각을 거부하며, 그런 의미에서
'자연주의적'(naturalistic)이다. 자연주의는 오랫동안, 그리고 지금도
여전히 몇몇 불필요하거나 부당한 오해에 시달리고 있다. 이 오해의
뿌리에는 철학적 사유에 대한 전통적 시각이 반영되어 있다. 그 하나는
철학적 사유가 경험적 지식의 도움 없이 독립적으로 수행될 수 있다는
다분히 근세적인 오해다. 철학은 순수한 사변의 힘으로 수행될 수 있으
며, 따라서 경험적 지식은 철학적 사유에 아무런 쓸모가 없거나 쓸모가
있다 하더라도 부차적인 것 이상일 수 없다는 것이다. 이러한 생각의
배후에는 철학적 사유가 순수한 논리의 힘에 의해 수행될 수 있으며,
그 논리는 경험적인 것에 의존하지 않는 순수한 마음의 기제라는 발상
이 자리 잡고 있다. 그러나 오늘날 마음에 관한 인지과학적 탐구에 따
르면 논리적인 것이든 그 이상이든 모든 정신적 작용은 몸-두뇌-환
경의 복합적 상호작용으로 이루어지는 인지 과정을 비켜설 수 없다.

자연주의에 대한 또 다른 오해는 자연주의가 환원주의(reduction-
ism)와 다르지 않다는 것이다. 이 두 번째 오해는 나름대로의 근거가
있지만 비교적 소박하고 단순한 종류의 것이다. 예를 들면 20세기 초
반에 성행했던 '물리주의'(physicalism)는 우리의 정신적 영역이 물
리적 어휘로 환원되어 기술될 수 있다고 주장했다.[2] 이처럼 직선적인

---

1 G. 레이코프·M. 존슨, 『몸의 철학: 신체화된 마음의 서구 사상에 대한 도전』, 임
   지룡 외 역 (서울: 박이정, 2002) 참조.
2 예를 들어 김재권의 초기 심리철학을 대변하는 '강수반 이론'(strong superve-
   nience theory)은 이러한 물리주의의 강력한 표현이며, 이후 스스로 약수반 이론
   으로 이행하면서 철회할 수밖에 없었던 입장이기도 하다. 김재권, 「수반 개념: 허
   버트 하이델베르거에게 드림」, 『수반과 심리철학』, 김광수 외 역 (서울: 철학과현
   실사, 1995) 참조.

물리주의는 비교적 단시간 내에 반박되었으며, 오늘날 이러한 물리주
의를 유지하는 철학자는 거의 찾아볼 수 없게 되었다.[3] 이러한 상황에
서 새롭게 제기되는 자연주의는 환원주의의 동지가 아니라 사실상 환
원주의의 가장 강력한 적이라고 할 수 있다. 초월적이거나 선험적인
것을 거부하는 동시에 환원주의를 반대하는 이러한 자연주의는 카로
와 맥아더(M. de Caro and D. Macarthur)의 제안을 따라 '개방적
자연주의'(liberal naturalism)라고 부를 수 있을 것이다.[4]

　필자는 이러한 자연주의적 시각에서 철학사를 이끌어 온 사유의 모
형을 세 갈래로 구분해 보았다. '초월적 사유'와 '해체적 사유', 그리
고 '경험적 사유'가 그것이다. 이 세 갈래의 사유는 너무나 복잡한 방
식으로 교차되고 혼융되면서 동·서양의 철학사 안에서 철학의 본성
을 규정해 왔으며, 그 복합성은 여전히 철학적 논의의 주변을 서성거
린다. 필자는 이 세 갈래 사유의 '인지적'(cognitive) 본성에 주목함
으로써 초월적 사유와 해체적 사유의 인지적 본성이 사실상 경험적인
것에 대한 인식에 근거해서만 개념화될 수 있으며, 또 적절히 해명될
수 있다는 사실을 깨닫게 되었다. 이러한 해명은 다양한 사변적 이론
들을 자연주의적 지반으로 환원하거나 수렴하기 위한 것이 아니라 그
이론들이 공유하는 공통의 지반으로부터 어떻게 마주치고 갈라서는
지를 밝히려는 것이다. 이러한 시도는 마치 공약 불가능한 것처럼 유

3　드문 경우로 윌슨의 최근 입장은 여전히 '생물학적 환원주의'라고 불릴 만한 시각
　　을 드러내고 있다. 에드워드 윌슨, 『통섭: 지식의 대통합』, 최재천·장대익 역 (서
　　울: 사이언스북스, 2005) 참조.

4　Mario de Caro and David Macarthur, "Introduction: Science, Naturalism,
　　and the Problem of Normativity," in Mario de Caro and David Macarthur,
　　eds., *Naturalism and Normativity* (New York: Columbia University Press,
　　2010), p. 3 참조.

포되고 교차되어 왔던 이론들이 어디에서 새로운 대화의 접점을 찾을
수 있으며, 또 찾아야 하는지에 대한 하나의 제안일 수 있다.

이러한 분석은 모든 철학적 사유는 종적(種的) 담론이며, 그 지반에
바로 우리가 하나의 종으로서 공유하는 '종적 공공성'(specific com-
monality)이 자리 잡고 있다는 것을 보여 준다. 종적 공공성이란 현재
와 같은 몸을 가진 유기체로서 인간이 공유하는 경험의 유사성을 말
하며, 그 유사성은 신체적/물리적 층위의 경험에서 현저하게 드러난
다. 그것은 철학적 담론 또한 신체적/물리적 층위의 경험에서 드러나
는 공공성에 근거해서 확장된 담론의 하나라는 것을 의미한다. 이 지
반을 무시하거나 간과하는 철학적 담론은 흔히 과도한 이론들을 낳게
되며, 나아가 그 지반 자체를 무화하거나 훼손하는 결과를 낳게 된다.

초월적 이론들은 모든 것을 수렴하는 '꼭짓점'(apex)을 찾으려고
한다. 몸의 존재로서 시간과 공간 안에 갇힌 인간에게 초월적인 것에
대한 열망은 자연스러운 것이다. 그러나 필자는 그 열망이 왜 더 이상
우리의 철학적 사유를 이끌어 가는 주도적 원리일 수 없는지에 주목
했다. 초월적인 것에 대한 열망이 자연스럽다 하더라도 그 자연스러
움이 철학적 원리를 정당화해 주는 것은 결코 아니다. 초월적인 것은
'우리가 원하는 것'의 한 유형으로 정당화될 수는 있지만 '우리의 것'
으로서는 처음부터 정당화될 수 없는 기획이다.[5] 수많은 '원하는 것
들' 중 하나가 절대성을 앞세우고 우리 모두의 사유의 척도라고 자처
할 때 그 절대성은 곧 억압으로 변질된다. 이것이 '철학'이라는 이름
을 앞세운 초월적 이론이 필연적으로 안게 되는 폭력성의 원천이다.

한편 서구의 지성사를 통해 펼쳐진 초월의 긴 역사에 비한다면 '해

---

5 노양진, 『몸·언어·철학』(파주: 서광사, 2009), p. 332 참조.

체론'의 역사는 매우 짧다. 20세기 후반에 들어 '차연'(différance)이라는 낯선 장치를 앞세워 전개된 데리다(J. Derrida)의 해체론은 적어도 서양철학이 경험하지 못했던 새로운 사유의 지평을 열어 주었다. 그러나 그 새로움은 서양철학에 관해서만 맞는 말이다. 해체의 사유는 동아시아의 지성사에서는 너무나 오래되어 오히려 낯설게 된 것이기 때문이다.

　해체론적 이론들은 '비어 있음'으로 특징지을 수 있는 독특한 개념에 의존하고 있다. 필자는 이 독특한 개념을 그 인지적 특성을 따라 '그림자 개념'(shadow concept)이라고 부르는데, 데리다의 '차연'과 함께 용수(龍樹)의 '공'(空)이나 노자(老子)의 '도'(道)가 바로 그것이다.[6] 필자는 이 그림자 개념이 그 자체로 성립하는 것이 아니라 본성상 '경험적인 것'에 대한 인식에 의존해서만 은유적으로 개념화될 수 있다는 점에서 '그림자'라고 부른다. 이러한 분석은 해체론적 사유가 경험적인 인식에 뿌리를 두고 있으며, 따라서 해체론적 이론에 대한 평가 또한 궁극적으로 경험적인 것에 의해 이루어져야 한다는 것을 함축한다.

　필자는 이 책에서 초월/선험과 해체라는 이름으로 유포된 철학적 이론들의 '인지적' 본성을 드러냄으로써 그것들이 왜 필연적으로 불가해한 이론적 곤경에 처하게 되는지를 밝히려고 했다.[7] 초월/선험, 그리

6　해체론적 이론들은 공통적으로 그림자 개념에 의존하고 있지만 모두 동일한 철학적 결론을 향하고 있는 것은 아니다. 이 문제에 관한 더 상세한 논의는 이 책 2장 「그림자 개념에 관하여」 참조.

7　마음의 본성에 관한 학제적 탐구인 '인지과학'(cognitive science), 특히 1970년대에 들어 열리게 된 '제2세대 인지과학'은 비교적 짧은 시간 안에 우리 자신의 인지적 조건에 관해 새로운 경험적 지식을 제공했다. 제2세대 인지과학은 우리의 마음이 은유(metaphor)나 환유(metonymy), 심적 영상(mental imagery), 원형

고 해체론을 비켜설 때 우리에게 열리게 되는 유일한 땅은 '경험적인 것' 뿐이다. 필자는 이 경험적인 땅에서 펼쳐지게 될 철학적 사유의 새로운 지형도의 윤곽을 그리려고 했다. 이처럼 철학적 사유의 토대를 경험적인 것으로 돌이키려는 시도는 오늘날 흔히 '자연주의' 라는 이름으로 불리고 있다. 이러한 자연주의는 모든 철학적 사유의 출발점을 이루고 있는 삶의 지반에 대한 '회귀적 성찰' 을 요구하며, 거기에서 다시 새로운 사유를 열어 가기를 요구한다. 역설적이게도 자연주의가 가리키는 지반은 기나긴 사변적 전통의 철학사에 비추어 보면 낯선 곳처럼 보일 수 있지만 사실상 '과도한 이론들' 에 의해 가려져 왔던 오래되고 낯익은 땅일 뿐이다. 여기에서 철학은 다시 시작될 수 있다.

이 책은 이미 학회지를 통해 발표된 몇몇 논문과 발표되지 않은 필자의 글을 포함하고 있다. 이미 발표된 논문의 출처는 다음과 같다.

제2장 「그림자 개념에 관하여」.『범한철학』, 제59집 (2010 겨울): 379-
　　400.
제3장 「김형효와 사실성의 철학」.『철학』, 제108집 (2011 가을): 1-23.
제5장 「몸의 침묵」.『범한철학』, 제73집 (2014 여름): 213-32.
제6장 「언어와 경험: 괴리와 거리」.『철학연구』, 제116집 (2010 겨울):
　　59-78.

효과(prototype effect) 등 다양한 비법칙적 기제를 통해 작동하며, 제1세대 인지과학이 가정했던 것처럼 법칙적 경로를 따르지 않는다는 사실을 보여 준다. 레이코프·존슨, 『몸의 철학』, pp. 126-30 참조. 제2세대 인지과학의 새로운 발견은 철학적 사유의 본성에 관해서도 새로운 분석의 가능성을 열어 준다. 철학적 사유가 경험적 지식과 독립적으로 전개될 것이라는 고전적 가정은 더 이상 근거가 없으며, 경험적이든 철학적이든 우리의 모든 사유는 '인지' 라는 단일한 경로를 통해 이루어지기 때문이다.

제7장 「의사소통의 기호적 구조」. 『범한철학』, 제75집 (2014 겨울):
345-68.

제9장 「존슨의 자연주의 윤리학과 도덕의 크기」. 『철학연구』, 제137집
(2016 봄): 131-49.

이 책이 출간되기까지 많은 분들의 도움을 받았다. 서던일리노이대
학교의 은사이신 존슨 교수님은 열린 철학의 가능성에 대한 필자의
시각을 열어 주셨다. 한국에 돌아온 이후 필자의 모든 철학적 작업은
멀든 가깝든 존슨 교수님의 가르침에 빚지고 있다. 동아시아의 지적
전통에 대한 지식과 이해를 넓혀 주신 전남대학교 철학과의 최대우
교수님과 이중표 교수님에게도 깊이 감사드린다. 섬세한 교열을 통해
크고 작은 잘못을 바로잡아 주신 서광사 편집부, 그리고 전남대학교
의 전경진 박사와 김용은 님, 김혜영 님에게도 감사드린다. 여전히 남
아 있게 될 크고 작은 잘못은 모두 필자의 몫이다. 필자의 새로운 철
학적 모험을 묵묵히 담아 주시는 서광사의 김신혁 사장님에게도 특별
한 감사를 드리고 싶다.

이 책을 교열하던 중에 김형효 교수님이 연초에 작고하셨다는 사실
을 알게 되었다. 한국 현대철학에 큰 획을 그으신 김형효 교수님의 철학
적 작업에 깊은 경의를 표하며, 삼가 영전에 머리 숙여 조의를 표한다.
또한 김형효 교수님의 저작 인용을 흔쾌히 허락해 주신 유족에게도 깊
은 감사를 드린다.

2018년 여름
지은이

제1장

초월의 역설

1. 머리말

'초월적인 것'(the transcendent)은 존재든 경험이든 우리를 넘어선
어떤 것을 말한다. 우리는 대체로 '초월'이라는 말의 의미를 잘 알고
있다고 생각하며, 또 초월에 관한 담론에도 익숙하다. 초월적인 것으
로의 도약은 우리에게 부여된 정신적 사유의 일차적 특권이기도 하
며, 많은 사람들은 그것이 우리와 '동물'의 차이를 보여 주는 핵심적
징표라고 주장하기도 한다. 그러나 우리가 잘 알고 있다고 생각하는
'초월'에 관한 이야기가 간단한 것만은 아니다. 이것은 '초월'이 철학
사를 통해 복잡다단하게 논의되어 왔다는 말이 아니라 오히려 '초월'
에 대한 우리의 이해 방식이 매우 복합적이라는 것을 말한다.[1]

---

[1] 필자는 이 글에서 경험적인 것을 넘어서 있다는 점에서 초월과 선험을 동일한 범
주로 다룰 것이다. 필자는 철학이 사용하는, 또 사용할 수 있는 개념들을 '초월적
개념'과 '그림자 개념', '경험적 개념'으로 구분할 수 있다고 보며, 적어도 이 큰
가르기에서 초월과 선험은 동일한 이론적 성격을 갖는다고 본다. 그림자 개념은

먼저 초월적인 것은 우리 자신의 특정한 조건에서 비롯되는 희망의 산물이며, 물리계의 구성원이 아니다. 따라서 자연주의자는 '초월'이 우리 인지작용의 특수한 구성물이라는 사실을 설명할 수 있지만, 초월주의자는 초월적인 것의 존재론적 구조를 해명하는 대신에 초월적인 것의 '필요성'을 이야기한다. 초월은 '우리의 것'이 아니라 '우리가 원하는 것'에 대한 열망의 표현이다.[2] 초월적 사유의 위험성은 초월에 대한 열망 자체가 아니라 바로 이 혼동에 있다.

초월에 대한 열망이 '인간성'의 자연스러우면서도 친숙한 한 국면이라는 점은 분명해 보인다. 그렇지만 철학이 초월에 관한 형이상학적 이론을 구성함으로써 우리 자신의 조건을 더 낫게 이끌어 갈 수 있다는 소박한 믿음은 근세의 인식론적 반성을 통해 적절히 무너진 것으로 보인다. 그러나 초월의 수난은 거기에서 그치지 않는다. 언어적으로 위장된 초월은 또다시 20세기 초반 분석철학적 비판을 통해 의미론적인 근거를 잃게 되었으며, 그 위험성은 포스트모던 철학자들을 통해 다시 고발되었다. 두 차례의 철학적 비판을 거치면서 이제 초월주의자가 의지할 수 있는 마지막 보루는 '철학적'이라고 부르기에는 너무나 원초적인 '열망' 뿐인 것으로 보인다.

필자는 이 글에서 '초월'이라는 개념이 본성적으로 안고 있는 역설을 드러냄으로써 그것을 둘러싼 몇몇 불투명한 논의의 갈래를 구획하려고 한다. 필자는 초월이라는 개념이 그 자체로 '관여의 역설'과 '보

우리가 해체론이라고 부를 수 있는 이론들에서 사용되는 개념이며, 필자는 노자의 '도'(道)와 데리다(J. Derrida)의 '차연'(différance), 용수(龍樹)의 '공'(空)을 그림자 개념으로 구분했다. 이 구분에 관한 논의는 이 책 2장 「그림자 개념에 관하여」 참조.

2 노양진, 『몸·언어·철학』 (파주: 서광사, 2009), pp. 332, 344 참조.

편성 역설'이라는 두 가지 풀 수 없는 역설을 안게 된다고 보았다. 이 두 가지 역설은 단순히 특정한 이론적 구성의 결함에서 비롯되는 것이 아니라 '초월'이라는 개념 자체의 본성에서 비롯된다. 초월은 처음부터 현상계와 단절되는 동시에 접속되어야 하는 역설적 관계를 가정한다. 그러나 그런 접속은 '존재하지' 않는다. 또 존재한다 하더라도 정합적 이해가 가능한 방식으로 개념화될 수 없다. 필자는 여기에서 초월적인 것과 관련된 핵심적인 난점들이 대부분 개념적 혼동으로부터 비롯되고 있다는 점을 지적하고, '철학적' 논의에서 그러한 혼동이 왜 제거되어야 하는지를 밝히려고 한다. 이러한 시도는 초월적인 것에 대한 인간적 '열망' 자체를 부정하거나 거부하려는 것이 아니라, 그것이 불러올 '철학적' 혼동과 그 귀결의 위험성을 지적하려는 것이다.

2. 무엇을 넘어설 것인가?

초월한다는 것은 무엇인가를 '넘어선다'는 것을 의미한다. '철학적'이라는 이름을 가진 모든 이론이 넘어서려고 하는 것은 사실 우리 자신과 우리의 세계다. 우리가 경험하는 깨어진 현실 세계와 사실들이 있으며, 그것들은 항상 우리에게 불안정성/불완전성에 대한 '불안'과 함께 주어진다. 그 끊임없는 부침(浮沈)의 세계를 철학자들은 '현상계'라고 불렀다. 고대로부터 초월의 철학자들은 현상계의 이러한 불안정성/불완전성이 우리가 경험하는 모든 고통 또는 나쁜 것의 근원이라고 생각했다. 사실상 초월적이든 아니든 우리의 모든 철학적 사유는 여기에서 출발한다. 이런 점에서 이 세계를 넘어서려는 인간의 지적 열망에는 그 자체로 '자연스러운' 측면이 있다.

내가 스스로의 사고와 행동에 관해 반성적 성찰을 할 때 사고와 행동이 내 성찰의 대상이 된다. 이때 그 대상이 되는 사고와 행동은 또 다른 차원에서 이루어지는 성찰이다. 우리에게는 그러한 메타적 사유 능력이 있으며, 그것은 특별한 사고 훈련을 거치지 않은 사람에게도 일상적인 능력에 가깝다. 그것 또한 일종의 '초월적 사유'라고 부를 수 있겠지만, 그 내용은 대체로 단편적이거나 비체계적이다. 대신에 철학자들이 말하려고 하는 '초월'은 훨씬 더 복잡하고 체계적이다. 예를 들면 플라톤이 말하는 이데아의 세계를 초월적 세계라고 말할 수 있다. 그것은 존재론적 초월의 전형적인 경우다. 플라톤은 우리에게 그러한 초월을 가능하게 하는 정신 능력이 있다고 주장한다. 그러나 이러한 주장은 존재론적으로 이데아의 세계에 대한 경험적 성찰에 근거한 것이 아니라 인식론적인 요청에 의해 설정된 것이다. 우리의 인식이 미칠 수 있는 곳은 초월의 지점이 아니다. 그것은 우리의 인식이 확장된 또 다른 지점일 뿐이기 때문이다.

그렇지만 여전히 이러한 인식의 확장을 '확장'이라고 말하는 대신에 '초월'이라고 말하려는 사람들에게는 몇 가지 그럴 듯한 이유가 있다. 우선 이들은 초월을 통해서 우리의 현재 조건과 상태에 갇히게 될 두려움을 극복하려고 한다. 역설적이게도 이들은 우리의 이러한 원초적 조건이 초월이라는 출구가 아니고서는 결코 극복되지 않을 것이라는 조바심에 사로잡힌 사람들이다. 좀 더 되돌아보면 초월에 대한 주장은 우리에게 주어진 현실적 조건이 적어도 이 세계 안에서 극복되지 않으리라는 자명한 사실을 사실상 인정하고 있다.

두 번째로 초월을 지지하는 사람들은 우리의 경험에 우리의 경험적 지식으로 적절히 설명할 수 없는 독특한 영역이 존재한다는 사실을 중요한 근거로 든다. 물론 우리에게는 적어도 경험적인 방식으로 적절하게 설명할 수 없는 수많은 것들이 있다. 그래서 경험적인 모든 것을 동원해도 설명이 되지 않는 매우 특별한 어떤 것들에 대해 '초월'이라는 이름을 부여한다. 그러나 우리가 설명할 수 없다고 해서 그것을 모두 '초월적'이라고 규정해야 할 이유는 없다. 우리가 전지전능한 존재가 아니라는 너무나도 평범한 사실을 받아들이기만 하면 경험적으로 적절하게 설명되지 않는 현상은 그저 잘 설명되지 않는 현상일 뿐이다.

3. 두 개의 역설

1) 관여의 역설

초월한다는 것은 우리의 모든 경험을 넘어선다는 것을 의미한다. 그러나 그것이 우리를 온전히 넘어서서 우리와 아무런 연결도 접속도 되지 않는다면 우리가 초월에 관해 이야기해야 할 이유도 근거도 사라진다. 그래서 초월적인 것은 우리의 경험을 넘어서면서도 우리의 경험 세계에 어떻게든 개입해야만 한다. 만약 이 난점을 피하기 위해 초월자가 우리와 어떤 연관이라도 맺게 된다면 그것은 어떤 방식으로든 우리의 일부가 될 수밖에 없으며, 그때 그 초월은 더 이상 초월이 아니다. 그래서 초월적인 것은 우리를 넘어서 있으면서도 실제적으로는 우리와 접속되어 있어야 하는 자가당착적 요구를 안게 된다. 철학자들은 이러한 초월자의 현상계 개입 문제를 '관여'(methexis)의 문제라고 불렀으며, 그것은 플라톤 이래로 철학자들을 괴롭히는, 그리고 누구도 해결하지 못한 난문으로 남게 되었다.[3]

---

3 '관여의 역설'에 관한 간략한 서술은 노양진, 『몸이 철학을 말하다: 인지적 전환

초월에 관한 수많은 이론들은 관여의 문제를 중심으로 논의된다. 종교적 초월자는 물론이고 플라톤의 이데아가 그렇고, 주희(朱熹)의 리(理)가 그렇다. 플라톤의 『파르메니데스』에서 제기되는 다섯 개의 난문은 바로 초월자인 이데아와 현상계의 관계 맺기, 즉 관여에 관한 난제들로 이루어져 있다. 중세에 이르러 '신 존재 증명'이라는 이름으로 알려진 논증들 또한 이 범주를 벗어나지 않는다. 그러나 이들이 '증명'이라는 이름으로 동원했던 것은 사실상 수많은 유비와 은유들일 뿐이다. 지난 수천 년 동안 철학자들이 이 문제를 해결하지 못했던 것은 우연이 아니다.

주희 이래로 수백 년에 걸친 동아시아의 유학적 논의의 핵심적 주제는 주희가 세계의 보편적 원리로 설정했던 '리'의 존재론적 위상과 관련되어 있다. 이 논의는 물론 리의 본성과 작용에 관한 해명에 초점이 맞추어져 있으며, 여기에는 수많은 유비와 은유들이 동원될 수밖에 없었다. 그래서 이에 관한 후대의 논의는 이 유비와 은유들의 구성과 해체, 재구성과 재생산의 역사다. 이러한 유비와 은유들을 철학적 증명으로 받아들이는 지적 혼선은 단지 동아시아에 국한되지 않고 초월자를 설정하는 모든 철학적 논의에 공통적으로 드러나는 현상이다.[4]

오늘날 이 문제와 관련해서 우리가 좀 더 나은 위치에 있다면 그것

과 체험주의의 물음』(파주: 서광사, 2013), p. 46 참조.

4 레이코프와 존슨(G. Lakoff and M. Johnson)은 모든 철학적 개념과 이론들이 은유적이라는 주장과 함께 서양철학사를 주도해 온 초월적 이론들에 대한 은유적 분석을 제시하고 있다. 이들의 분석은 동아시아의 초월적 이론에도 여과 없이 적용될 것이다. G. 레이코프·M. 존슨, 『몸의 철학: 신체화된 마음의 서구 사상에 대한 도전』, 임지룡 외 역 (서울: 박이정, 2002), 특히 15-18장 참조.

은 이 문제에 관한 궁극적 해결책을 발견했다기보다는 이 물음의 이론적 본성과 구조에 대해 해명할 수 있는 방식을 발견했다는 점 때문이다. 그것은 초월의 본성과 구조에 관한 은유론적 분석이다. '체험주의'(experientialism)의 은유 이론에 따르면 추상적 개념들은 대부분 은유적으로 구성되며, 그 은유들의 뿌리는 궁극적으로 신체적이고 물리적인 층위의 경험에 있다.[5] 초월적인 것은 스스로 그 모습을 를 드러내지 않는 한 '추상적인 것'일 수밖에 없으며, 그 개념화 또한 은유적 사고의 산물일 수밖에 없다. 따라서 초월적인 것에 관한 기술을 의미화할 수 있는 유일한 길은 그 은유를 구성하기 위해 동원되는 경험적 내용을 추적하는 일이다. 즉 초월적인 것은 이런저런 경험적 내용을 은유적으로 사상함으로써 구성되는 추상물이며, 우리는 그 은유들을 통해서만 초월적인 것을 개념화하고 이해할 수 있다.

초월적 개념에 대한 은유적 분석이 이루어진다 하더라도 앞서 지적했던 초월의 역설이 해소되는 것은 물론 아니다. 오히려 바로 이러한 은유적 과정 때문에 초월적인 것은 그 자체로 역설을 불러올 수밖에 없다. 경험적으로 기술되지 않은 초월은 의미화될 수 없으며, 그렇기 때문에 이해될 수도 없다. 동시에 경험적으로 기술된 초월은 더 이상 초월적이라고 말해질 수 없다. 왜냐하면 그 초월은 이미 우리의 경험적 언어 안에 있기 때문이다.

초월에 대한 은유적 분석은 더 이상 존재론적 분석이 아니다. 초월에 대한 은유적 분석에 따르면 초월은 더 이상 존재하는 것의 이름이 아니다. 초월에 대한 은유적 분석은 그것이 어떻게 개념화되며, 또 이

---

5 체험주의 은유 이론의 철학적 함축에 관한 개괄적 설명은 노양진, 「체험주의의 은유 이론」, 『몸·언어·철학』 참조.

해되는지에 대해 해명하려는 시도이기 때문이다. 이쯤 되면 초월적인 것의 매력은 대부분 사라지고 만다. 초월주의자들은 이 사실을 못내 안타까워하거나 이러한 은유적 분석 자체를 거부하려 할지도 모른다. 그러나 그 안타까움도 그 거부도 초월에 대한 증명으로 나아가는 길이 아니라 초월에 대한 열망에 스스로를 가두는 길이다.

2) 보편성 역설

만약 초월적인 것이 인간 모두가 도달할 수 있는 것이라면 그것은 더 이상 초월적이지 않다. 모든 사람이 처음부터 도달할 수 있다면 그것은 마치 모든 사람이 숨을 쉬고 생존하는 것처럼 너무나 평범한 현상일 뿐이기 때문이다. 우리가 우리 자신의 생명현상, 나아가 모든 유기체의 생명현상에 대해 완전한 해명에 이르지 못한다고 해서 그것을 초월적이라고 불러야 할 이유는 없으며, 더욱이 그 생명의 원천이 초월적인 것에서 비롯된다고 말해야 할 이유는 더더욱 없다. 생명현상은 모든 인간, 나아가 모든 유기체의 본성의 일부일 뿐이다.

반면에 초월적인 것이 특수한 사람들이 특수한 경로, 예를 들어 특수한 사고 훈련이나 특별한 직관을 통해서만 도달할 수 있다면 그것은 보편적일 수 없다. 만약 그것이 보편적이지 않다면 초월적인 것은 매우 특별한 사람들의 선호나 열망의 대상일 뿐이다. 불운하게도 특별한 사람들의 선호나 열망이 어떻게 모든 사람에게 적용되는 보편적 원리의 근거가 되는지를 해명할 수 있는 '논리'는 없다. 이 간극을 메우기 위해 철학자들은 증명이나 논리 대신에 다양한 '사고의 도약'을 선택한다. 그러나 그러한 도약은 은유적으로만 가능하다.

초월이 안게 되는 이 두 가지 역설을 극복하는 길은 적어도 인지적으로 열려 있지 않아 보인다. 서둘러 말하자면 초월론자들, 때로는 그 반대자들은 이 역설과 관련해서 답도 없는 문제를 안고 수천 년 동안 공허한 이론적 논쟁을 계속한 셈이다. 이러한 이론적 곤경에도 불구하고 초월적인 것에 대한 믿음과 주장이 불러오는 실제적인 효과, 즉 정치적, 사회적, 문화적 효과는 엄청난 것이었다. 그래서 초월을 둘러싸고 특정한 집단이 시대의 담론을 주도하거나 그 안에서 헤게모니를 장악하려는 형태의 권력 게임이 이루어진 것이다. 더 놀라운 것은 이러한 담론이 동·서양을 불문하고 지배적인 지적 담론을 형성해 왔다는 사실이다. 거기에는 순수하게 이론적인 이유가 아니라 매우 현실적인 이유들이 있다. 역설적이게도 초월적인 것은 현실적인 것을 먹고 자란다.

지성사를 통해 초월 담론을 지지해 주는 은밀한 이론적 동지는 '객관주의'(objectivism)다. 번스타인(R. Bernstein)은 객관주의를 "합리성이나 인식, 진리, 실재, 선, 옳음 등의 본성을 결정하는 데 궁극적으로 호소할 수 있는 영원하고 초역사적인 어떤 기반이나 구조들이 존재하며, 존재해야 한다는 기본적인 확신"[6]이라고 규정한다. 객관주의는 이러한 객관적 기준을 잃게 되면 허무주의에 빠져든다는 이분법적 위협을 내세워 초월이나 선험으로의 도약을 정당화해 왔다. 그러나 '초월 아니면 허무'라는 이분법은 처음부터 객관적 질서를 전제하는 객관주의자만이 받아들일 수 있는 공허한 이분법이다.

초월과 관련된 권력화의 문제를 별도의 것으로 제쳐 둔다면 초월은 우리에게 무엇을 줄 수 있을까? 아마도 초월이 우리에게 줄 수 있는

---

6 리처드 번스타인, 『객관주의와 상대주의를 넘어서』, 정창호 외 역 (서울: 보광재, 1996), p. 23.

최대의 선물은 '객관성'일 것이다. 현상계가 드러내는 다단한 복잡성
은 흔히 우리를 혼란으로 이끌어 간다. 이 혼란을 말끔하게 해소할 수
있는 가장 확실한 길은 절대적 진리, 즉 객관적 진리를 발견하는 길이
다. 문제는 현상계 안에서 이러한 기준은 발견된 적도 없으며, 또 앞
으로도 발견될 것으로 기대되지 않는다는 점이다.[7]

　역설적이게도 초월주의자들은 현상계 안에서 이러한 원리가 발견
될 수 없을 것이라는 사실을 스스로 인정하는 사람들이다. 그래서 초
월주의자들이 초월적/객관적 질서나 존재를 직접적으로 증명하지 못
하는 한 우리에게 분명하게 남은 것은 현상계뿐이다. 이러한 상황에
서 체험주의의 은유 분석을 따라 철학사를 이끌어 왔던 초월이나 선
험이 은유적 구성물일 뿐이라는 사실을 받아들이게 되면, 이제 우리
에게 남겨진 과제는 지금까지 '초월/선험'이라는 이름으로 제기되었
던 철학적 문제들을 경험적으로 해명하거나 해소하거나 재구성하는
일이다.

4. 존재론적 향수

초월적인 것의 존재를 입증하기 위해 정교하고도 집요한 철학적 시도
들이 지속적으로 이루어져 왔다. 우리는 그런 노력을 플라톤에게서
찾아볼 수 있으며, 그것은 '플라톤적'이라는 이름으로 장구한 서양철
학사의 주류적 태도의 하나를 이루었다. 이 과정에서 초월적인 것을

7　다양한 초월의 옹호자들 사이에 논쟁이 벌어진다면 이들은 자신이 옹호하는 초월
　이 왜 유일한 초월인지를 어떻게 논증하게 될지 궁금하다. 초월의 옹호자에게 다
　른 초월의 옹호자는 그의 동지일까, 적일까? 그것을 결정해 줄 어떤 논리가 가능
　할까?

증명하는 일은 마치 철학적 사유의 본령처럼 간주되어 왔다. 초월적 존재에 대한 미련은 일견 매우 상식적인 것으로 보인다. 적어도 "사유는 존재다"라는 파르메니데스적 사유에 익숙한 그리스인에게 그것은 자연스럽게 받아들여졌을 것이다. 예를 들면 방대한 규모의 그리스·로마 신화가 보여 주는 것처럼 사람들은 끊임없이 '초월적인 것'에 관해 이야기하고, 고민하며, 때로 열광하기 때문이다.

초월에 관해 이야기하려는 사람들이 그 '존재'를 증명하기 위해 노력하는 이유는 무엇일까? 서양철학적 전통 안에서 이것은 '있음의 우선성'에 대한 그리스인들의 오랜 믿음에 뿌리를 두고 있는 것으로 보인다. 즉 무엇인가 중요한 것이라면 그것은 우선 존재해야 한다. 그래서 그리스인들에게는 어떤 것이 중요하기는 하지만 존재하지는 않는다는 말은 '둥근 사각형'처럼 생각되었을 것이다. 이들은 그러한 존재들이 우리 안에서 구성된다고 말하는 대신에 우리 밖의 새로운 세계를 찾아 나섰다. 플라톤이 그 대장정의 선두에 서 있다.

서구 지성사에서는 '좋음'과 '있음'의 이러한 은밀한 결합을 정당화하는 대신 그것을 '그리스적' 사고라고 두루뭉술하게 이야기한다. 마치 그러한 믿음이 특정한 이론적 전통이나 성향이라기보다는 가치중립적인 믿음처럼 들리게 하려는 의도일 것이다. 그러한 그리스적 사고는 플라톤을 통해 정형화된 철학 체계로 유입되었다. 플라톤은 소크라테스의 입을 빌어 이렇게 말한다.

"그 뭔가는 '있는'(존재하는: on) 것인가, 아니면 '있지 않은'(존재하지 않는: mē on) 것인가?"

"있는 것입니다. 있지 않은 것이 도대체 어떻게 알려질 수 있겠습니까?"

"그런데 우리는 다음 사실을, 비록 여러 관점에서 검토해 볼지라도 족히 알 수 있겠지? 즉 '완벽하게 있는 것' (to pantelōs on)은 완벽하게 인식될 수 있지만, '어떤 식으로도 있지 않은 것'은 무슨 방법으로도 인식될 수 없는 것이란 사실을 말일세."[8]

소크라테스의 이러한 논변은 어수룩한 대화 상대(아마도 글라우콘)에 의해 풀려 나간다. 소크라테스의 논변은 '개념들의 부당한 실체화'와 '아는 것 아니면 모르는 것이라는 이분법'에 의해 정당화된다. 여기에서 주목해야 할 것은 존재하는 것만이 가치 있을 수 있다는 첫 번째 믿음이다. 존재와 가치의 이러한 은밀한 결합은 플라톤적 사유의 위대함을 보여 주는 사례라기보다는 그리스적 사고의 특이성을 보여 주는 사례일 뿐이다.

그리스인들은 '존재' 개념이 은유적으로 확장된다는 사실에 관해서 알지 못했다. '신체화된 경험' (embodied experience)의 본성과 구조에 대한 체험주의적 해명에 따르면 '있음'이라는 개념은 물리적/신체적 층위의 경험을 통해 형성되며, 그것은 다시 은유적 경로를 통해 추상적 층위의 '있음' 개념으로 확장된다. 우리는 그 '있음'의 원형 (prototype)이 우리의 몸과 물리적 대상들의 세계에서 비롯된다는 사실에 주목할 필요가 있다. 초월주의자들은 오히려 그 '있음'의 원형이 우리를 넘어선 어떤 곳에 있으며, 우리 세계의 '있음들'이 그 있음을 모형으로 삼아 나타난다고 주장한다.

사실상 일상적인 담론에서 물리적 대상의 존재를 증명하기 위해 특수한 논증을 사용해야 할 이유가 없다. 예를 들면 우리는 내 손이 존

---

8 플라톤, 『국가·政體』, 박종현 역주 (서울: 서광사, 1997), 476e-477a.

재한다는 것을 증명하기 위해 어떤 특수한 이론을 동원하지 않는다. 나아가 내 몸이, 그리고 그 몸과 직접적으로 상호작용하는 산이나 강이 물리적으로 존재한다는 사실 또한 다르지 않다.[9] 그것들의 존재성은 내 몸의 존재성만큼이나 자명해 보이기 때문이다.

그러나 철학적 논의에서 초월적인 것의 존재를 증명하는 데에는 매우 복잡한 이론이 동원된다. 초월자뿐만 아니라 진리, 자유, 사랑, 수(數)와 같은 추상적 개념들이 존재하는 방식에 대해서도 복잡한 논란이 지속된다. 아마도 그런 추상적 존재들이 산이나 강 같은 물리적 대상들과 동일한 방식으로 존재한다고 말하는 사람은 매우 기이한 이론을 가진 사람이 아니고서는 아무도 없을 것이다. 그것은 손이 존재한다는 믿음과 초월적인 것이 존재한다는 믿음 사이에 이론적으로 메워야 할 큰 간극이 있다는 것을 말해 준다. 이 간극을 두고 뿌리 깊은 철학적 혼동이 들어선다.

체험주의적 해명에 따르면 추상적 층위의 개념들은 물리적 층위의 개념들을 은유적으로 확장한, 경험적 이해의 산물이다. 즉 우리가 추상적 층위의 개념들을 이해하기 위해서는 은유적으로 구성된 추상적인 것들의 개념적 원천을 이루고 있는 물리적 층위의 경험이나 이해를 필요로 한다. 이러한 해명이 없이는 물리적 개념들과 추상적 개념들은 각각 독립적인 영역들로 남을 수밖에 없다. 그래서 우리는 여기에서 초월적인 것의 '존재성'이 우리가 이론을 통해 부여한 것이라고

---

9 여기에서 필자가 말하는 산이나 강 같은 물리적 대상은 물론 우리의 가르기의 산물이다. 그것들은 형이상학적 실재론자들이 가정하는 것처럼 그 자체로 산이나 강으로 존재하는 것은 아니다. 그러나 가르기가 우리의 자연적·사회적·문화적 조건에 따라 여러 형태로 달라질 수 있다 하더라도 그것들이 물리적으로 존재한다는 사실은 우리 몸이 존재한다는 사실만큼이나 명백한 것이다.

결론지을 수 있다. 중요한 것은 그 존재성이 논증에 의해서 증명되는 것이 아니라 오직 다양한 '존재 은유들'에 의해서만 이해되고 경험될 수 있다는 점이다. 그래서 초월적 존재는 오직 특정한 은유의 사용자들만이 이해하고 경험할 수 있다. 낯선 문화의 신화는 우리에게 흥미로운 신의 이야기를 들려주지만 그것을 이해하기 위해서는 적절한 인지적 확장이 필요하다. 우리가 그 신화 속의 신을 이해한다는 것은 그 신화를 구성하는 은유를 받아들인다는 것을 말한다. 초월자는 '은유적으로' 존재하는 것이다.

주목해야 할 것은 이렇게 이해된 초월자는 그저 초월만 하는 것도 아니고 그저 존재만 하는 것도 아니라는 점이다. 초월자는 항상 우리의 지적·도덕적 사고와 행위에 적극적이면서도 초월적인 방식으로 개입하며, 더 나아가 주재한다. 철학적으로 무장한 초월자는 수많은 존재들에 덧붙여진 그저 또 하나의 존재가 아니다. 초월은 인간과 세계의 행로에도, 참/거짓 판단에도, 선/악 판단에도 최고의 척도로서 개입한다. 그리고 초월은 흔히 '철학'이라는 이름을 앞세운 복잡한 논변을 통해 매우 특수한 위치를 얻게 된다. 그러나 그 복잡한 논변이라는 것이 사실상 정교한 형태의 유비나 은유일 뿐이라는 사실은 그것이 내세우는 '절대성'이나 '보편성'이 처음부터 허구일 수밖에 없다는 사실을 말해 준다. 우리가 주목해야 할 것은 '철학'이라는 이름으로 등장하는 초월은 더 이상 너 또는 나의 초월이 아니라 '모두의' 초월로 변형된다는 점이다.

이러한 관점에서 초월 담론의 폭력성은 초월적 사유 자체의 문제라기보다는 그것을 보편적인 것으로 규정하려는 철학적 열망 때문이라고 말할 수 있다. 초월적 조망점은 우리 자신을 되돌아보는 성찰의 통로를 제시해 줄 수 있지만, 그것이 '절대성'을 자임하는 순간 배타적 폭력의 위험성에 빠지게 된다. 그 초월을 벗어난 다른 모든 담론은 더 이상 지속되어야 할 가능성도 필요성도 잃게 된다. 이런 의미에서 절대적 초월의 담론은 철학의 완성이 아니라 철학적 사유를 가로막는 폭력의 담론일 뿐이다.

그렇다면 철학적 사유에서 초월의 역할은 아주 사라지는 것일까? 꼭 그렇지만은 않아 보인다. 초월에 관한 철학적 논의를 철학적 '사고실험'(thought experiment)의 한 형태로 읽을 수 있기 때문이다. 그러한 사고실험은 더 이상 절대적/객관적/보편적 관점이나 원리에 이르기 위한 것이 아니라 우리 자신에 관한 성찰을 위한 상상적 조망점을 마련하기 위한 것이다. 그렇게 제시된 초월은 더 이상 절대적 실체도 아니며 객관적 근거도 아니다.

만약 우리의 세계 안에 초월적인 것이 존재하지 않는다는 사실을 불운이라고 생각한다면 그것은 특정한 시대, 특정한 문화의 불운이 아니라 인간이라는 종(種)의 불운이다. 그러나 필자는 초월의 부재를 '불운'으로 받아들이는 데에는 모종의 부적절한 전제가 주어져 있다고 본다. 그 전제는 바로 초월적인 것이 존재한다는 믿음이다! 초월적인 것이 존재한다고 믿을 때에만 그것의 부재는 불운일 수 있다. 그래서 이러한 주장은 '선결문제요구의 오류'(petitio principii)라고 불리는 순환성을 안고 있다. 물론 순환성이 필연적으로 철학적 악덕은 아니다. 그러나 그러한 일련의 믿음은 비트겐슈타인(L. Wittgenstein)이 우려했던 것처럼 파리통에 빠져 갈 길을 찾지 못하는 파리와 같은 상황을 빚어내게 될 것이다. 그래서 비트겐슈타인에게 철학의 목적은 "파리에게 파리통에서 빠져나갈 출구를 보여 주는 것"[10]이다.

10　루트비히 비트겐슈타인, 『철학적 탐구』, 이영철 역 (서울: 책세상, 2006), 309절.

5. 회귀

자연주의는 많은 논란과 오해 속에서 굴절된 개념이기는 하지만 그 실질적인 의미는 사실상 매우 단순한 것이다. 자연주의자는 사유 활동을 포함한 우리의 모든 활동을 자연세계의 한 양상으로 보며, 따라서 이러한 것들을 탐구하고 해명하는 데 초월적 관점에 의지해야 할 이유가 없다는 입장이다. 흔히 이러한 자연주의는 과학주의나 물리주의, 또는 환원주의와 동일시됨으로써 비판의 표적이 되어 왔다. 필자는 여기에서 '자연주의'라는 말을 듀이(J. Dewey)적 맥락에서 사용하며, 그것은 과학주의나 환원주의를 거부하는 '열린 자연주의'의 한 형태다.

초월의 옹호자들은 초월적 사유가 우리의 일상적 상식을 넘어서는 일이며, 동시에 상식을 넘어서는 사유가 철학의 본령이라고 말하기도 한다. 그래서 초월의 옹호자들은 자연주의가 상식에 묶여 진정한 철학적 사유의 길을 열지 못하고 있다고 말한다. 그러나 만약 '상식적'이라는 말이 '비철학적'이라는 말을 의미한다면 그 비판은 사실상 초월주의자에게 되돌려져야 할 비판이다. 초월에 대한 열망이 얼마나 자연스럽고도 소박한 희망인가를 되돌아본다면 초월적인 것에 대한 열망이야말로 상식적 삶에 속하는 부분이며, 동시에 '비철학적'이라는 비판의 표적이 되어야 마땅하기 때문이다. 철학의 종언을 기도했던 자들은 자연주의자들이 아니라 오히려 초월철학자들이었다. 왜냐하면 '초월'은 철학적 사유가 시작되는 지점이 아니라 철학적 사유가 멈추는 지점이기 때문이다. 그래서 비트겐슈타인은 철학적 사유의 회귀적 본성에 관해 이렇게 말한다.

철학자는 건전한 상식이 개념에 도달할 수 있기 전에 자신 속에서 지성의 수많은 병을 치료해야만 하는 사람이다.[11]

잘 알려진 것처럼 비트겐슈타인이 말하는 질병은 본성상 '언어적'이다. 그가 "언어의 논리에 대한 오해"[12]라고 말하는 것은 특정한 이론이나 개념에서 드러나는 것이 아니라 언어의 본성에서 비롯된다.

언어는 사고를 위장한다. 더욱이 그 복장의 외부적 형태로부터 그 옷 입혀진 사고의 형태를 추론할 수 없도록 그렇게 위장한다. 왜냐하면 복장의 외부적 형태는 신체의 형태를 인식시키는 것과는 전혀 다른 목적에 따라 형성되었기 때문이다.[13]

초월주의자는 초월이 없는 철학의 가능성에 대해 회의적이다. 초월주의자는 초월을 거부하는 것이 사유의 포기이며, 철학의 포기라고 우려한다. 그래서 자연주의적 시각을 가진 철학자들에 대한 초월주의자의 태도는 비판이 아니라 한탄에 가깝다.[14] 이들은 철학이 시대나

---

11 비트겐슈타인, 『문화와 가치』, 이영철 역 (서울: 책세상, 2006), p. 102(영어판 44e).
12 비트겐슈타인, 『논리-철학 논고』, 이영철 역 (서울: 책세상, 2006), 「서문」.
13 같은 책, 4.002.
14 이 때문에 한자경 교수는 앞의 논문에서 필자가 옹호하는 체험주의적 시각이 상식의 반복이며, 그것은 철학적 사유를 포기하는 것과 다르지 않다고 말한다. 그래서 한 교수는 초월적인 것을 거부하는 상식의 철학도를 보면 '마음이 아프다', '가슴이 미어진다'라고 말한다. 당시 『철학적 분석』의 편집위원장이었던 정대현 교수는 필자에게 이러한 한 교수의 논문에 대해 반론할 것인지를 물어 왔다. 필자는 한 교수가 그런 감상적인 표현 등을 삭제한다면 논평할 의향이 있다고 응답했다. 필자는 한 교수의 애틋한 표현들이 철학적 논쟁의 시작을 알리고 있는

문화의 상식과 뒤섞이는 것이 '비철학적'이라고 믿는 것으로 보인다. 철학은 그 모든 것을 넘어선 어떤 지경을 추구해야 한다고 믿는 것으로 보인다. 이러한 발상은 매우 원초적이며, 동시에 자연스러워 보일 수 있지만 그것은 정작 사변적 철학에 경도된 소박한 혼동의 결과일 뿐이다.

그런데도 오늘날 여전히 초월에 연연하는 철학자들의 주된 전략은 아직 경험적 지식이나 증거가 초월적인 이야기를 가로막을 수 있는 지점에 도달하지 않았다는 사실 부근에서 서성거리는 것으로 보인다. 말하자면 초월자의 존재를 적극적으로 입증하는 대신에 초월자의 존재가 반박되지 않았다는 사실을 내세운다. 그러나 이러한 주장의 난점은 너무나 자명하다. 누군가 초월자 A 대신에 초월자 B가 진정한 초월자라고 주장할 경우, 이들 간의 분쟁을 해결할 방법이 누구에게도 없다는 것을 모두가 알고 있기 때문이다. 예를 들어 필자가 다양하게 충돌하는 '초월들'의 분쟁 속에 묶여 산다는 사실을 견딜 수 없어, 그 모든 것을 수렴하고 정돈해 줄 '초-초월'이 있으며, 또 있어야만 한다고 주장한다고 가정해 보자. 필자가 그 '초-초월'의 반증 책임을 초월주의자에게 떠넘긴다면 초월주의자는 이런 상황을 어떻게 받아

것이 아니라 논쟁을 포기하거나 가로막고 있다고 보았기 때문이다. 그 이후로 필자는 이 문제에 관해 더 이상 아무런 소식도 듣지 못했고, 한 교수가 그 '가슴 미어지는 증상'을 어떤 철학적 방법으로 치유했는지도 알 수 없다. 필자가 이 글을 쓰는 것은 초월적인 것에 대한 사람들의 애틋한 그리움에 찬물을 끼얹기 위한 것이 아니라 필자가 배운 철학의 길을 따라 자연주의자가 보는 초월적인 것이 무엇인지를 명확히 밝혀야 할 필요가 있다고 생각하기 때문이다. 한자경, 「무엇이 존재하는가?」, 『일심의 철학』(파주: 서광사, 2002) 참조. 이 글은 『철학적 분석』 제3호 (2001 봄)에 처음 수록되었으며, 여기에서 한자경 교수는 필자의 논문 「실재론과 반실재론을 넘어서」, 『철학적 분석』, 창간호 (2000 봄)에서 전개되는 체험주의적 시각에 대한 비판적 주장을 제기하고 있다.

들일까? 논증이 무력화된 상황이 되면 우리에게 남게 되는 것은 이런 저런 태도뿐이다. 그 태도가 철학적 문제에 관련된다고 해서 그 태도 자체를 '철학적'이라고 부르는 것은 우리 스스로를 또 다른 혼동으로 이끌어 가는 궁핍한 행보다.

사실상 20세기의 철학적 반성을 거친 자연주의자의 주된 논점은 '원하는 것'과 '우리의 것'을 혼동하지 말라는 것뿐이다.[15] "초월 없이는 못살아!"라는 말은 초월을 위한 논증이 아니며, 그렇게 믿지 않는 사람에게 연민의 눈길을 보내는 것은 사실상 철학적 주장이 아니라 그저 일상적인 거부의 제스처일 뿐이다. 초월론자들에게 더 중요한 것은 그런 태도를 배우는 일이 아니라 초월적 이론이 어떻게 정당화될 수 있으며, 그 위험성이 어떻게 제거될 수 있는지를 해명하는 일이다. 필자는 이 글을 통해 아직 그런 해명이 제시되지 않은 이유가 단순한 역사적 불운이 아니라 근원적으로 불가능한 시도였다는 것을 밝히려고 했다.

이러한 논의 후에도 우리가 원하는 초월적 열망은 종교나 예술, 심지어 개인적 열망이라는 형태를 통해서 충분히 그리고 자유롭게 표출될 것이다. 우리가 주목해야 할 것은 그러한 열망에 '철학'이라는 이름을 부여하고 그것을 절대화하려는 시도가 불러오는 위험성이다. 비트겐슈타인을 따라 말하면 자신의 초월적 감성을 철학적 사유라고 받아들이는 것은 (의도적이든 아니든) '혼동'의 산물이며, 이것은 치유되어야 할 중요한 철학적 질병이다.[16]

---

15 노양진, 『몸·언어·철학』, p. 332 참조.
16 철학자들에게 초월적 이론의 함정은 종종 왜곡된 모습으로 드러난다. 초월적인 것이 논의의 끝이라는 사실을 숨기고 오히려 그것을 논의의 출발점으로 삼고 있기 때문이다. 이것은 초월에만 국한되는 것이 아니라 '선험'이라고 불리는 것에

초월적인 것의 실제적 위험성은 어디에서 오는 것일까? 초월적인 것에 대한 믿음은 마치 모두의 것처럼 보이지만 사실상 초월적인 것은 그 누구의 것도 아니다. 그러나 우리에게 알려진 인간의 역사를 통해 초월은 항상 특정한 개인 또는 소수의 것이 되어 작동하며, 그것은 나아가 마치 우리 모두의 것처럼 강요된다. 그래서 흔히 초월적인 것의 권위는 현실적 권력의 도구로 전락한다. 초월적인 것과 가까운 특정한 소수가 항상 칸트(I. Kant)가 말하는 종류의 '선의지'를 가진 사람일 것이라는 희망은 너무나 낭만적으로 보인다. 초월적인 것을 받아들이는 순간, 그곳으로부터 엄청난 이야기들은 쏟아 낼 수 있지만 초월적인 것에 이르는 지점에서 우리의 철학적 사유는 멈춘다. 그것은 우리의 사유를 열어 주는 지점이 아니라 사유에 지친 사람들이 멈추는 지점이기 때문이다.

인간이 스스로 불러온 대규모적 재앙은 전적으로 운의 문제만은 아니다. 그 재앙은 부분적으로 인간의 손으로 다루어질 수 있으며, 또 다루어져야 할 문제다. 우리의 근원적 조건을 바꾸지 않는 한 인간은 자신의 본성이 담고 있는 위험성에 대해 경계해야 할 이유가 있으며, 그것이 발현되는 방식에 대해 주의를 기울여야 할 이유가 있다. 그래

관해서도 마찬가지다. 21세기에 들어서도 여전히 현재적 이론으로 유포되고 있는 들뢰즈(G. Deleuze)의 의미 이론은 이런 함정을 훨씬 더 정교한 모습으로 보여 준다. 들뢰즈가 말하는 사건들은 물리계의 표면에서 떠오르는 환영들이다. 들뢰즈는 이것들을 '시뮬라크르'(simulacre)라고 부른다. 그것은 의미들이다. 그것은 물리계의 표면에서 떠오르지만, 물리적인 것이 아니다. 그렇다면 시뮬라크르는 어디에서 오는 것일까? 이 물음에 대한 들뢰즈의 답은 '객관적 선험'이다. 그것은 답이 아니라 '알 수 없다'는 말의 철학적 바꿔 쓰기일 뿐이다. 그래서 그것은 새로운 철학의 모습이 아니라 옷을 바꿔 입고 등장한 낡은 초월 놀이다. 노양진, 「들뢰즈와 시뮬라크르의 의미론」, 『몸·언어·철학』 참조.

서 초월주의자는 삶의 의미의 소재를 발견하고 그것을 알려 주겠노라는 지적 오만을 스스로 되돌아보아야 한다. 이카로스가 날 수 있는 공간은 매우 제한되어 있는 것처럼 보이지만 사실상 매우 넓고 광활하다. 이카로스가 추락한 지점은 자신의 날개에 대해서 잊어버린 바로 그 지점이다. 철학자의 진정한 임무의 하나는 인간 스스로의 조건과 한계를 보여 줌으로써 자신의 크기를 넘어선 미망(迷妄)과 그릇된 희망으로부터 자신을 되돌아보게 하는 일이다. "너 자신을 알라"라는 서양철학 일번지의 메시지도 "산은 다시 산"이라는 붓다의 가르침도 바로 우리 자신의 모습에 대한 이러한 회귀를 촉구한다.

6. 맺는말

이론화하려는 순간 피할 수 없는 역설에 부딪히면서도 초월에 관한 이야기는 여전히 매력적이다. 더구나 유기체로서의 제한된 몸과 함께 마음이라는 '열려 있는 신비'를 가진 인간에게 초월은 원초적이라 할 수 있을 만큼 강렬한 힘의 원천이다. 그래서 초월은 가장 '인간적인' 열망의 하나다. 초월적인 것은 우리의 삶에 방향성을 주며, 인간의 삶을 고양시키는 데 기여할 수도 있겠지만, 그러한 일련의 사실─그것이 사실이라 하더라도─이 초월적인 것의 '존재'를 증명하는 것은 아니다. 초월적인 것들이 여전히 '존재한다'고 말하려는 사람들은 이제 물리적 존재라는 뜻을 넘어선 '낯선' 존재에 대해 새로운 해석을 부가해야 한다.

　두뇌와 몸, 그리고 환경은 항상 유기적이고 복합적인 방식으로 상호작용한다. 우리의 경험과학은 그 비밀을 아직 다 밝히지 못했다. 그것이 초월 없는 이야기꾼의 이야기가 멈추는 지점이다. 그러나 초월의 이야기꾼들은 그 지점을 넘어선 무한한 공간에서 '사변의 놀음'을 펼친다. 그리고 그것이 우리 앞에 널브러진 경험적인 것들보다 훨씬 더 중요하고 아름답다고 크게 소리 지른다. 그 자리는 본래 사변의 놀이터가 아니었다. 그곳은 누구의 것도 아닌, 그저 비어 있는 공터였다. 용수(龍樹)와 칸트와 듀이와 비트겐슈타인, 그리고 수많은 포스트모던 철학자들이 입을 모아 그 허망하고 위험한 놀이를 멈추라고 권고한다. 익숙한 놀이터에서 말리려 드는 어른들로부터 이리저리 몸을 피하는 어린아이는 둔탁한 어른들이 우습다고 생각할지도 모른다. 초월이라는 빈터에서 때로 주인 행세를 하며, 때로 놀이를 청하는 것은 갈 길이 바쁜 길손에게 당혹스러운 일이다.

초월적인 것은 만약 존재한다고 하더라도 물리적 존재와 같은 방식으로 존재하지 않는다. 그렇지만 물리적인 것의 존재를 거치지 않고 초월적인 것을 설명할 수 있는 방식은 없다. 이것은 초월적인 것이 우연히 갖게 된 특성이 아니라 그 개념의 뿌리가 물리적인 것들에 있기 때문이다. 그렇게 만들어진 초월적인 것은 종종 '철학'이라는 이름을 앞세워 오히려 물리적인 것의 뿌리가 된다. 세계가 뒤집힌 것이다. 이 전도된 혼동을 치유하려던 철학자들마저도 이제 모두 죽고 없다. 잡초 무성한 그 무덤 앞에서 사람들은 여전히 놀이를 한다. "그래도 나는 초월적인 것이 좋더라." 그것은 '철학적' 논변이 아니라 현재와 같은 몸을 가진 유기체로서 인간에게 주어진 원초적 열망의 표출일 뿐이다.

제2장

그림자 개념에 관하여

1. 머리말

우리는 개념들과 함께 산다. 개념화는 다른 모든 경험과 마찬가지로 '가르기'의 한 방식이며, 동시에 물리적 세계와의 직접적 상호작용을 넘어서는 일차적 출구다. 그러나 모든 개념이 동일한 평면에 있는 것은 아니다. 개념들은 경험의 중층적 구조를 반영하고 있으며, 따라서 다양한 층위를 갖는다. 개념의 본성과 관련해서 생겨나는 많은 혼동이 바로 이 층위 문제와 관련되어 있다. 개념의 층위와 관련해서 인지 구조에 관한 최근의 경험적 탐구는 중요한 실마리를 제공한다. 개념에 대한 '인지'(cognition) 차원의 접근은 고도로 일반적이고 추상적인 차원에서 사용되는 철학적 개념의 본성에 관해서도 매우 다른 해명을 가능하게 해 준다.

필자는 이 글에서 체험주의적 시각을 통해 철학적으로 특별한 성격을 띠는 개념을 구획하려고 한다. 그것은 경험 영역 밖(또는 그 경계)의 어떤 지점에 관한 개념으로 아무런 경험적 내용도 담고 있지 않으면서도 '경험적인 것에 의거해서만' 이해될 수 있는 개념이다. 필자는 이것을 '그림자 개념'(shadow concept)이라고 부를 것이다.[1] 그림자 개념은 경험 영역을 넘어서 있다는 점에서 '초월적' 개념의 한 유형이지만, 모든 초월적 개념이 그림자 개념은 아니다. 이러한 특이성 때문에 그림자 개념은 철학적 논의에서 흔히 '해체론적'이라고 불리는 시각과 묶여 나타난다. 데리다(J. Derrida)의 차연(différance), 용수(龍樹)의 공(空), 그리고 노자(老子)의 도(道)가 그것이다.[2] 이 글의 주된 목적은 바로 이러한 그림자 개념의 인지적 본성을 밝히고, 그것이 각각 다른 철학적 갈래로 나아가는 핵심적 소재를 드러내려는 것이다.

그림자 개념은 경험 영역 밖에 있기 때문에 경험적 용어로 해명될 수 없다고 가정되지만, 사실상 경험적인 것을 해명하기 위해 요청되는 개념이다. 바로 이러한 특성 때문에 그림자 개념은 종종 '역설'을 불러온다. 즉 그림자 개념은 그 자체로 사고 또는 언어의 영역을 넘어서 있으며, 어떤 경험적 내용도 담고 있지 않기 때문에 본성상 그것에 관한 어떤 경험적 이야기도 그 자체로 하나의 역설이 된다. 그럼에도 불구하고 이러한 그림자 개념은 대부분 모종의 철학적 요청과 은밀하게 결합되어 특정한 이론 안에서 존재 또는 인식의 문제를 해명하는 데 핵심적인 자리를 차지한다.

그림자 개념의 본성은 '의미화'라는 인지적 구조에 대한 해명을 통

---

1 '그림자'라는 은유는 여전히 불만족스럽지만, 필자는 이 개념을 가리키기 위한 더 나은 은유를 찾지 못했다. 낯선 은유를 위해 새로운 어휘를 만드는 일보다도 낯익은 어휘를 새로운 은유로 사용하는 것이 더 용이할 뿐만 아니라 덜 위험한 일일 수 있다고 생각했다.

2 그림자 개념은 이 세 유형에 국한되지 않으며, 또한 반드시 철학적 맥락에서만 구성되는 것도 아니다. 필자는 오늘날 철학적 논의에서 '해체'라는 이름으로 흔히 거론되는 핵심적인 개념들을 선택했다.

해 차별화된다. 모든 일상적 개념은 경험적 내용을 담고 있다. 초월적 개념들조차도 그 경험적 내용을 포괄하거나 수렴하는 방식으로 구성된다. 그러나 그림자 개념은 경험적인 것으로부터 완전히 벗어남으로써만 형성될 수 있다. 여기에는 경험적인 모든 것을 하나로 묶는 과정이 필요하다. 그림자는 그 묶음의 반대편에 있다. 그곳은 유의미한 아무것도 없는 텅 빈 곳이다. 이러한 해명에는 존슨(M. Johnson)이 말하는 「그릇」(Container) 도식이 사용된다.[3] 경험적인 모든 것은 그릇 안에 있으며, 그 경계 밖의 텅 빈 어딘가에 그림자 개념이 있다.

그림자 개념은 스스로의 모습을 만들 수 없다. 대신에 '경험적인 모든 것'이라는 그릇에 상대적으로만 그 '자리'가 주어진다. 그래서 그것들을 '그림자'라고 부르는 것이 마땅하다. '철학적'이라는 이름으로 도약하는 사유의 본성에 대한 이러한 인지적 분석은 결과적으로 해체론적 개념들에 대한 메타 해체가 될 것이다. 이것은 해체의 사유가 안고 있는 난해성에 대한 인지적 해명이다. 이러한 해명은 개념들의 인지적 본성을 따라 경험적인 것과 초월적인 것을 비켜선 제3의 개념인 그림자 개념이 존재하는 방식을 보여 줄 것이다. 그림자는 스스로 말하지 않는다. 만약 그림자라는 이름으로 들려오는 목소리가 있다면 그것은 그림자의 목소리가 아니라 바로 우리 자신의 목소리다.

2. 이론적 요청과 그림자 개념

대부분의 일상적 개념은 경험적 내용을 담고 있다. 그것은 경험 세계

---

3 마크 존슨, 『마음 속의 몸: 의미, 상상력, 이성의 신체적 근거』, 노양진 역 (서울: 철학과현실사, 2000), 특히 p. 93 참조.

에 주어진 것들에 대한 매우 복합적인 '가르기'를 통해 주어지기 때문이다.[4] 물리적이든 추상적이든 경험적 '대상'은 그 자체로 존재하는 것이 아니라 세계와 상호작용하는 과정에서 우리가 적절한 크기로 '대상화한 것'이다. 그래서 일상적 개념은 물리적이든 추상적이든 경험적 내용을 담고 있다. 필자는 경험적 내용을 담고 있는 이러한 일상적 개념을 그림자 개념과 대비되는 것으로서 '경험적 개념'이라고 부를 것이다.

경험적 개념과는 달리 아무런 경험적 내용을 담고 있지 않으면서도 경험적인 것과의 추상적 관계를 통해서만 형성되고 이해될 수 있는 특이한 종류의 개념이 있다. 필자는 이것을 '그림자 개념'이라고 부를 것이다. 그림자 개념을 새롭게 가르는 것은 기본적으로 개념들의 다양한 층위를 가르는 작업의 일부가 될 것이며, 그것은 다분히 비트겐슈타인(L. Wittgenstein)적이다. 잘 알려진 것처럼 비트겐슈타인은 대부분의 철학적 문제들이 "언어의 논리에 대한 오해"[5]에서 비롯된다고 보았으며, 그런 오해를 제거함으로써 철학적 문제들이 '해결'되기보다는 '해소'될 수 있다고 주장했다.

경험 영역을 넘어서는 것들을 포괄적으로 '초월적'(transcendent)이라고 부른다면 그림자 개념은 기본적으로 초월적이다. 그러나 모든 초월적 개념이 그림자 개념은 아니다. 그림자 개념은 그 안에 아무런 경험적 내용도 담고 있지 않다는 점에서 초월적 개념과 다르다. 초월적 개념은 흔히 경험적인 것을 총체적으로 포괄하거나 수렴하는 방식

---

4 경험의 기본적 방식으로서의 가르기에 관한 좀 더 상세한 논의는 노양진, 「가르기와 경험의 구조」, 『몸·언어·철학』(파주: 서광사, 2009) 참조.

5 루트비히 비트겐슈타인, 『논리-철학 논고』, 이영철 역 (서울: 책세상, 2006), 「서문」.

으로 구성된다. 그러나 그림자 개념은 모든 경험적인 것을 근원적으로 거부하면서 경험적인 모든 것의 위, 앞, 또는 밖에 있다. 초월적 개념이 경험의 밖을 채워 넣으려고 한다면, 그림자 개념은 경험의 밖을 비워 내려고 한다.

그림자 개념은 어떤 '경험적인 것'도 담고 있지 않으며, 이 때문에 경험적 기술 자체를 거부한다. 그러나 좀 더 면밀하게 살펴보면 그 개념이 여전히 경험적인 것과의 관계 속에서만 구성되고 의미화될 수 있다는 점에서 역설적이며, 따라서 그 의미가 주어지는 방식에 관해서는 일상적 개념들과는 다른 해명이 필요하다. '절대 무' '사유의 밖' 등이 그런 개념이며, 철학적으로는 흔히 '해체'라는 이름으로 나타나는 데리다의 '차연', 용수의 '공', 노자의 '도'가 그런 개념이다.

그림자 개념은 그 출생부터 일반적인 개념들과 다른 과정을 거친다. 우리는 적당히 높은 지형과 나무들과 계곡을 한데 묶어 '산'이라고 부를 수 있으며, 거대한 양의 소금물과 물고기와 수초들과 암초를 한데 묶어 '바다'라고 부를 수 있다. 그렇지만 이것은 매우 평면적인 가르기의 한 모습이라는 것을 알 수 있다. 자유, 사랑, 정의 등과 같은 추상적 층위의 개념들 또한 추상적 영역에 경험적 내용을 은유적으로 '사상'(mapping)하는 방식으로 구성된다. 즉 일상적인 개념들은 경험적 내용을 다양한 방식으로 가르거나 경험적 내용을 추상적 영역에 사상하는 방식으로 구성된다.

반면에 그림자 개념은 무엇인가를 묶는 방식으로 구성되는 것이 아니라 처음부터 경험적인 모든 것을 비워 내는 방식으로 구성된다. 그림자 개념은 다음과 같은 특성을 갖는다.

① 경험 전체를 도식화함으로써 그 경계 또는 외부(위, 앞, 밖 등)에

설정된다.

② 경험적 내용을 담고 있지 않다.

③ 경험적으로 알려지거나 말해질 수 없다.

그림자 개념에 관한 어떤 경험적 어휘도 부적절하다는 점 때문에 이 개념에 관한 철학자들의 해명은 종잡을 수 없이 복잡해진다. 아마도 가장 흔히 드러나는 혼선은 20세기 초반의 지칭 이론적 구도 안에서 그림자 개념을 해명하려는 시도일 것이다.[6] 지칭적 의미 이론은 근원적으로 의미의 본성을 해명하는 데 부적절할 뿐만 아니라 그림자 개념을 해명하기에는 더더욱 그렇다. 그림자 개념은 고전적인 지칭 구도로서 설명되기에는 훨씬 더 복잡한 인지적 구조를 갖기 때문이다. 그것이 그림자 개념에 대한 체험주의적 해명이 요구되는 이유이기도 하다.

그 누구도 그림자 개념이 일상적인 의미에서의 '개념'이라고 말하지 않는다. 이 때문에 그림자 개념에 관해 무엇인가를 이야기하는 것은 필연적으로 언어적 역설에 빠져든다. 그렇지만 그것을 설명하기 위해서 경험적인 언어를 사용할 수밖에 없다는 데 우리의 딜레마가 있다. 그래서 '차연'을 이야기하는 데리다는 자신이 "아무것도 의미하지 않는 모험"[7]을 하고 있다고 말하며, 노자는 '도'라고 말해질 수

---

6 이러한 시도는 국내·외의 여러 연구자들에게서 드러난다. 김영건은 '도'에 관한 자신의 해명을 시도하는 과정에서 지칭 구도에 의존해서 도를 해명하려는 시도들이 근원적으로 부적절하다는 점을 잘 지적하고 있다. 김영건, 「과연 우리는 도에 대해서 말할 수 없는가?」, 한국도가철학회 편, 『노자에서 데리다까지: 도가 철학과 서양 철학의 만남』(서울: 예문서원, 2001), 특히 pp. 70-80 참조.

7 Jacques Derrida, *Positions*, trans. Alan Bass (Chicago: University of Chicago Press, 1981), p. 14.

있는 것은 진정한 도가 아니라고 말한다. 용수는 '공'에 관한 모든 이야기는 다만 '방편'(方便)일 뿐이라고 말한다. 그림자 개념은 우리의 개념화 이전에 설정된 영역이라는 점에서 그것에 관한 어떤 이야기도 의미화될 수 없다.

데리다는 '차연'을 이야기한다. 데리다의 말처럼 차연은 개념도 단어도 아니다.[8] 차연은 '차이'와 '연기'의 지속적인 놀이의 장을 가리키기 위한 개념적 장치일 뿐이다. 그것은 데리다가 '현전(presence)의 형이상학'이라고 부르는 서구적 사유와 개념이 주어지기 이전의 어떤 조건을 가리킨다. 즉 우리가 무엇이 '있다'라고 개념화할 때 우리는 어떤 것의 정지된 현전을 전제한다. 데리다는 이러한 현전의 개념화 이전의 조건을 가리키기 위해 '차연'이라는 새로운 어떤 것을 도입하고 있는 것이다.[9] 이러한 차연은 우리의 언어와 개념을 가능하게 해 주는 근원적 조건이다.

> 모든 개념은 본질적·법칙적으로 차이의 체계적 놀이에 의해 타자, 다른 개념들을 지시하는 사슬 또는 체계 안에 새겨진다. 따라서 그런 놀이, 즉 차연은 단순히 개념이 아니라 오히려 개념화의 가능성, 개념적 과정과 체계 일반의 가능성이다.[10]

---

8   Derrida, *Margins of Philosophy*, trans. Alan Bass (Chicago: University of Chicago Press, 1982), p. 3.

9   '차연'은 개념 이전의 어떤 것, 또는 단어 이전의 어떤 것인 셈이다. 그러나 데리다와 달리 우리는 그것마저도 우리의 사유가 미치는 지점으로 간주해야 하며, 따라서 개념적 차원이 다른 또 하나의 개념으로 간주해야 한다. 이러한 시각에서 본다면 사유의 '밖'이라는 말은 다만 은유적인 표현일 뿐 사실상 의미화될 수 없는 어떤 영역을 가리킨다.

10   Derrida, *Margins of Philosophy*, p. 11.

'해체'(deconstruction)라고 불리는 데리다의 철학적 기획은 바로
이 차연을 축으로 이루어진다.

철학을 '해체한다'는 것은 가장 신중하면서도 내적인 방식으로 그 개
념의 구조화된 계보를 사유하는 것이며, 동시에 철학이 명명하거나 서술
할 수 없는 어떤 외부에서 철학사가 은폐하거나 배제할 수 있었던 것을 규
명하는 일이다.[11]

데리다의 해체는 서양철학사가 경험하지 못했던 낯선 길이다. 가셰
(R. Gasché)는 이 새로운 길을 열어 주는 차연을 스스로 아무것도 비
추지 못하지만 그것이 없이는 아무것도 비출 수 없는 '거울의 뒷
면'(tain of the mirror)이라고 부른다. 차연은 이론들의 놀이에 어떤
자리나 부분도 차지하지 않지만 그것이 없이는 어떤 이론도 가능하지
않은 그런 지점이다.[12] 그래서 가셰는 데리다가 차연을 통해 불가능한
철학의 위상에 대한 가능성을 찾고 있다고 진단한다.[13] 그 길은 여전
히 난해하기는 하지만 동아시아의 지적 전통에서는 결코 낯선 길이
아니다. 동일한 층위에서의 사유는 용수의 공을 통해서, 노자의 도를
통해서 훨씬 전부터 알려져 왔기 때문이다.
　'공'은 언어와 개념화를 총체적으로 거부하는 개념이다. '공'은 언
어적으로 설명되거나 지칭될 수 없으며, 다만 '깨달음'을 통해 알려

---

11   Derrida, *Positions*, p. 6. (고딕은 필자의 강조.)

12   Rodolphe Gasché, *The Tain of the Mirror*: *Derrida and the Philosophy of Reflection* (Cambridge, Mass.: Harvard University Press, 1986), p. 6 참조.

13   Gasché, *Inventions of Difference: On Jacques Derrida* (Cambridge, Mass.: Harvard University Press, 1994), p. 21 참조.

질 수 있을 뿐이다. 우리가 알고 있는 실체, 운동, 인과성은 모두 언어
적으로 구성된 허상이며, 따라서 그것들이 모두 공하다는 사실을 깨
닫는 것이 용수가 해석한 불교의 요체다.

> 발생하지도 않고 소멸하지도 않으며, 상주하지도 않고 단멸(斷滅)하지
> 도 않으며, 같지도 않고 다르지도 않으며, 오지도 않고 가지도 않네.[14]

> 공한 것은 언설할 수 없네. 공하지 않은 것은 언설할 수 없네. 공한 것
> 이면서 공하지 않은 것, 공한 것도 아니고 공하지 않은 것도 아닌 것은
> 언설할 수 없네. 단지 가명으로 말할 따름이네(『중론』, 22.11.).

정작 '공'에 관해 무엇인가를 말하는 것은 처음부터 역설적이다.
공은 언어나 개념 이전의 어떤 것이기 때문이다. 다만 그럼에도 그것
을 전하기 위해 사람들은 언어를 사용하지만 그 언어는 공을 알리기
위한 '방편'일 뿐이다. 우리의 모든 개념적 분별이 멈춘 자리가 바로
열반(涅槃)이며, 거기에는 아무런 목소리도 없다.

> 모든 법(法)들은 인식할 수 없고, 모든 희론들이 적멸하네. 어떤 사람에
> 게도 어떤 장소에서도 부처님께서 말씀하신 것이 없네(『중론』, 25.24.).

노자의 도 또한 언어와 개념을 넘어선 곳에 있다. 그러나 동시에 도
는 처음부터 만물의 출발점에 설정된 원리이며 실체가 되어 있다. 도

---

14 용수, 『중론』, 박인성 역, 『한글대장경』 (서울: 동국역경원, 1993), 1장. 이하 이
   책의 인용은 장과 절의 번호를 본문에 표시한다.

는 어떤 경험적 언어로도 표현할 수 없으며, 기술할 수 없다. 그러면
서도 도는 만물의 시원이며, 만물을 주재하는 원리다.

도라고 할 수 있는 도는 영원한 도가 아니고, 이름을 부를 수 있는 이
름은 불변의 이름이 아니니, 천지의 시원에는 이름이 없고, 만물이 생겨
나서야 이름이 있게 되었다.[15]

혼돈 속에 생성된 것이 있어 천지보다 먼저 생겨났으니, 고요하고 텅
빈 채, 우뚝 서서 변하지 않으며, 두루 행하여 멈추지 않아서 천하의 어
미가 될 수 있다. 나는 그 이름을 알지 못하니, 일부러 자(字)를 붙여서 도
라고 하고, 억지로 이름을 지어 대(大)라고 한다. 커지면 떠나가고, 떠나면
멀어지고, 멀어지면 되돌아온다. 그러므로 도가 크고 하늘이 크고 땅이
크고, 왕도 크다.[16]

도는 본래 이름이 없어서, 질박하고 작지만 천하에 누구도 신하로 부
리지 못한다.[17]

도는 이름 없이 숨어 있으나 오직 도만이 잘 베풀어 주고 잘 이룬다.[18]

도에 대한 엇갈리는 해석에도 불구하고 도가 언어와 개념을 벗어나
고 있다는 것은 분명하며, 그것은 도가 적어도 '경험적으로 비어 있

---

15 왕필, 『왕필의 노자주』, 임채우 역 (서울: 한길사, 2005), 1장.
16 같은 책, 25장. (고딕은 필자의 강조.)
17 같은 책, 32장.
18 같은 책, 41장.

음'을 의미한다. 김형효는 도의 이러한 선언어적·선개념적 층위에 주
목함으로써 도에 대한 해체론적 해석으로 나아가고 있다.[19] 그러나 4
절에서 다루려는 것처럼 도는 단지 '비어 있음'으로 그치지 않고 천
지의 시원인 동시에 그것을 주재하는 힘으로 기술되면서 차연이나 공
과는 달리 초월의 길로 나아간다.

흔히 그림자 개념에 대해 '심오하다'고 말하는 이유는 그것이 본
성상 역설적 본성을 지니기 때문이다. 그림자 개념은 대부분 특정한
철학적 체계와 함께 구성되며, 따라서 새로운 가르기를 수반한다. 일
상적으로 한 개념을 설명하거나 이해하는 가장 일반적인 방식은 그 개
념의 내포나 외연의 전부 또는 일부를 제시하는 것이다. 그러나 그림
자 개념은 처음부터 '아무것도 가리키지 않기 위해서' 새롭게 만들어
진 개념이다. 그래서 그림자 개념이 무엇을 가리키는지를 밝히려는
노력은 역설 아니면 무의미라는 순환에 빠져든다. 그런데도 그림자
개념은 여전히 다양한 은유들을 통해 우리에게 전해진다. 개념의 형성
과 은유적 구조에 대한 체험주의적 분석이 필요한 것은 이 때문이다.

3. 혼동과 역설

비트겐슈타인이 보는 사유의 역사는 혼동의 역사다.[20] 비트겐슈타인
은 '언어의 논리에 대한 오해'가 그 혼동의 주된 원천이라고 보았으
며, 그 혼동을 부추기는 원천으로 '일반성에 대한 열망'을 들었

---

19 김형효, 「데리다를 통해 본 노장의 사유 문법」, 한국도가철학회 편, 『노자에서
데리다까지』 (서울: 예문서원, 2001), p. 274; 『사유하는 도덕경』 (서울: 소나
무, 2004), pp. 47-54 참조.
20 노양진, 「비트겐슈타인과 철학의 미래」, 『몸·언어·철학』, p. 332 참조.

다.[21] 일상언어에는 '우리의 것'과 '우리가 원하는 것' 사이를 구분하는 엄격한 문법이 없다. 따라서 그런 혼동을 극복하기 위해서는 철학적 치유가 필요하다. 이 때문에 비트겐슈타인은 철학의 주된 임무가 이론화나 체계화가 아니라 이러한 혼동의 치유라고 보았다. 다음 두 문장을 보라.

① 절대자가 있다.
② 갈색 책상이 있다.

이 두 문장은 모두 '있다'라는 동사를 사용한다. 우리의 일상언어는 이 두 '있다'를 구분해 주지 않는다. 플라톤 같은 전통적인 초월적 철학자들은 ①의 '있다'가 ②의 '있다'의 근거이고 원인이며, 나아가 모형이라고 주장했다. 경험 세계를 넘어선 또 다른 세계에 이데아들이 존재하며, 경험 세계의 사물들은 그 이데아들의 그림자에 불과하다고 보았다. 이러한 발상에는 존재론적, 인식론적, 그리고 가치론적 의도가 동시에 반영되어 있지만 그것은 적어도 인지적으로는 허술하기 짝이 없는 가정을 바탕으로 하고 있다.

체험주의적 시각에서 그 두 개념의 인지적 우선성은 역전된다. 특히 경험의 확장에 관한 체험주의적 해명에 따르면 우리는 일상적 사물들에 대한 직접적 경험을 통해 '있음'이라는 개념을 형성하고, 그 개념은 추상적 대상들의 '있음'으로 확장되며, 이러한 인지과정은 '은유적'이다.[22] 즉 물리적 개념이 '인지적' 우선성—존재론적인 것

---

21 비트겐슈타인, 『청색책·갈색책』, 이영철 역 (서울: 책세상, 2006), p. 40 참조.
22 존슨, 『마음 속의 몸』, 특히 4장 참조.

도 가치론적인 것도 아닌—을 갖는다. 개념의 확장에 대한 이러한 분석은 우리의 인지 구조 위에 어떤 '철학적 열망'이 덧붙여지는지를 선명하게 드러낼 수 있는 준거점을 제시한다.

　언어적 혼동은 특정한 언어 또는 특정한 언어 사용자에 국한된 것이 아니라 언어의 본성과 관련되어 있다. 이러한 혼동을 불러오는 특이한 부류의 개념이 있으며, 그림자 개념이 그 한 유형이다. 그림자 개념은 이론적 요청의 산물이지만 그렇다고 해서 필자는 그것이 전적으로 무용하다거나 불필요하다고 말하고 있는 것이 아니다. 오히려 필자가 지적하려는 것은 그림자 개념이 일상적인 개념들과 뒤섞임으로써 우리의 사고에 혼동을 불러온다는 것이다. 이러한 혼동은 대부분 무의식적으로 이루어지지만 때로는 특정한 이론가들에 의해 의도적으로 이루어진다.

　그림자 개념은 그 의미의 가능성이 우리의 경험 세계로부터 주어지면서도 우리의 경험 세계의 밖에 있어야만 한다는 역설적 본성을 갖는다. 예를 들어 '절대 무'라는 개념이 그렇다. 우리의 일상언어에서 흔히 유/무는 대칭적으로 사용되고 있기 때문에 우리는 그것들을 대등한 범주로 이해하려고 한다. 그러나 우리에게 있음과 대등한 범주로서의 무는 없다. 무를 채울 수 있는 경험 세계의 내용은 없으며, 따라서 우리는 우리의 것 저편에 다만 그 빈껍데기를 갖고 있을 뿐이다. 우리가 경험할 수 있는 것들은 사실상 모두 '있음'의 영역으로 구획되어야 한다. 그렇다면 절대적 무라는 개념은 어디에서 오는 것일까? 그것은 다만 있는 것들에 상대적으로, 그것들의 저편에 주어졌거나, 아니면 상대적인 '없음들'을 한데 묶은 것일 뿐이다. 그래서 무에 관한 논의는 있음과 관련해서만 의미를 가질 수 있다.

　그림자 개념의 인지적 본성을 밝히는 데 존슨의 '영상도식'(image

schema) 개념은 핵심적인 실마리를 제공한다. 존슨은 우리의 신체적 활동을 통해 소수의 영상도식들이 직접 발생한다고 주장한다. 영상도식들은 비명제적이며 선개념적인 구조들로서 소수의 요소들로 구성되는 비교적 안정적인 패턴들이다. 존슨은 「그릇」「중심-주변」「경로」「주기」「균형」「반복」「대상」「연결」 등을 영상도식의 예로 들고 있다.[23] 영상도식들은 물리적인 대상은 물론 추상적인 대상들에도 은유적으로 사상되어 구체적인 대상을 식별하는 모형으로 사용된다. 존슨은 이러한 영상도식들이 우리의 신체적 활동으로부터 직접 발생한다고 주장한다. 「그릇」 도식에 관한 그의 설명을 보자.

처음부터 우리는 환경, 즉 우리를 둘러싸고 있는 사물들 안에서 지속적으로 물리적 포함을 경험한다. 우리는 방, 의복, 차량, 그리고 무수한 종류의 경계지어진 공간의 안(in) 또는 밖(out)으로 움직인다. 우리는 물건들을 다루면서 그것들을 그릇(컵, 상자, 깡통, 자루 등) 안에 집어넣는다. 이 각각의 경우에 반복적인 공간적 · 시간적 구조화가 있다. 다시 말해서 물리적 포함에 대한 전형적인 도식들이 존재한다.[24]

예를 들어 '사유의 밖'이라는 개념을 의미화하기 위해서 우리는 먼저 사유 전체를 하나의 '그릇'으로 이해해야만 한다. 사유는 추상적인 개념이며, 따라서 우리는 「그릇」 도식을 그것에 사상함으로써 비로소 사유를 '안'과 '경계'와 '밖'을 갖는 하나의 추상적 '대상'으로 이해할 수 있다. 사유라는 대상에 특정한 영상도식을 사상했다기

---

23 같은 책, p. 246 참조.
24 같은 책, p. 93.

보다는 그 사상을 통해 비로소 어떤 대상이 모습을 드러내는 것이다. 존슨에 따르면 모든 추상적 대상은 이러한 인지적 과정을 거쳐 개념화된다.

이러한 '은유적 사상'(metaphorical mapping)을 통해 그 그릇은 안쪽에 우리가 사유라고 부르는 모든 내용을 담게 되지만 그 그릇의 밖에는 아무것도 없다. 밖은 그저 '안'에 대립적으로만 설정될 뿐이다. 이처럼 그림자 개념은 아무런 경험적 내용도 담고 있지 않으면서 '경험적인 모든 것'의 반대편으로서만 개념화된다. 그림자 개념은 이처럼 '말할 수 있는 모든 것'에 기생적으로만 주어질 수 있다.

이러한 개념이 왜 필요한가? 필연적이지는 않지만 이러한 개념들은 쉽게 철학적 열망과 결합할 수 있다. 비어 있기 때문이다. 새로운 철학적 개념을 만들어 내는 사람들이 산이나 강이나 책상과 같은 일상적인 것들에 과도한 철학적 의미를 부여하려고 시도하지 않는 이유는 분명하다. 그것들은 우리에게 너무나 잘 알려져 있기 때문이다. 반면에 산에 정기가 깃들여 있고, 책상에 정령이 깃들여 있다고 말할 수도 있다. 그런 주장은 확정적으로 반박될 수는 없지만 동시에 입증할 수도 없다. 우리는 그런 종류의 믿음을 흔히 '미신'이라고 부른다. 대신에 그림자 개념은 그런 입증 책임으로부터 면제되는 것 같은 착각을 불러일으킨다. 그것은 그림자 개념이 제안하는 영역이 처음부터 경험 영역의 밖에 있기 때문이다.

그렇게 해서 형성된 그림자 개념은 매우 자연스럽게 우리의 경험 세계와 정합적인 설명 방식을 갖는다. 적어도 그림자 개념은 경험 세계와 충돌하지 않는다. 왜냐하면 그것은 처음부터 비어 있기 때문이다. 그러나 사실상 그림자 개념의 핵심적 문제는 우리가 알고 있는 것과의 불일치에 있는 것이 아니라 우리가 알고 있는 어떤 것과도 정합

적일 수 있다는 데 있다. 그것은 어떤 경험과도 마찰을 일으키지 않는
다. 이것은 그런 개념들의 구체적 유용성을 결정하기가 쉽지 않다는
것을 의미한다. 이성과 진리의 자기 순환적 관계를 비꼬는 니체(F.
Nietzsche)의 말은 지금도 여전히 새롭다.

　　어떤 사람이 물건 하나를 덤불 뒤에 숨겨 놓은 다음 그것을 바로 그 자
　　리에서 찾고 또 발견한다면, 이 찾고 발견하는 일에 칭찬할 만한 것이라
　　고는 아무것도 없다. 그런데 이성 영역 안에서 '진리'를 찾고 발견하는
　　일도 같은 상황이다. 만약 내가 포유동물에 대한 정의를 하고, 낙타 한
　　마리를 보고 난 다음 "봐라, 포유동물이다"라고 설명한다면, 이로써 진리
　　가 해명되었을지는 모르지만 그것은 매우 제한된 가치만 가지고 있을 뿐
　　이다.[25]

　　철학적이든 아니든 우리의 개념은 우리의 삶으로부터 생겨난다. 우
리는 현재와 같은 몸을 가진 유기체로서 세계와 지속적으로 상호작용
하며, 그러한 상호작용은 단선적 환원이 불가능한 복합적 창발의 과
정이다. 언어 또한 그러한 창발의 산물이다. 그럼에도 불구하고 우리
는 언어를 통해 또 다른 층위의 개념을 형성할 수 있다. 그것은 우리
삶의 일부를 이루지만, 때로 전혀 다른 삶의 형태 속에 우리를 가둔
다. 흔히 언어적으로 개념화된 것들은 박제화되어 매우 안정된 방식
으로 우리 삶을 지배할 수도 있지만 그렇다 하더라도 그것은 우리의
삶의 내용이 탈색된 빈 허물 같은 것이다. 그것은 철학적 혼동을 불러

25　프리드리히 니체, 『비도덕적 의미에서의 진리와 거짓에 관하여: 유고(1870~
　　1873)』, 이진우 역 (서울: 책세상, 2001), p. 452.

오며, 그러한 혼동은 우리의 삶을 전도시키는 위험성을 안고 있다.

4. 회귀: 그림자의 주인

그림자 개념은 모두 경험을 넘어선 곳에 있다고 가정되지만 인지적 측면에서 본다면 그것은 모두 경험적인 것의 은유적 확장물일 뿐이다. 그림자 개념뿐만 아니라 모든 추상적 개념은 신체적 층위의 경험에 근거하고 있으며, 그것으로부터 은유적으로 확장된다. 수많은 철학적 개념은 그 출발지를 은폐하는 방식으로 우리에게 전해진다. 데리다의 해체는 바로 철학적 이론들이 은폐해 왔던 은유적 구조에 대한 폭로다. 그래서 데리다는 "철학은 스스로를 잃어버린 은유화의 과정"[26]이라고 단언한다. 역설적이게도 데리다의 '차연'은 철학적 이론과 개념들의 은유적 본성을 고발하면서 스스로 거쳐 온 또 다른 은유화의 과정을 은폐하고 있다.

　새로운 은유화를 통해 과거의 은유화를 고발해야 하는 사유의 이러한 순환성이 그 자체로 악덕은 아니다. 그것은 우리 사고의 본성의 하나이기 때문이다. 데리다 자신 또한 이 문제를 잘 인식하고 있는 것으로 보인다. 그래서 데리다는 스스로 자신의 작업이 전통적인 의미에서 이론화나 체계화가 아니라는 점을 분명히 한다. 적어도 데리다는 차연으로부터 아무런 메시지도 전해질 수 없다는 사실을 잘 알고 있는 것으로 보인다. 그는 차연을 드러내 보이는 것 자체가 자신의 주된 소임이라는 것을 잘 알고 있다. 그래서 데리다는 차연으로부터 오는 목소리를 전하지 않으며, 차연으로부터 되돌아오는 길도 말해 주지

26　Derrida, *Margins of Philosophy*, p. 211.

않는다. 그는 차연 이상으로 나아가지 않으며, 이러한 침묵은 종종 대안 부재의 '철학적 무책임'이라는 비판을 불러온다.[27] 그렇지만 적어도 데리다는 자신의 사유의 본성과 한계에 대해 엄격한 자기인식을 가진 철학자로 보인다.

대신에 도의 후계자들은 도에서 비롯된다는 수많은 가르침을 쏟아낸다. 도는 이 세계와 절연되어 있지만 동시에 그것은 이 세계의 시원이며 뿌리다. 은유적이라 하더라도 도에는 존재론적 함축이 덧붙여진다. 나아가 도의 깨달음은 현상계의 삶에 핵심적인 지혜를 제시해 준다. 지혜의 가치론적 척도는 물론 도에서 비롯된 것이다. 그래서 도에 근거한 규범적 메시지가 전해질 수 있다.

문밖을 나가지 않아도 천하를 알고, 들창을 엿보지 않아도 하늘의 길을 보나니, 멀리 나갈수록 아는 것은 줄어들 뿐이다. 그래서 도를 얻는 사람은 돌아다니지 않아도 알고, 보지 않아도 알며, 하지 않고도 이룬다.[28]

언어적인 것으로부터 단절된 그림자 개념에서 경험적 목소리가 전해진다. 도의 옹호자들은 이러한 역설은 언어적 층위의 역설일 뿐이며, 도의 '심오함'이 그것을 넘어서 있다고 말한다. 그러나 필자의 분석에 따르면 그것은 심오함이 아니라 자기 사유의 엄격성이 흐려진 징후다. 이것은 도에서 전해지는 목소리가 실상 우리 자신의 목소리일 수밖에 없다는 사실을 가리고 있다. 이러한 관점에서 더 근원적으

---

27   힐러리 퍼트남, 『과학주의 철학을 넘어서』, 원만희 역 (서울: 철학과현실사, 1998), p. 182 참조.

28   왕필, 『왕필의 노자주』, 47장.

로 『도덕경』이라는 텍스트 자체의 내적 정합성에 관해 석연치 않은 의혹을 피할 수 없어 보인다.[29] 언어적으로 구성된 이 세계와 도 사이에 놓인 간극을 메우는 방식은 불투명한 해석의 문제로 남아 있다.

그림자 개념에서 전해 오는 목소리는 차연의 목소리도, 도의 목소리도, 공의 목소리도 아니다. 그것은 우리 자신의 목소리일 뿐이다. 그래서 불교의 가르침은 '다시' 우리의 자리로 되돌아와 있다.

열반은 세간과 어떤 차이도 없네. 세간은 열반과 어떤 차이도 없네 (『중론』, 25.19.).

열반의 한계와 세간의 한계 이 두 한계는 아주 작은 차이도 없네(『중론』, 25.20.).

모든 사유의 출발점은 우리의 삶이다. 그 출발점에 우리의 몸이 있다. 삶의 세계는 개념과 사유의 세계처럼 매끄럽고 정교하지 않다. 시간과 공간 안에 갇힌 유기체로서 인간은 불가피하게 외부 세계와 상호작용해야 한다. 삶의 전 과정을 통해 우리는 이러한 자연적 요구를 외면할 수 없으며, 이 때문에 자유로운 정신적 사유의 세계를 향한 동경은 매우 자연스럽다. 우리는 흔히 마음이 무한히 자유롭다고 생각하지만 모든 사유는 사실상 우리의 신체적 조건에 의해 다양한 방식으로 제약되어 있다. 때로 우리는 그 제약들을 잊어버리며, 또 때로 스스로 잊기를 갈망한다. 우리는 '우리의 우리'를 넘어서려고 한다.

---

29 적어도 이러한 비정합성이 단일한 저자의 문제인지, 아니면 다수의 저자들 사이에서 비롯된 문제인지를 결정할 수는 없지만, 판본의 진위에 관해 끊임없는 문헌학적 시시비비가 이어지는 이유를 부분적으로 설명해 줄 수 있을 것이다.

이렇게 펼쳐진 사유는 연과 같다. 연은 그것이 출발했던 이 땅과 연결해 주는 연실 때문에 우리의 것으로 남아 있다. 연실이 끊긴 연은 더 이상 우리의 것이 아니다.[30]

나아가 모든 사유는 그것이 출발했던 지점과의 연결 안에서만 본래의 의미를 갖는다. 만약 사유가 이 지반과의 접속을 잃고 어떤 형태의 새로운 의미를 얻게 된다면, 그것들은 이미 변질되었거나 왜곡되었기 때문이다. 그것은 대부분 우리의 삶에 대한 전도된 시각을 불러온다. 그 위험성을 지적하는 것은 어쩌면 새삼스러운 일이다. 종종 우리 자신이 우리의 삶으로부터 추상된 개념들 안에 갇히게 됨으로써 우리 삶 자체를 이론이라는 이름으로 박제화하기 때문이다.

이론적 환상에서 비롯된 왜곡으로부터 우리 자신을 해방시키는 것은 또 다른 환상이 아니라 그 환상을 불러왔던 우리 자신의 조건에 대한 반성적 성찰이다. 그 성찰은 이론적 사유 자체에 대한 거부가 아니라 그 사유를 통해서 드러나는 다양한 환상을 평가하는 데 우리가 의지할 수 있는 궁극적인 준거가 된다. 그것은 우리에게 근세의 인식론자들이 꿈꾸었던 것 같은 확실성의 토대를 제공해 줄 수는 없을 것이다. 대신에 그것은 우리가 공유하는 지반, 즉 현재와 같은 몸을 통해 형성한 삶의 지반으로의 회귀적 해석을 의미한다.

과거의 이론에서 우리의 크기에 맞는 가르침을 찾는 일은 매우 정교하면서도 성찰적인 작업이 될 것이다. 이러한 작업을 하는 우리는 마치 정교한 지도와 함께 길을 찾는 여행자와 같다. 그 지도에서 내가 서 있는 곳을 알지 못하면 지도에 관한 아무리 많은 지식도 여행에는 쓸모가 없다. 우리는 지도를 햇빛 가리개로 사용할 수도 있지만 그것

---

30   노양진, 「비트겐슈타인과 철학의 미래」, 『몸·언어·철학』, p. 340 참조.

은 결코 지도의 본래 용도가 아니다. 우리가 경계해야 할 것은 과도한 이론들이 그 본래의 목적에 관해 혼동을 줄 수 있다는 점이다. 이러한 반성이 없다면 철학사는 그저 이론들의 거대한 전시장으로 남게 될 것이다.

5. 맺는말

필자는 체험주의적 시각을 통해 철학적 혼동을 불러오는 중요한 원천의 하나인 '그림자 개념'의 인지적 본성을 드러내려고 했다. 그림자 개념은 스스로 하나의 개념이라는 사실을 부정하지만, 체험주의적 분석에 따르면 여전히 변형된 개념의 하나일 뿐이며, 따라서 우리의 인지적 구조 안에서 해명되어야 할 대상일 뿐이다. 그것은 그림자 개념이 복잡한 방식이라 하더라도 이해 가능한 인지적 구조를 갖는다는 것을 의미한다.

그림자 개념은 모든 경험적인 것을 넘어선다는 점에서 초월적 개념의 일종이지만 스스로 아무것도 담고 있지 않다는 점에서 전형적인 초월적 개념과 구분된다. 사실상 그림자 개념은 그 초월적 개념들을 거부하기 위해 제시된다. 그림자 개념은 경험적인 모든 것에 앞서 있는 어떤 것으로 말해지지만, 체험주의적 분석에 따르면 그림자 개념은 경험적인 것과 독립적으로 의미화될 수 없다. 오히려 그것은 경험적인 것의 총체를 하나의 '그릇'으로 묶은 후에만 그 그릇의 밖 어떤 지점으로 개념화될 수 있다. 그래서 그림자 개념 스스로는 아무런 경험적인 것도 담고 있지 않은 텅 빈 자리의 이름이다. 그것은 우리의 언어로 말하지 않으며, 우리의 언어로 말해질 수도 없다.

이러한 인지적 특성 때문에 그림자 개념은 흔히 철학적 논의에서

'해체론적'이라는 철학적 태도와 결합되어 나타난다. 여러 유형의 그림자 개념은 모두 경험적 세계의 가상성을 고발하는 데 도입된다는 점에서 다르지 않다. 그러나 그것으로부터 전개되는 사유의 갈래는 다른 양상으로 드러나며, 그것은 매우 다른 철학을 낳는다. 데리다는 차연에서 침묵함으로써 스스로의 역설을 비켜선다. 데리다는 차연에 이르는 여정을 드러내는 것만으로도 충분히 철학적 소임을 다했다고 믿는다. 노자는 도에 이르러 더 큰 목소리로 도를 이야기한다. 그림자로 출발했던 도는 또 다른 초월로 변질되어 나타난다. 오직 용수만이 공에서 다시 그 출발점으로 되돌아온다. 용수가 되돌아온 지점은 그림자를 낳았던 바로 이 세계다.

그림자 개념에 대한 체험주의의 분석은 처음부터 되돌아올 길을 예기하고 있다. 체험주의에 따르면 추상적 도약으로 특징지어지는 철학적 사유는 아무리 추상적이라 하더라도 모두 신체적 근거를 갖고 있다. 신체적 지반은 개념들의 출발점일 뿐만 아니라 회귀점이기도 하다. 사유의 도약은 사유의 터전인 우리를 삶으로부터 아득하게 멀리 떨어진 곳까지 이끌어 갈 수 있다. 그러나 그처럼 확장된 사유를 통해 도달한 그림자 개념은 도달하기 위한 곳이 아니라 되돌아오기 위한 곳이다.

제3장

김형효와 사실성의 철학

1. 머리말

유럽의 철학에서 출발한 김형효의 지적 여정은 동아시아의 전통적 사유에 이르기까지 넓고 깊게 펼쳐져 있다. 기나긴 여정 끝에 그가 이른 곳은 '사실성'(facticity)의 철학이다. 그에 따르면 사실성은 '현실성'과 '이상성'이라는 대립적 양극을 넘어서는 제3의 땅이다. 이 새로운 땅은 현실성의 철학과 이상성의 철학이 필연적으로 안고 있는 본성적 난점들을 넘어서서 열리게 된다. 그는 동서양의 철학사가 경험하지 못했던 새로운 가르기를 제시하고 있으며, 그것을 통해 자신의 대안적인 철학적 구도를 제안한다. 이것은 김형효가 자신의 독자적인 사유의 갈래에 이르게 되었다는 것을 의미한다. 사실성의 철학은 한국의 현대철학사를 태생적 한계처럼 가로막고 있었던 '식민성'의 완고한 장벽을 넘어서서 자생적 사유의 가능성을 열어 가는 분수령을 이루는 것으로 보인다.

이러한 중요성에도 불구하고 사실성의 철학은 그 자체로 극복하기 힘든 내적 비정합성을 드러내고 있으며, 그 철학적 귀결 또한 불운한 것이다. 김형효가 제시하는 사실성은 모든 경험적인 것을 비워 낸 '그림자 개념' (shadow concept)의 일종이지만,[1] 알 수 없는 지점에서 알 수 없는 방식으로 이 세계에 개입하는 '원력'을 얻게 된다. 김형효는 그 과정을 정합적으로 해명하지 않으며, 또 해명할 수도 없을 것이다. 그림자 개념은 스스로의 목소리를 갖지 않기 때문이다. 이러한 난점은 초월적 개념의 본성에 대한 불충분한 성찰에서 비롯되며, 그 난점은 다시 모종의 '철학적 열망'에 의해 채워지고 있는 것으로 보인다. 필자는 이 글에서 경험적인 것을 넘어서는 것으로서 '초월적 개념'과 '그림자 개념'을 구분하고, 김형효가 이 구분을 간과함으로써 또 다른 초월/선험적 형이상학으로 되돌아가고 있다는 점을 지적할 것이다.[2]

　김형효가 제시하는 사실성은 그 자체로는 아무런 실체도 없는 이론적 구성물이다. 사실성은 그 자체로 의미화될 수 없으며, 오직 경험적인 것의 총체에 기생적으로만 의미화된다. 사실성은 우리가 시·공간적 경험 요소들을 한데 묶었을 때 그 '경계' (또는 그 '밖') 어딘가에 주어질 수 있는 가상의 영역이며, 그래서 필자는 그것을 '그림자 개념'의 한 유형으로 구분한다. 그림자는 비어 있다. 그래서 우리는 그림자에 관해 아무런 말도 할 수 없으며, 그림자 또한 우리에게 아무런 말도 하지 않는다. 그림자 개념은 우리의 모든 개념과 언어가 무화되

1　이 책 2장 「그림자 개념에 관하여」 참조.
2　서양철학사를 통해 초월과 선험은 까다롭고도 중요한 차이를 드러낸다. 그러나 본론의 논의를 통해 드러나겠지만 필자는 초월과 선험을 구분하지 않았다. 그 두 개념은 경험을 벗어나 있다는 점에서 다르지 않기 때문이다. 김형효는 '초월'이라는 말 대신에 '초탈'이나 '선험적'이라는 말을 사용하고 있지만 필자가 제기하려는 문제와 관련된 이론적 사정은 달라지지 않는다.

는 가상의 지점이다.

김형효는 하이데거(M. Heidegger)와 데리다(J. Derrida), 불교와 노장의 사유를 '사실성'으로 수렴하고 있지만, 그것은 개념적 혼동을 안은 채로 노장의 길을 따라 철학적 사유가 고질병처럼 반복해 왔던 초월적 형이상학의 함정에 스스로 빠져드는 징후다. 그것은 사실성의 철학이 그 출발점에서 극복하려고 했던 이상성으로 되돌아가고 있다는 것을 의미한다. 그림자 개념을 축으로 기존의 언어와 개념을 넘어서는 해체론적 사유가 우리에게 다시 의미 있는 어떤 것이 되기 위해서는 '우리의 언어'와 다시 접속되어야만 한다. 그러나 사실성의 철학은 우리 자신으로 회귀하는 대신에 새로운 이름과 함께 오래되고 낯익은 초월의 길로 들어서고 있다.

2. 현실성과 이상성을 넘어서

김형효는 동서양의 철학적 사유가 무한히 다양한 증식이 아니라 소수의 철학소(哲學素)들의 반복적인 재구성의 역사를 이루고 있다고 본다. 그는 그러한 철학소를 유위적 현실주의=실학(實學), 당위적 이상주의=심학(心學), 무위적 사실주의=물학(物學)으로 가르고 있으며, 현실성과 이상성이 모두 왜곡된 욕망의 파편들이라고 본다.[3] 그의 철학적 문제의식은 바로 이 두 대립적 시각의 그릇된 갈등에 초점을 맞추고 있다. 현실주의는 욕망을 따라 현실적으로 주어진 것에 의해 세계를 바라보게 되며, 이상주의는 우리의 조건에 대한 반성적 성찰 없

---

3   김형효, 「도구적 세상보기와 초탈적 세상보기: 이승종 교수의 비판에 대한 답변」, 『오늘의 동양사상』, 제6집 (2002), pp. 34-38 참조.

이 과도한 이론으로 나아간다. 그래서 그가 제3의 시각으로 제시하는 사실성의 철학은 현실주의나 이상주의가 불러오는 실제적 난점에 의해 정당화된다.

> 현실성은 이 욕계를 소유와 문제의 영역으로 본다. 그런 소유와 문제의 세계에서 유일한 진리는 도구적 이성에 의한 잠정적 해결 이외에 다른 길이 없는 것으로 본다. 그래서 과학기술에 의한 생활의 소유적 편리와 지식에 의한 지배의지와 경제적인 안락의 추구가 현실성의 진리에 해당한다. 무식하고 배고프고 헐벗고 약한 자가 강하고 지식이 많고 여유 있는 자들의 지배를 당하는 것이 현실세계의 생리이다. 이것을 바꾸기 위해 이상주의자들이 선의의 혁명을 일으키지만, 그 혁명의 전사들은 이미 기존의 악과 싸우는 또 다른 신진 악의 사역꾼이 되어 명분으로는 선의 전사이나 실질적으로는 이미 악의 화신으로 변하고 만다. 우리는 동서고금의 역사에서 그런 사건을 무수히 보아 왔다.[4]

여기에서 현실성과 이상성은 하나의 평면을 그리고 있으며, 그것은 끊임없는 대치와 갈등과 성쇠의 반복일 뿐이다. 김형효가 제안하는 제3의 길로서의 사실성은 이 평면을 넘어서는 메타적 층위를 향하고 있다. 김형효는 자신의 철학적 사유의 단초를 제공했던 철학자가 마르셀(G. Marcel)이었다고 말한다.

> [마르셀은] 가톨릭 철학자이다. 필자가 그로부터 받은 사상적 영향은

---

4 김형효, 『철학적 사유와 진리에 대하여 2』 (서울: 청계, 2004), pp. 616-17. 이하 『사유와 진리 2』로 약함.

크게 두 가지로 대별된다. 첫째로 이 세상이 역사적으로 깨어진 것이 아
니라 본질적으로 깨어졌다는 점이고, 둘째로 철학적 사유는 열광적 의식
(la conscience fanatisée)으로 세상을 흥분시키는 추상의 정신(l'esprit
d'abstraction)과는 아주 다르다는 점이다. 정치적 종교적 이데올로기적
열광주의는 진리의 정신을 훼손시키는 반(反)철학에 다름 아니다. 세상
이 본질적으로 깨어져 있기 때문에 그 세상을 본질적으로 수리한다는 것
은 불가능하다는. 종말론적 사유가 필자의 의식에 다가왔다. 그리고 열
광적 신념은 추상의 정신을 잉태하여 구체적인 것을 다 쓸어 내는 슬로
건적 사고방식으로 사회를 재단하게 된다. 철학은 슬로건적 사고방식에
대한 저항과 같다. 이 두 가지 정신을 필자는 마르셀로부터 익혔다.[5]

철학이 이데올로기적 열광을 향한 사유의 방식이 아니라는 김형효
의 지적은 매우 날카롭다. 철학적 사유의 생명은 오히려 특정한 이데
올로기들의 본성을 드러내고, 그 역할과 한계를 비판적으로 드러내는
데 있기 때문이다. 철학의 이러한 요청은 역설적으로 특정한 이데올
로기에 스스로를 유폐시키는 성향이 인간적 본성의 일부로 자리 잡고
있다는 사실을 강하게 시사한다. 시간과 공간 안에 갇힌 인간의 경험
은 본성상 파편적이다. 우리의 경험 안에서 이 모든 파편성을 넘어서
는 '신적 관점'은 주어지지 않는다.[6] 이데올로기의 위험성은 이러한
파편성을 넘어서기 위해 선택한 또 다른 파편성 안에 스스로를 유폐

---

5 김형효, 『철학적 사유와 진리에 대하여 1』 (서울: 청계, 2004), 「머리말」, pp.
   9-10. 이하 『사유와 진리 1』로 약함.

6 로티의 어법을 빌리면 설혹 신적 관점이 존재한다 하더라도 우리가 그것을 식별할
   수 없다. Richard Rorty, *Philosophy and Social Hope* (London: Penguin Books,
   1999), p. 82 참조.

함으로써 드러나는 배타성에서 온다.

이러한 본성에도 불구하고 많은 사람들은 자신에게 열려진 세계가 무한히 다양한 세계들 중의 하나라는 사실을 쉽게 망각한다. 그래서 자신의 세계가 모두의 세계가 되어야 한다는 집착에 사로잡히게 된다. 사실상 우리는 모두 특정한 이데올로기와 함께 살아가며, 모든 이데올로기를 원천적으로 거부할 수 있는 삶의 방식은 없어 보인다. 여기에서 중요한 것은 이데올로기 자체를 근원적으로 포기하는 일이 아니라 그 이데올로기가 모두의 이데올로기가 되어야 한다는 '편향적 집착'을 걸러 내는 일이다.

로티(R. Rorty)는 이 문제를 '자문화중심주의'(ethnocentrism)라는 말로 해명하려고 한다. 로티는 우리에게 자문화중심적으로 되기를 권고하는 것이 아니라 우리가 자문화중심적인 존재일 수밖에 없다는 사실을 자각하도록 권고한다. 현재 나를 성공으로 이끌어 주는 믿음의 체계들이 아무리 성공적이라 하더라도 절대적이고 보편적인 지반에 근거한 것이 아니라 내가 보고 듣고 배운 것, 즉 자문화에 근거하고 있다는 사실을 인정하라는 것이다.[7] 바꾸어 말하면 모든 믿음의 궁극적 근거는 내가 속하는 문화를 넘어서서 주어질 수 없다는 것이다.

이러한 권고는 '다원주의'(pluralism)라는 말에 익숙한 우리 모두에게 더 이상 새로운 것이 아니지만 그 실현은 결코 쉽지 않다. 로티의 말처럼 그것은 자신의 '최종적 어휘'(final vocabulary)를 포기하라고 요구하기 때문이다. 최종적 어휘를 포기할 경우 끊임없는 목소리들의 다양한 증식만이 가능할 것이라는 우려가 제기된다. 이러한

---

7 Rorty, *Objectivity, Relativism, and Truth: Philosophical Papers 1* (Cambridge: Cambridge University Press, 1991), 특히 p. 23 참조.

우려 앞에서 사람들의 태도는 크게 두 갈래의 극단으로 드러난다. 현실주의와 이상주의가 바로 그것이다. 목소리의 충돌과 갈등을 현실로 받아들이고 직접적으로 대처하는 현실주의가 그 하나다. 이러한 현실주의는 극단의 투쟁 아니면 허무주의를 낳는다. 반면에 이상주의는 이 모든 구조를 근원적으로 개조하려는 극단적 이상을 추구하며, 그것은 대규모적인 유토피아적 재앙을 불러올 수 있다.

김형효에 따르면 현실성의 진리와 이상성의 진리를 넘어서는 것으로서 사실성의 진리 개념은 마르셀의 존재론적 진리 개념을 향하고 있다.

그런데 또한 몸을 초탈하려는 인간의 '존재론적 요구'도 몸으로 말미암아 일어난다. 몸의 무상함과 존재이해에 대한 몸의 장애가 없다면, 인간은 몸의 제약을 초탈하고자 하는 해방의 욕망을 가질 이유가 없을 것이다. 몸의 장애와 제약을 깨닫는 순간에 인간은 "나는 나의 몸인 것만은 아니다"라는 생각과 함께 존재의 진리로 들어가게 된다. 이것이 마르셀의 철학에서 존재론적 진리의 여명을 깨닫게 하는 시작[이다](『사유와 진리 2』, p. 550).

우리는 여기에서 김형효의 사실성의 진리가 존재론적 진리 개념에 맞닿아 있다는 것을 알 수 있다. 존재론적 진리는 하이데거를 통해 훨씬 더 익숙하게 알려져 있지만 마르셀에게서 선명하게 드러나는 것은 존재론적 진리가 몸의 제약 안에 갇힌 인간을 구원해 주는 해방의 길이라는 점이다. 바꾸어 말하면 마르셀의 해방은 몸의 길을 벗어나 마음의 길로 들어서는 것을 말한다. 자신이 서술하고 있듯이 이것이 김형효의 사유의 길을 이끌어 주었다면 그것은 이어서 논의하려는 것처럼 사실성의 철학이 그 출발점에서부터 존재론적 진리라는 이론적 늪을 향하고 있다는 것을 말해 준다. 나아가 그것은 또 다시 형이상학으로 되돌아가는 은밀한 통로가 되어 자신의 철학을 또 다른 이상성의 한 형태로 되돌리게 된다.

3. 초월과 그림자 사이

마르셀의 철학에서 출발한 김형효는 하이데거와 데리다, 베르그송(H. Bergson), 메를로 퐁티(M. Merleau-Ponty), 그리고 노장사상과 화엄사상을 거치는 기나긴 지적 여정 속에서 자신만의 목소리를 찾으려고 하며, 그 끝에서 그는 '사실성'이라는 새로운 영역을 제시한다. 사실성 개념은 동아시아의 지적 전통 안에서는 과학적 지식이나 도구적 이성에 따라 현실성을 추구하는 '실학', 그리고 당위적 희망을 따라 이상성을 추구하는 '심학'에 대비되는 것으로서 사실성을 추구하는 '물학'의 영역에 속한다. 김형효는 이 사실성 개념을 '무위의 물학'이라고 불리는 노장철학에서 찾고 있으며, 그것은 현실성과 이상성을 넘어선 참된 진리의 모습을 담고 있다고 말한다.

> 단적으로 본성의 존재론은 현실주의(realism)도 이상주의(idealism)도 아니고 다만 사실주의(factualism)의 철학과 그 진리를 겨냥하고 있다고 여겨야 하리라. 현실성과 사실성의 차이가 무엇인가 하고 사람들은 질문을 제기하리라. 그 차이는 크다. 현실성은 인간의 이욕심이 선악을 분비하는 지능의 세계를 가리키고, 사실성은 그런 이욕심의 자아를 넘어서 세상을 탈이기적으로 바라보는 본성의 세계를 겨냥한다. 그러므로 현실성은 역사적 사회적 이해관계에 얽힌 세계에서의 생존의 이치를 말하지

만, 사실성은 그런 생존의 차원을 초탈하여 이 세상이 여여하게 존재하는 그대로의 실상의 본질을 뜻한다(『사유와 진리 2』, p. 607, 고딕은 필자의 강조).

우리는 여기에서 사실성 개념이 '초탈'이라는 새로운 층위에서 찾아지고 있다는 것을 알 수 있다. 이러한 초탈은 초현실적(비현실적이 아닌)이라는 점에서 모든 경험적인 것을 비켜섬으로써만 도달할 수 있는 어떤 지점이라는 것이 분명하다. 이 때문에 제3의 관점으로서 사실성은 현실성과 이상성을 결합하거나 절충한 어떤 것이 아니라 처음부터 그것들과 층위를 달리한다. 김형효에 따르면 현실성과 이상성이 사회철학적 구분이며 사실성은 자연철학의 범주에 귀속될 수 있다(『사유와 진리 2』, p. 608 참조). 김형효가 말하는 사실성은 『사유와 진리 2』에서 그가 사용하는 다양한 어휘들, 즉 '본성의 사유'(p. 588), '근원적 사실'(p. 611), '불변의 문법'(p. 611), '무위의 철학'(p. 621), '존재론적 사실성'(p. 621), '본성의 요구'(p. 621) 등을 수렴하는 하나의 길이다. 나아가 새로운 층위로서의 초탈의 지경은 현세적인 선악의 구분을 넘어서 있으며, 그러한 경지야말로 '지선'(至善)을 의미한다.

본성이 바로 천리(天理)이고, 그 천리는 선악의 대립을 넘어선 무선무악의 자유로움이며, 이 무애한 자유로움이 곧 지선(至善)이라고 볼 수 있다. 선악이 싸우는 역사의 세계를 초탈하는 곳에서 지선의 본성이 자신을 드러낸다. 본성의 무선무악의 지선에서 보면, 의념(意念)이나 양지(良知)나 사물들이 다 무선무악이다. …… 역사의 현실을 초탈하지 않고서는 그런 지선의 본성을 회복하기가 아주 어렵다. 그러므로 주자학의 도학 정치도 그런 지선의 사회를 현실적으로 건설하려는 마르크시즘처럼 거의 불가능하다(『사유와 진리 2』, p. 590).

김형효가 꿈꾸는 사실성의 진리는 무엇의 이름인가? 그것은 경험세계에 존재하는 어떤 것의 이름이 아니다. 그것은 현실성과 이상성이 교차하는 이 세계의 바탕을 이루는 존재의 본성과 구조의 문법을 가리키고 있는 메타적 개념일 것이다. 그것은 우리의 경험 세계의 어휘로 기술되는 개념이 아니며, 그래서 경험적인 것을 넘어서 있는 '어떠함'이다.

이러한 사실성이 우리에게 알려질 수 있다면, 그것은 도대체 어디에서 비롯되며, 또 우리에게 어떻게 알려지는가? 우리에게 주어진 현실성과 이상성을 넘어서서 사실성으로 나아갈 수는 있지만, 그렇게 도달한 사실성에서 무엇이 어떻게 되돌아올 수 있는 것일까? 적어도 김형효가 제시하는 그림 안에서 사실성으로 나아가는 길은 열려 있지만 그곳으로부터 되돌아오는 길은 열려 있지 않다. 만약 사실성으로부터 우리 스스로에게 되돌아오는 길이 열려 있지 않다면 그것은 우리와 단절된 무의미한 영역이며, 되돌아오는 길이 열려 있다면 사실성은 단지 확장된 '우리'의 일부일 뿐이다. 이것은 '초월적인 것'이 본성적으로 안고 있는 역설이다. 김형효의 사실성에는 이 역설을 벗어날 장치가 없다. 그것은 '사실성'이 그 새로운 이름에도 불구하고 초월적인 것의 한 유형일 수밖에 없다는 사실을 반증해 준다.

사실성의 철학은 사회나 세상을 새롭게 창조하려고 노력하지 않고, 세상의 근원적 사실을 본성의 눈으로 다시 보는 법을 닦으려 한다. 이상성의 철학처럼 본능을 본성으로 개조하려고, 또는 본성을 만들려고 애쓰는

것이 아니라, 인간에게 있어 온 그 본성을 닦으려고 한다. 이처럼 사실성
은 그 본성에 비쳐진 실상을 인식하고 그 실상대로 살려는 철학이므로
거기에는 유위적 현실성의 기술이나 당위적 이상성의 명령이 게재하기
힘들다. 그래서 무위의 철학이라 한다(『사유와 진리 2』, p. 621).

김형효의 '사실성'은 어떤 의미에서든 여전히 형이상학적이다.[8] 그
러나 형이상학에 대해 다소 교정된 시각을 갖는다 하더라도 여전히
중요한 것은 그가 어떤 형이상학 안에 갇혀 있는가가 아니라 그가 자
신의 형이상학이 '자신만의' 형이상학이라는 사실을 인식해야 한다
는 점이다. 김형효의 시도는 과거의 지성들을 통해 자신만의 형이상
학을 걸러 내기보다는 '모두의 형이상학'을 제안하고 있는 것처럼 보
인다. 만약 그의 의도가 실제로 그렇다면 그것은 지성사의 교훈을 거
스르면서 우리를 또 다시 위험한 형이상학으로 이끌어 가는 일이 될
것이다. 만약 그렇지 않다면 그의 행로는 또 다시 비트겐슈타인(L.
Wittgenstein)이 경계하는 '혼동'으로 빠져드는 무모한 시도일 수밖
에 없다.

더 나쁜 것은 그러한 형이상학이 정교한 이론적 작업을 통해 재구
성되지 못하고 거친 방식으로 묶여 있다는 점이다. 바꾸어 말하면 김
형효의 '사실성의 철학'은 그것을 뒷받침하는 자신만의 논거를 찾을

---

8 '형이상학'이라는 말을 일의적으로 사용하는 것은 불가능한 일이 되었지만 대체
로 형이상학은 두 갈래의 의미를 갖는다. 먼저 칸트 이래로 이해된 형이상학은 우
리의 경험 세계를 넘어선 것들에 대한 일련의 탐구를 가리킨다. 이것은 대부분 초
월적 성향을 갖는다. 둘째, 형이상학은 우리의 전반적 지식과 행위에 관한 이론들
의 기본적 토대를 구성하는 가정들의 묶음으로 이해된다. 이렇게 이해되는 형이상
학이 반드시 초월적이어야 할 이유는 없다.

수 없다. 그가 사실성을 정당화하는 방식은 다양한 지적 전통의 동·
서양의 철학적 사유가 드러내는 공통성—그것도 여전히 의심스러운
공통성—의 추출물로 보인다.

철학은 세상보기를 각각 '무위적無爲的/당위적當爲的/유위적有爲的' 인
진리(道)에 의한 퍼즐짜기로서 구분된다. 하이데거에 의하여 해석된 헤라
클레이토스와 파르메니데스, 스피노자의 '신즉자연神卽自然' (Deussive
natura) 사상, 하이데거와 노장 사상의 '유有/무無' 의 '불일이불이不一而
不二' 의 사유, 그리고 불교 사상에서 '색즉공色卽空 공즉색空卽色' 의 '부
즉불리 不卽不離' 의 사유와 유학 사상에서의 안자顔子와 맹자적 사유의
일부, 양명학과 선학에서의 '무선무악無善無惡' 의 사유와 데리다의 이중
긍정과 이중부정 등의 사유법이 대개 세상을 무위적 진리로 해석하려는
철학적 유사성을 함의하고 있다. 이들 사유의 유사성은 자연성(Physis)
의 무위성을 근원으로 하여 마음을 그 자연성의 무위적 현시와 은적(사
라짐)과 함께 동거하려는 물학物學의 진리를 견지하려 한다는 점이다.
물학과 자연학自然學과 무위학無爲學은 다 유사한 진리의 개념들을 말한
다.[9]

만약 그것이 사실이라면 김형효는 사실상 자신의 철학적 통찰을 전
해 주는 철학자로서가 아니라 방대한 독서량을 가진 주석학자로서의
목소리를 들려주고 있는 셈이다. 데리다의 해체론이 주는 교훈은 형
이상학이 철학적 열망의 통로였다는 점이다. 그것은 김형효가 극복하
려고 했던 이상주의의 한 단면이다. 그는 자신의 형이상학이 왜 과거

___
9 김형효, 「도구적 세상보기와 초탈적 세상보기」, pp. 34-35.

의 형이상학과 다른지를 설명하지 않으며, 또 설명할 수도 없을 것이
다. 유일한 차이라면 김형효가 제안하는 사실성의 형이상학이 해체론
에 대한 통찰을 앞세우고 있다는 점이지만, 오히려 그가 해체론의 통
찰을 받아들였다면 자신의 언어에 대해서조차도 해체론적 반성을 포
기하지 않아야 한다. 이제 김형효의 철학 안에서 해체론은 자신의 형
이상학을 위장하는 보호막 같은 것이 되고 말았다. 그래서 그의 이러
한 형이상학적 회귀는 형이상학에 대한 반성을 도외시하는 도발로서
필경 '철학적 무책임'이라는 비판을 피할 수 없을 것이다.[10]

4. 또 다른 사유와 진리의 길

김형효가 스스로 갇히게 된 사실성의 철학은 어떻게 열릴 수 있을까?
사실성의 영역은 스스로의 모습을 드러내는 것이 아니라 '반성적 회
귀'를 통해 우리의 출발점에서 드러나야 하는 사유의 층위다. 그러나
그렇게 드러나는 땅에는 김형효가 꿈꾸는 '절대적 사실'은 없다. 그
것은 무한히 열린 사실들의 세계일 뿐이다. 그것은 용수(龍樹)와 비트
겐슈타인과 듀이(J. Dewey)를 통해서 도달할 수 있는 또 다른 길이
다. 그것은 치유의 길이며, 모두에게 열려 있는 길이며, 또 그 자체로
열려 있는 길이다.

　여기에서 중요하게 지적해 두어야 할 것은 김형효가 사실성의 진리
개념을 얻기 위해 순례하는 일련의 사유들 사이에는 하나의 층위로
묶일 수 없는 근원적 간극이 있다는 점이다. 하이데거의 '존재'(Sein)

---

10 힐러리 퍼트남, 『과학주의 철학을 넘어서』, 원만희 역 (서울: 철학과현실사,
　　1998), p. 182 참조.

는 데리다의 차연이나 노장의 도, 그리고 용수의 공과는 근원적으로 구분된다. 하이데거의 존재에는 진리가 있지만, 도와 공과 차연에는 처음부터 아무것도 없다. 필자는 텅 비어 있는 그 개념들을 '그림자 개념'이라고 부른다. 그것을 '그림자'라고 부르는 이유는 그것이 역설적이게도 '경험적인 것의 총체'에 기생적으로만 개념화될 수 있기 때문이다. 말하자면 그림자 개념은 '경험적인 모든 것'의 경계나 밖, 위를 가리키는 개념이다. 그래서 그림자는 경험적인 것과 완전히 절연되어 있으면서도 경험적인 것에 의존해서만 개념화되며, 스스로는 아무런 목소리도 갖지 않는다.[11]

그림자 개념은 경험적인 것을 넘어서 있다는 점에서 초월적 개념의 일종이지만 아무런 경험적인 것도 담고 있지 않다는 점에서 비어 있는 개념이다. 초월적 개념이 시원론적이든 목적론적이든 경험적인 것을 수렴하는 방식으로 구성된다면 그림자 개념은 경험적인 것을 비워 내는 방식으로 구성된다. 이 때문에 그림자 개념은 '해체'라는 독특한 특성을 지니게 된다. 데리다의 차연, 용수의 공, 노자의 도가 이런 방식으로 구조화된다.

필자는 그림자 개념의 인지적 구조를 드러내기 위해 존슨(M. Johnson)의 「그릇」(Container) 도식 개념을 도입했다.[12] 그림자 개념

11　이 책 2장 「그림자 개념에 관하여」, pp. 42-43 참조.
12　영상도식들은 우리의 신체적 활동에서 직접 발생하는 비명제적이고 선개념적인 인지의 패턴들이다. 우리는 영상도식들을 물리적 대상은 물론 추상적 대상에 사상함으로써 그 대상을 구체적으로 이해할 수 있다. 마크 존슨, 『마음 속의 몸: 의미, 상상력, 이성의 신체적 근거』, 노양진 역 (서울: 철학과현실사, 2000), 특히 3-5장 참조. 그림자 개념을 제안하는 철학자들은 공통적으로 그것이 개념이나 언어를 넘어서 있으며, 따라서 그것이 단어나 개념이 아니라고 말한다. 이들의 다양한 언사에도 불구하고 그림자 개념이 우리에게 의미화될 수 있는 길은 인지

은 '경험적인 것의 총체'를 하나의 그릇에 담았을 때 그 경계 또는 밖에 설정되는 어떤 지점이다. 그림자 개념은 다음과 같이 특징지어질 수 있다.[13]

① 경험 전체를 도식화함으로써 그 경계 또는 외부(위, 앞, 밖 등)에 설정된다.
② 경험적 내용을 담고 있지 않다.
③ 경험적으로 알려지거나 말해질 수 없다.

경험적인 모든 것을 비워 낸 그곳은 오직 경험적인 것의 반대편으로서만 의미화된다. 그림자 개념에 의지하는 사유들이 공통적으로 '해체'라는 이름으로 묶이는 것은 우연이 아니다. 김형효는 그림자 개념의 이러한 특성을 읽어 내면서도 의도적이든 아니든 그림자 개념과 하이데거의 '존재' 개념—초월적 개념으로서—의 본성적 차이를 지나치고 있는 것으로 보인다.

김형효가 간과하고 있는 것은 초월적 개념과 그림자 개념 사이에 놓인 결정적인 간극이다. 그림자 개념에서 초월로 나아가는 길은 훨씬 더 복잡하면서도 불필요한 길이다. 초월적 개념은 필연적으로 역설을 낳는다. 경험적인 것을 넘어선 초월이 어떻게 또 다시 경험적인 것과 접속되는지의 문제는 '관여'(methexis)라는 이름으로 서양철학사를 사로잡은 수수께끼다. 그림자 개념에서 초월로 나아가는 길 또한 이 역설에서 비켜설 수 없다. 경험적인 것과 초월적인 것의 연결이

___

적 길뿐이며, 따라서 그 개념적 본성은 인지라는 차원에서 해명되어야만 한다. 그러한 해명을 거부하는 것은 또 다른 형이상학적 무책임일 뿐이다.

13 이 책 2장 「그림자 개념에 관하여」, pp. 43-44.

불가능한 것처럼 비어 있는 것과 초월적인 것의 연결 또한 다르지
않다.

　김형효는 노장을 따라 두 번째 길을 택하고 있다. 이러한 난점은 노
장사상을 해체론적으로 해석하는 과정에서 여과 없이 드러난다. 그는
데리다의 해체론과 노장철학의 사유 문법의 유사성에 주목함으로써
노장철학에 대한 새로운 논의의 전기를 마련해 주었지만, 정작 데리
다와 노장철학 사이에서 드러나는 결정적인 차이를 간과함으로써 스
스로의 함정에 빠져들게 된 것으로 보인다. 김형효에게는 초월적 개
념과 그림자 개념 사이에 아무런 구분도 없으며, 이 때문에 그림자 개
념들은 모두 '선험'으로 구획된다.

　　우리가 물학의 존재 양식, 자연성(Physis)이 생기하고 있는 논리 또는
　　무의식의 문법이라는 말을 쓸 수가 있다면, 그것을 선험성이라고 부르지
　　않고 무슨 말로 표현할 수 있을까? 그것을 경험적이라고 말할 수 있을
　　까? 경험적이란 말은 의식적이라는 말과 동의어이고, 인간 중심적이라
　　는 말과 상통하는 것이 아닐까? 노장적 사유가 말하는 도는 이 세상의
　　원초적 문법을 의미하고, 그것이 불교가 말하는 진여眞如와 유사하고, 데
　　리다가 말한 교직성(la textualité)이 하이데거가 말한 유(Sein)와 무
　　(Nichts)의 동거성(Selbigkeit)과 유사하다면, 이런 유사성을 세상의 선험
　　적 사실성이라고 부르지 않고 과연 무엇이라 말할 수 있을까?[14]

　김형효는 차연과 도와 공, 나아가 하이데거의 '탈근거'가 교차하는
지점에서 '사실성'을 찾고 있다. '사실성'으로 수렴되는 새로운 땅이

14　김형효, 「도구적 세상보기와 초탈적 세상보기」, p. 43.

김형효의 넓고 깊은 사유의 여정이 이끌어 준 값진 귀결이라는 점은 분명해 보인다. 그러나 우리는 그가 제시하는 사실성의 진리가 왜 오늘날 우리의 것이 되어야 하는가에 대해 또 다시 물음을 제기하지 않을 수 없다. 왜냐하면 사실성이란 비어 있는 그림자 개념에서 출발하지만 은밀한 '철학적 열망'이 부가된 또 다른 형이상학적 개념일 뿐이기 때문이다. 사실성의 철학은 전통적 형이상학의 독단적 과도성에 대한 비판에서 출발했지만 그 귀결은 또 다른 이름의 형이상학으로 나타난 것이다.

김형효의 철학에서 사실성으로 나아가는 길은 열려 있지만 그곳으로부터 되돌아오는 길은 열려 있지 않다. 데리다는 자신이 도달한 차연이 우리의 모든 목소리가 멈추는 지점이라는 것을 잘 알고 있다. 데리다는 차연을 통해 과거의 목소리들이 확고한 진리가 아니라 떠도는 목소리들의 파편이라는 사실을 고발하는 것 이상으로 나아갈 수 없다는 사실을 알고 있다. 그래서 데리다는 '차연'을 넘어서서 이야기하는 자신이 "아무것도 의미하지 않는 모험"[15]을 하고 있다고 말한다. 데리다의 철학적 침묵은 그의 엄격한 철학적 사유의 징표다. 차연은 되돌아가야 할 지점도 아니며, 거기로부터 어떤 목소리도 솟아나지 않는 무중력의 가상이다. 그러나 김형효가 그리는 본성의 영역에서는 너무나 많은 것이 아무런 거리낌도 없이 들려온다.

존재의 욕망으로서의 본성은 정태적으로 이해되어서는 안 되고, 본능이나 지능처럼 간단없이 이 세상에 자신의 원력(願力)을 보내고 있는 것

---

15 Jacques Derrida, *Positions*, trans. Alan Bass (Chicago: University of Chicago Press, 1981), p. 14.

으로 이해되어야 한다. 그래서 우리는 불교의 화엄학과 하이데거의 사유에 따라 법성이 말하고, 노래하고 사유한다고 언급하였다. 이런 화엄학적인 법성(法性)의 성기(性起)를 법성의 우주론적 욕망의 원의로 해석한다면, 그런 법성의 욕망이 존재론적 욕망이지 소유론적 욕심이 아니라는 것은 말할 필요가 없으리라. 법성은 본성의 다른 이름이다(『사유와 진리 2』, p. 595).

대신에 불교와 노장은 도와 공이라는 텅 빈 가상으로부터 수많은 목소리들을 쏟아 낸다. 만약 그 목소리가 허망한 것이 아니라면 그것은 필경 도와 공에서 나온 소리가 아니라 도와 공에 비추어진 '우리의' 목소리여야 한다. 필자는 용수의 해석을 따라 이것이 붓다의 가르침의 요체라고 본다. 그렇지 않다면 텅 빈 도가, 텅 빈 공이 무엇으로 채워질 것인지를 가늠할 수 없다. 도나 공이 '그 무엇'이 아니라 세계의 구조를 바라보는 '문법'이라 하더라도 사정은 달라지지 않는다. 문법은 그 자체로 아무것도 말해 주지 않는다.

여기에서 우리는 하이데거의 사유가 매우 다른 길을 걷고 있다는 것을 알 수 있다. 하이데거를 '존재적 진리'의 철학자로 해석하려는 일련의 시도는 우리에게 너무나 낯익은 고전적인 길이다. 그러나 하이데거가 이끌어 가는 길은 이제 더 이상 우리가 원하지 않는 형이상학의 길이다. 그런데도 수많은 해석자들은 하이데거가 제안했던 '존재적 진리'의 길에 기꺼이 동참하려고 한다. 김형효 또한 다르지 않다. 하이데거로부터 형이상학에로의 복귀를 읽어 냈다면 그것은 하이데거의 시대를 위한 것이거나 하이데거의 종교적 경향성을 정당화해 줄 수는 있지만, 우리의 시대를 위한 제안으로서는 무비판적일 뿐만 아니라 철학적으로도 빈곤한 것이다. 그 제안이 빈곤한 이유는 하이데거의 위대한 사유의 집 곁에 문패만 바꾼 채로 또 다시 비슷한 집을 지었기 때문이다.

대신에 우리는 로티를 따라 왜 우리가 하이데거를 그런 방식으로 해석해야 되는지를 되물을 수 있다. 로티에 따르면 하이데거의 존재적 진리는 근세의 인식론적 진리의 허구성을 도려내려는 치유의 처방일 뿐, 결코 우리가 되돌아가려는 어떤 곳의 이름이 아니다. 하이데거가 제안하는 '탈은폐'로서의 진리는 '존재'라는 형이상학적 개념을 향하고 있으며, 그것은 탈형이상학적 시대의 비평가들에게 곤혹스러움을 안겨 준다.[16] 김형효 또한 이러한 유혹에서 벗어나지 못한 채로 '사실성'이라는 또 다른 형이상학적 늪에 빠지게 된 셈이다. 더욱이 불교와 노장을 자신의 학문적 탐구의 한 줄기로 내세우고 있는 김형효 자신에게도, 탈형이상학의 시대를 살고 있는 우리에게도 당혹스러운 이론적 귀결이 아닐 수 없다.

데리다와 노장과 용수의 길은 그림자를 따라 이어진다. 거기에는 우리가 경험적으로 이야기할 수 있는 것은 아무것도 없다. 대신에 '사실성'이 메마른 그림자가 아니라 김형효가 그리는 것처럼 적극적인 의미의 원천이 되려면 거기에는 모종의 은밀한 '철학적 열망'이 부가되어야 한다. 김형효는 비어 있는 그림자 개념이 어떻게 목소리를 얻는지를 해명해야 하지만, 그것은 스스로의 이론적 정합성을 희생하지 않고서는 불가능한 일로 보인다. 김형효를 이러한 곤경으로 이끌어간 것은 하이데거를 통해 받아들인 '존재론적 미련'으로 보인다. 김형효의 해석 안에서 무색무취의 그림자 개념이 어떻게 스스로의 목소

---

16   노양진, 「이승종의 「진리와 과학」에 대한 논평」, 이승종, 『크로스오버 하이데거: 분석적 해석학을 향하여』 (서울: 생각의 나무, 2010), pp. 374-76 참조.

리를 얻게 되는지 살펴보자.

　모든 것은 신 속의 일이므로 신의 증여는 신의 존재 안에서의 자기 분
신들에게 주어지는 행위와 유사하다. 이런 신의 원력으로서의 존재론적
욕망을 우리는 하이데거의 존재론에 따라 "그것이 준다"(Es gibt)의 의미
와 다르지 않다고 생각하지 않을 수 없다. "그것이 준다"는 하이데거의
존재론을 우리는 화엄적인 법성현기(法性現起)의 의미로 읽었다. 그 법
성현기로서의 성기(性起)는 곧 위에서 말한 에카르트(J. Eckhart)의 신
의 증여와 다를 바가 없으리라(『사유와 진리 2』, p. 597).

　법성(法性)이 색신(色身)으로 하강하고 색신이 다시 법성으로 회귀하
는 것처럼, 그리고 천리가 만물로 구체화하고 만물이 천리로 수렴되듯
이, 또 신(神)이 많은 성자(聖子)들인 그리스도들을 낳고 많은 그리스도
들이 아버지 성부(聖父)에게 되돌아가는 것과 같은 이치를 우리는 본성
의 존재론적 욕망이라고 말한다. 노자는 이 본성의 생기를 도(道)라고 불
렀다. 본성이 가는 길로서의 도는 죽은 개념이 아니라 살아 있는 본성의
생기(生起)를 가리키고 있다. 이 본성의 생기를 우리는 도의 존재론적 욕
망이라고 불러본다(『사유와 진리 2』, p. 598).

이러한 일련의 유사성의 연쇄 속에서 사실성의 진리는 어느덧 적극
적인 원력을 주는 '신적인 무엇'이 되어 있다. 이러한 연쇄를 김형효
의 논리를 따라 거꾸로 읽으면 데리다의 차연도, 불교의 공도, 노장의
도도, 하이데거의 존재도 모두 에카르트적 '신성'을 담고 있는 것으
로 읽게 된다. 앞 절에서 김형효의 '사실성' 개념이 거칠게 엮여 있
다고 말했던 이유가 바로 여기에 있다. 그는 안이한 유비추리에 의존

해서 정작 핵심적인 문제를 가리는 방식으로 자신의 논의를 이끌어가고 있다.

다시 돌아오는 여행자와 다시는 돌아오지 않는 여행자가 있다. 다시 돌아오는 여행자 중에는 자신의 수정된 일정표를 가지고 돌아오는 여행자가 있으며, 일정표 대신에 여행지의 물건을 한 아름 안고 돌아오는 여행자도 있다. 해체의 철학자들은 되돌아오지 않는 여행을 떠났으며, 자기부정의 역설조차도 두려워하지 않는다. 그러나 적어도 해체의 철학자들은 자신들의 여행에 아무런 목적지도 구경거리도 없다는 사실을 숨기지 않는다. 김형효는 처음부터 여행에서 되가져올 것을 미리 준비해서 떠났다. 그리고 그것을 마치 여행지에서 새롭게 얻은 것처럼 우리 앞에 펼쳐 놓는다. 그러나 그것은 새 옷을 갈아입은 '그때 그 사람'일 뿐이다.

목소리들 사이에 벌어지는 거리는 항상 존재하며, 그 거리는 시간과 공간 속에서 이루어지는 우리 삶의 기본적 조건이다. 진리는 우리가 그렇게 믿는 것의 이름이며, 그렇게 믿는다는 것은 사물의 이름이 아니라 우리가 살아가는 방식을 갈래지어 부르는 이름이다. 김형효는 사실성이라는 형이상학적 도약을 통해 '진리들'을 넘어서는 '참된 진리'로 나아갈 수 있다고 믿는 것으로 보인다. 만약 사실성이 우리가 도달해야 할 하나의 구체적 지점으로서의 진리가 아니라면, 사실성은 진리들의 본성을 반성적으로 되돌아보기 위한 새로운 메타적 관점일 것이다. 그는 메타적 지반으로 이행함으로써 우리의 진리들을 넘어서는 또 다른 층위의 진리를 이야기하려고 한다.

진리든 본성이든 자연이든 세계든, '그 자체'는 가상의 이름이다. 우리에게 주어진 모든 것은 현재와 같은 몸을 가진 우리에게 주어진 것이다. 그 모든 것을 넘어서 있는 초월적 지점에 관한 이야기조차도

그런 방식으로 우리에게 주어진다. 그런데도 비어 있는 그림자 개념
에서 출발한 노자의 『도덕경』은 그림자의 목소리로 가득 차 있다. 그
목소리는 도에 근거한 당위적 요청들의 목록을 구성한다. 그림자는
알려지지 않은 방식으로 스스로의 목소리를 얻게 된 것이다.

도라고 할 수 있는 도는 영원한 도가 아니고, 이름을 부를 수 있는 이
름은 불변의 이름이 아니니, 천지의 시원에는 이름이 없고, 만물이 생겨
나서야 이름이 있게 되었다.[17]

도는 하나를 낳고, 하나는 둘을 낳으며, 둘은 셋을 낳고, 셋은 만물을
낳는다.[18]

큰 나라를 다스릴 때는 작은 생선 삶듯 부서지지 않도록 조심조심하
며, 도로써 천하에 임하면 귀신도 영험스럽지 못하게 된다. 그 귀신이 영
험하지 못한 것이 아니라 신이 사람을 해치지 못하는 것이요, 그 신만 사
람을 해치지 못하는 것이 아니라 성인도 사람을 상하게 하지 않는다.[19]

옛날에 도를 잘 행했던 분들은 백성을 영리하게 만들지 않고 오히려
우직하게 만들었으니, 똑똑한 이가 많아지면 백성들을 다스리기 어려워

---

17 왕필, 『왕필의 노자주』, 임채우 역 (서울: 한길사, 2005), 1장.
18 같은 책, 42장. 김형효는 해체론적 개념인 도가 만물의 원인이라는 해석에 반대
하여 이 구절을 "도道는 일一과 함께 살고, 일一은 이二와 더불어 살고, 삼三은
만물萬物과 같이 산다"(『사유와 진리 2』, p. 637)로 해석한다. 그러나 이 구절에
대한 완충적 해석만으로 설명하기에 버거운 구절들이 『도덕경』의 후반을 채우고
있다.
19 같은 책, 60장.

지기 때문이다. 그러므로 지모로 나라를 다스리는 것은 나라를 해치는
것이요, 지모로 나라를 다스리지 않는 것이 나라에 복이 되니, 이 두 가
지를 알아야 법도에 맞는다.[20]

개념적 층위의 혼동이라는 측면에서 사실성의 철학이 드러내는 문
제는 노자의 철학에서 드러나는 것과 본성상 다르지 않다. 노자의 사
유는 '도'라는 그림자 개념에 의존함으로써 해체론적 성격을 드러내
지만, 도는 알 수 없는 지점에서 경험적인 목소리를 얻게 된다. 『도덕
경』에서와 마찬가지로 사실성의 철학에서도 이 문제는 답해지지 않은
채로 남아 있다. 『도덕경』의 이러한 내적 정합성 문제는 『도덕경』이
여러 사람에 의해 씌어졌을 것이라는 의혹을 불러오며, 만약 한 사람
의 작품이라면 비정합성이라는 결정적인 비판을 피할 수 없어 보인
다. 김형효의 사실성의 철학은 노장철학에 대한 다음과 같은 말을 통
해 스스로의 방향성을 알린다.

도가 사상은 …… 20세기의 문명의 흐름을 넘어서 새로운 21세기의 문
명을 창조하려는 우리의 철학적인 견분(見分)에 하나의 획기적인 전회의
계기를 마련해 줄 수 있을 것이다. 20세기는 환원적인 진리가 세상을 지
배하는 그런 시대였다고 해도 과언이 아니다. 그런 세기에 몇몇의 철학
적 선구자들이 나타나서 인간에게 새로운 견분을 깨칠 것을 가르쳐 주었
다. 그러나 고독한 외침이 문명으로 승화되기에는 환원적 진리와 그 추
종자들의 현실적인 힘은 너무도 강했다. 그러나 이 세기말에 바로 그 힘
들이 스스로 자기 한계를 느껴 새로운 견분의 철학을 요구하고 있다. 그

---

20 같은 책, 65장.

런 견분의 역할을 해 줄 수 있는 사상이 바로 도가 사상이라고 여겨진
다.[21]

초월적 관점에 대한 믿음이 언어적 혼동에서 비롯되었다는 비트겐
슈타인의 지적은 지금도 여전히 유효하다. 그의 신랄한 고발 이후에
도 우리는 여전히 혼동 속으로 또 다시 빠져들고 있기 때문이다. 우리
는 수차례의 처방으로도 결코 치유되지 않는 고질병을 앓고 있는 셈
이다. 이것이 우리의 삶의 조건이다. 이러한 사실을 깨닫기 위해 우리
가 동원해야 하는 형이상학은 다분히 도구적인 것 이상일 수 없다.

김형효는 본래적인 존재적 욕망을 내세워 우리의 욕망이 소유의 욕
망으로 변질되는 것을 고발하려고 한다. 이러한 측면에서 그가 제안
하는 '세상사와 거리 두기'는 적절한 것일 수 있다. '사유'라는 말이
본래적으로 담고 있는 뉘앙스가 그렇기 때문이기도 하지만 우리의 정
신적 활동의 확장 방식이 실제적으로도 물리적 세계로부터의 도약이
나 탈주를 의미하기 때문이다. 그러나 그 지반으로부터 단절된 탈주
와 도약은 형이상학적 유혹에 빠져들게 되며, 그 유혹은 다시 스스로
를 무화시키거나 현실적인 억압을 낳는 위험성을 안고 있다. 형이상
학적 도약을 통해 도달하려는 지점은 다만 '우리가 원하는 것'의 또
다른 표현일 뿐이다.[22] 그렇게 제시되는 사실성은 또 다른 이상성의
변형일 뿐이다. 김형효는 울창한 이론적 숲을 거치는 동안 길을 잃었
으며, 결국 자신이 벗어나기 위해 애썼던 지점으로 자신도 모르게(?)

21 김형효, 「도가 사상의 현대적 독법」, 한국도가철학회 편, 『노자에서 데리다까지』
    (서울: 예문서원, 2001), p. 35.
22 노양진, 「비트겐슈타인과 철학의 미래」, 『몸·언어·철학』 (파주: 서광사, 2009),
    pp. 332, 344 참조.

되돌아와 있다.

　김형효가 시간과 공간을 관통하여 읽어 낸 철학적 사유의 패턴은 동양과 서양의 사유의 거리를 새롭게 읽어 낼 수 있는 중요한 계기를 제공한다. 그러나 그러한 읽기를 통해 드러나는 자신의 철학적 구도는 너무나 단순하고 거칠어 보인다. 우리는 현재와 같은 몸을 가진 존재로서 여기에 이런 방식으로 존재하며, 따라서 그 의미 또한 지금 여기에서 생겨난다. 의미의 '밖'으로 나아감으로써 의미의 갈래들을 재정돈하려는 시도는 형이상학적 도약의 또 다른 변형일 뿐이다. 사실성의 철학이 이러한 난국에서 벗어나기 위해서는 사실성이 얻게 된 목소리가 알 수 없는 '초탈'이나 '선험'의 목소리가 아니라 우리 자신의 목소리라는 사실에 주목해야 한다.

5. 맺는말

김형효의 철학적 작업은 방대한 지적 여정의 보고서로 멈추지 않고 자신의 독자적인 철학적 갈래를 이루고 있으며, 이 때문에 우리는 그것을 '김형효의 철학'이라고 부를 수 있다. 이것은 한국의 현대 철학이 당면한 철학적 숙제에 대한 하나의 답이라는 것이 분명하다. 그러나 김형효는 사실성의 철학을 통해 또다시 되돌아오지 않는 초월의 길로 접어들고 있다. 아마도 김형효가 제안하는 '사실성'을 발견하는 길은 데리다 읽기를 통해서도 어떻게든 가능했겠지만 그것이 데리다가 염두에 두었던 길은 아닐 것이다. 차연은 우리의 사고가 다다른 하나의 층위일 뿐이며 결코 세계의 사실이 아니다. 김형효의 사실성 개념 또한 그렇다. 사실성은 그 자체로 드러나는 어떤 것이 아니라 '살아진 세계'(lived world)에 대한 우리의 개념화에 의존하여 생겨나는 그림자다. '사실성의 철학'이라는 변형된 초월 이론 앞에서 우리는 김형효의 현학이 오히려 자신의 철학적 통찰을 가리게 된 것은 아닌 가라는 의구심을 갖게 된다.

사실성이라는 가상은 우리가 우리 자신을 넘어서서 도달할 수 있는 원점이다. 그러나 우리에게 그런 원점은 없다. 우리는 삶의 시발점으로 되돌아갈 수 없듯이 개념과 사유의 시발점으로 되돌아갈 수 없다. 우리는 시간과 공간의 어딘가에 서 있으며, 따라서 모든 개념과 사유 또한 그렇다. 그 모든 것을 제쳐 낸 지점에 관해 상상할 수 있지만 그 것은 아무런 내막도 없는 그림자일 뿐이다. 그림자는 그 자체로 의미화될 수 없으며, 의미화될 아무것도 담고 있지 않다. 그림자는 우리가 의미화하는 모든 것의 '반대편'으로서만 의미화된다. 그림자는 철학적 사고실험이 만들어 낸 가상의 영역이며, 어떤 의미에서든 본래의 영역도 아니고 참된 모습도 아니다.

이 때문에 사실성으로 나아가는 길은 열려 있지만 사실성으로부터 되돌아오는 길은 열려 있지 않다. 사실성이라는 개념에서 어떤 규범적 메시지라도 얻을 수 있다면 그것은 사실성의 목소리가 아니라 우리 자신의 목소리다. 김형효의 사실성의 사유는 존재론적 혼동 속으로 빠져들면서 의도적이든 아니든 그 사실을 가리고 있다. 이러한 김형효에게는 두 갈래 길이 열려 있는 것으로 보인다. 데리다를 따라서 사실성 개념에서 침묵하거나, 아니면 사실성이 스스로의 목소리를 얻게 되는 경로를 밝히는 길이 그것이다. 사실성의 철학 안에서 그 경로는 형이상학적 언어들로 가려져 있다.

이러한 딜레마를 벗어나는 길은 그림자로부터 그 그림자의 주인에게로 회귀하는 길이다. 김형효가 꿈꾸는 사실성의 진리는 우리의 언어와 개념을 벗어나는 사실성의 영역에 있는 것이 아니라 메타적 성찰을 통해 보게 된 우리 자신의 새로운 모습일 것이기 때문이다. 그런 가르침을 위해서라면 초월적 형이상학은 불필요하면서도 위험한 사고실험이다. 우리도 철학도 사유도 진리도 저편의 사실성에 있는 것이 아니라 사실성의 이편, 즉 삶의 자리에 있기 때문이다.

제4장

있음: 초월과 해체 사이

1. 머리말

우리는 '있음'과 함께 태어나며 '있음' 속에서 살아간다. 유기체적 삶의 전 과정에서 단 한 순간도 있음으로부터 절연되거나 분리될 수 없다. 있음과의 절연은 삶의 소멸을 의미한다. 그러나 '있음'이라는 낯익은 개념은 철학적 사유의 역사 첫머리에서부터 매우 심오한 해석이 가해지면서 혼란스러운 철학적 변형을 겪어 왔다.

'일상적 있음'은 플라톤적인 형이상학적 '있음'에 의해 하찮은 것으로 격하되며, 다른 한편으로 노자(老子)나 데리다(J. Derrida)의 사유와 같은 급진적 해체론을 통해 공허한 것으로 폄하된다. 이처럼 고달픈 '있음'의 운명은 그 인지적 본성에 대한 반성적 분석을 통해 역전될 수 있다. 이러한 분석은 형이상학적 있음이 일상적 있음의 근거가 아니라 일상적 있음이 형이상학적 있음의 뿌리라는 것을 보여 줄 것이다. 나아가 그 분석은 있음을 비켜서기 위해 제시된 해체론적 개념들, 즉 노자의 '도'(道)나 용수(龍樹)의 '공'(空), 데리다의 '차연'(différance) 또한 인지적으로 일상적 있음이라는 개념에 의존하고 있는 '그림자 개념'(shadow concept)일 뿐이라는 사실을 보여 줄 것이다.[1]

필자는 이 글을 통해서 '일상적 있음'이 우리의 모든 사고를 가능하게 하는 궁극적 지반을 이루고 있으며, 메타적 사유를 통해 제거되거나 다른 어떤 것으로 환원될 수 없는 원초적 개념이라는 사실을 밝히려고 한다. 이러한 시도는 '있음' 개념에 대한 인지적 접근을 통해 가능하다. 우리가 사용하는 수많은 개념들 중 어떤 것은 인지적 우선성을 갖는다. 인지적 우선성을 갖는 개념들은 우리의 전반적인 사유 구조를 결정하는 지반의 역할을 하며, 따라서 그 지반을 거부하는 것은 사유의 가능성 자체를 거부하거나 스스로 달갑지 않은 아포리아에 빠지게 될 것이다. '있음'은 바로 그런 의미에서 원초적이다.

일상적 있음을 넘어선다고 가정된 것들, 즉 '초월적 있음' 마저도 일상적 있음이라는 개념을 넘어서서 인지될 수 없다. 초월적 있음은 사실상 일상적 있음의 확장된 일부이거나, 아니면 일상적 있음의 반대편에 은유적으로 설정된 기생적(parasitic) 개념이다. 초월적 있음은 우리 앞에 현전하는 사유 영역의 한계를 드러내거나, 또는 그것을 통해 전혀 다른 차원, 예를 들면 도덕적 차원에서 어떤 '암시'를 줄 수는 있지만, 그 자체로는 아무것도 말하지 않는다. 초월적 있음은 처음부터 말해질 수 있는 어떤 경험적 내용도 갖지 않기 때문이다. 그렇다고 해서 우리가 경험주의자의 주장을 따라 그 개념들이 무의미하다는 결론에 이를 이유는 없다. 우리는 다만 그것들이 한계 개념 안에 있는 것들과는 다른 의미 산출 방식을 갖는다는 점을 지적할 수 있을

---

1 그림자 개념에 관한 좀 더 상세한 논의는 이 책 2장 「그림자 개념에 관하여」 참조.

것이다. 이러한 논의를 통해 '있음'이 어떤 실체의 이름이 아니며, '있음'과 '없음'이 동등한 개념 쌍도 아니라는 점이 드러날 것이다.

우리의 개념과 사고를 넘어선 '신적 관점'의 추구는 인간의 근원적인 형이상학적 열망의 표현이며, 퍼트남(H. Putnam)의 지적처럼 "자연적이지만 결코 성취될 수 없는 충동"[2]의 산물이다. 이 때문에 이러한 열망은 데리다의 해체론과 같은 낯선 철학 개념이 아니고서는 대부분의 경우에 은밀한 규범적 요청을 배후에 숨기고 있다. 철학적 개념들의 본성에 대한 이러한 부정적 접근은 인간의 철학적 열망 또는 그 열망에서 비롯되는 개념적 도약 자체를 근원적으로 거부하는 것으로 치부되기 쉽다. 그러나 그것은 오해일 뿐이다. 오히려 그러한 시도는 인간이 종(種)으로서 갖는 원초적 조건에 대한 반성적 성찰을 통해 철학적 혼동을 제거하려는 시도일 뿐이다.

2. 버려진 있음: 초월로의 도약

'초월적 있음'을 향한 도약과 함께 '일상적 있음'은 비루한 현실 속에 남겨지게 되었다. 스스로 존재할 수도, 일어설 수도 없는 일상적 있음은 오직 '초월적 있음'에 의해서만 그 존재론적 의미를 얻게 된다. 초월적 있음으로의 형이상학적 도약은 플라톤 이래로 서양철학의 완고한 전통이 되었다. 역설적이게도 일상적 있음에 대한 불신은 플라톤뿐만 아니라 모든 철학적 사유의 출발점을 이루고 있다. 현상계의 불완전성-불안정성은 형이상학적 도약을 정당화해 주는 강력한 근거가 된다. 그러나 필자가 이 글에서 지적하려는 것처럼 형이상학적 도약

---

2 힐러리 퍼트남, 『이성·진리·역사』, 김효명 역 (서울: 민음사, 2002), p. 132.

은 스스로 제시하는 그 많은 이유에도 불구하고 철학적 사유의 유일
한 길도 아니며, 또 그 귀결이 우호적인 것도 아니다.

모든 일상적 존재자들이 공유하는 공통 지반은 '존재성'(to be)이
다. 물리적 대상을 포함한 모든 것은 '존재'라는 공통의 지반을 갖는
다. 심지어 상상을 통해 주어지는 추상적 존재자들, 예를 들면 사랑이
나 우정, 수와 같은 존재자들마저도 '은유적 사상'(metaphorical map-
ping)이라는 기제를 통해 존재성을 부여받는다.[3] 사실상 은유에 의해
'창조된' 이러한 유사성에 의해 우리는 모든 존재자들이 '존재성'이
라는 공통의 지반을 갖는 것으로 이해한다. 이러한 존재성은 존재자
들의 다양한 존재 양식에 앞선 무규정적 존재성이다. 이러한 존재성
은 우리가 이해하고 생각하고 말하는 모든 것을 의미화하는 데 전제
되는 궁극적인 '의미지반'(meaning base)이 될 것이다.[4] 이러한 존재
성은 데리다가 해체의 대상으로 삼았던 '현전'(presence)에 앞서 그
바탕에 있는 것이다. 이러한 존재성에 대한 신뢰는 모든 사고의 근원
적 지반이 된다.

존재성 자체는 스스로 하나의 존재는 아니지만 존재하는 것들을 인
식하기 위한 기본적 조건이다. 그리고 이것이 공허하지 않다는 것은

---

3 데리다는 '은유'를 해체의 중심적 도구로 사용한다. 즉 '현전의 형이상학'이 은유
의 산물이라는 것을 밝힘으로써 그 기반을 무너뜨린다고 생각한다. 그의 이러한
생각은 유용한 것일 수도 있지만 철학적 탐구에 있어서 유일한 방식은 아니다. 은
유에 대해 데리다와 동일한 이해를 받아들인다고 하더라도 건설적인 철학적 논의
의 가능성은 여전히 열려 있기 때문이다.

4 의미는 그 자체로 존재하는 어떤 것의 이름이 아니라 우리의 의미화의 산물이며,
여기에는 필연적으로 의미지반이 요구된다. 의미 산출에 있어서 의미지반의 역할
에 관한 더 상세한 논의는 노양진, 「의미와 의미지반」, 『몸·언어·철학』(파주: 서
광사, 2009) 참조.

모든 존재들에 의해 포괄적으로 보증된다. 이러한 존재성의 포기나 거부는 우리 사고의 지반, 즉 개념화 가능성의 거부와 다르지 않다. 말하자면 구체적 개념화 방식의 다양성과 불안정성에도 불구하고 여전히 개념화가 어떤 방식으로든 가능하다는 믿음은 우리가 사고한다는 사실의 기본적 조건이다. 따라서 우리에게는 개념화의 가능성에 대한 논쟁보다도 우리가 받아들이는 개념화의 구조를 설명하고 평가할 수 있는 적정한 기준을 탐색하는 것이 더 중요한 과제다.

앞서 지적했던 것처럼 절대나 전체에 대한 개념화는 적어도 이론적으로는 가능하다는 것을 알 수 있다. 그러나 이제 우리의 숙제는 어떤 개념화가 타당한지가 아니라, 왜 특정한 언어(또는 문화)가 특정한 개념화를 수용하는지를 묻는 일이다. 그리고 이러한 물음은 실용주의적 관점에서 가장 적절하게 답변될 수 있을 것이다. (실제로 다른 어떤 답변이 가능할 것인가?) 말하자면 이 개념화의 쓸모를 우리의 삶에 의거해서 비추어 보는 것이다. 그리고 우리의 삶은 바로 우리가 신체화된(embodied) 유기체로서 이 세계에 직접 뿌리내리고 있다는 사실에 근거하게 될 것이다. 그러나 이 사실은 우리의 모든 지식의 기초로 작용하는 명석판명한 개념으로서가 아니라 우리의 모든 지식을 해명하는 하나의 조건으로 이해되어야 할 것이다.

존재 문제를 다루는 모든 이론은 자연스럽게 '존재 자체'(Being it-self)라는 문제에 직면하게 된다. 우리가 일상적으로 경험하는 사물들은 이런저런 속성을 갖지만, 그 속성만으로 설명할 수 없는, 그 사물들의 '존재성'이 우리의 마음속에 떠오르기 때문이다. 그래서 존재 자체를 우리 현상적 경험을 넘어서는 어떤 것으로 간주하려는 충동에 쉽게 빠져들게 된다. 내 책상은 넓이, 부피, 무게, 강도, 색상 등 다양한 속성을 갖는다. 그러나 그 어느 것도 고립적으로 '책상임'을 규정하지 않는다. 그래서 우리는 이러한 물리적 속성들로부터 독립된 어떤 '존재'에 대해서 생각하게 된다. 이때 그 존재성은 우리의 경험 영역을 넘어선 어떤 것처럼 보이게 된다. 그렇게 추상된 존재성은 그 모든 현상적 속성들을 제거하고서도 여전히 남게 될 어떤 것이다.

플라톤은 이러한 존재성 개념에 실체성을 부여했으며, 그것을 '이데아'라고 불렀다. 이데아는 존재자들에 비해 훨씬 더 안정적인 존재성을 가지며, 동시에 존재자들의 존재 '근거'(aitia)이기도 하다. 아마도 고대 그리스의 형이상학적 틀 안에서 사유했던 플라톤에게는 어떤 것이 인식론적으로 얼마나 중요한지는 이 존재성의 정도에 따라 결정된다는 그리스적 사고가 자연스럽고도 자명한 가정이었을 것이다. 이러한 시도는 언어가 갖는 순환성을 피하는 데 매우 매력적인 방법이었을 것이다. 플라톤은 소크라테스의 입을 빌어 이렇게 말한다.

> "그 뭔가는 '있는'(존재하는: on) 것인가, 아니면 '있지 않은'(존재하지 않는: mē on)) 것인가?"
>
> "있는 것입니다. 있지 않은 것이 도대체 어떻게 알려질 수 있겠습니까?"
>
> "그런데 우리는 다음 사실을, 비록 여러 관점에서 검토해 볼지라도 족히 알 수 있겠지? 즉 '완벽하게 있는 것'(to pantelōs on)은 완벽하게 인식될 수 있지만, '어떤 식으로도 있지 않은 것'은 무슨 방법으로도 인식될 수 없는 것이란 사실을 말일세."[5]

소크라테스의 이러한 주장은 '개념의 실체화'라는 가정과 '아는 것

---

5 플라톤, 『국가·政體』, 박종현 역주 (서울: 서광사, 1997), 476e-477a.

아니면 모르는 것'이라는 그릇된 이분법에 의해 정당화된다. 존재하지 않는 어떤 것에 대해 무엇인가를 알 수 있다는 것이 플라톤에게는 모순으로 받아들여졌을 것이다. 플라톤의 이러한 태도는 인식 문제에 국한되지 않고 가치 문제로 이어진다. 그래서 플라톤에게 가치 있는 것은 바로 존재하는 것이다. 플라톤에 우호적인 사람들은 이러한 태도를 흔히 '그리스적'이라고 부르며, 그것을 받아들이는 것이 플라톤의 철학을 이해하기 위한 예비적 관건이라고 말한다. 그것은 플라톤의 철학을 이해하는 데에는 옳은 이야기일 수 있지만 모든 철학적 사유가 이러한 전제에서 출발하는 것은 아니다.

우리 시대의 철학자들은 과연 무엇 때문에 플라톤적 전통에 속하는 철학자들이 단지 존재의 문제가 아니라 지식과 가치 등 모든 중요한 철학적 문제들까지도 그 궁극적 지반을 '존재'로 설정하려고 했는가를 궁금해한다. 말하자면 플라톤적 사유는 어떤 현상이 가질 수 있는 의미의 궁극적인 근거로 '존재성'을 든다. 필자는 이것이 우리에게 부과된 '있음 자체의 우선성'에서 비롯된 결과이며, 그러한 플라톤적인 시도들이 우리의 경험을 설명하는 데 적절하지는 않다 하더라도 매우 '자연스럽다'고 본다. 말하자면 우리에게 모든 것에 앞선 원초적 출발점은 '있음'이기 때문이다. 우리는 이 '있음의 우선성'에 근거 없이 부과되어 있는 형이상학적 초월이라는 불필요한 부가물을 제거하고 나면 '있는 것들의 우선성'을 받아들일 수 있다. 우리 자신이 '있음'의 한 종류이기 때문이다. 그리고 우리의 모든 경험은 일상적 있음으로부터 출발한다. 그리고 다시 '있음 자체의 우선성'은 그 '일상적 있음의 우선성'으로부터 확장된 개념이라고 설명할 수 있다.

플라톤으로 대변되는 존재론적 전통은 인간의 모든 경험을 존재와의 연관성 속에서 해명하려고 노력했다. '확실성의 탐구'를 표방했던

근세의 인식론자들과 함께 이러한 존재론적 관심은 철학적 논의의 전
면에서 물러나 '철학사'의 일부가 되었으며, 20세기에 와서 그것은
이미 잊혀진 탐구가 되어 있었다. 아마도 '있음'의 문제에 관해 가장
정교하고도 극적인 부활을 시도했던 철학자는 하이데거(M. Hei-
degger)일 것이다. 하이데거가 '잊혀진 존재(Sein)의 물음'[6]이라는
기치를 통해 복귀하려고 애썼던 것도 바로 이러한 존재론적 전통이었
다. 그는 존재성의 의미에 관한 물음의 출발점으로 '스스로 존재성의
물음을 묻는 자', 즉 '현존재'(Dasein)를 문제 삼는다.

따라서 존재성의 물음을 적절하게 수행하기 위해 우리는 하나의 개체-
묻는 자-를 그 자신의 존재성 안에서 분명하게 드러내야만 한다. 또한
그렇게 해서 그 개체는 물어지는 것-즉 존재성-으로부터 본질적 특성을
얻는다. 우리 각각 자신이면서 동시에 그 존재성의 가능성의 하나로서 탐
구를 포함하는 이 개체를 우리는 '현존재'(Dasein)라고 부른다.[7]

---

6   Martin Heidegger, *Being and Time*, trans. John Macquarrie and Edward Rob-
    indon (New York: Harper & Row, 1962), p. 2 참조.
7   같은 책, pp. 26-27. 'Dasein'의 우리말 번역 문제와 관련해서 학자들 사이에 이
    견이 제기되고 있다. 필자는 번역어에 관한 대부분의 소모적 논쟁이 해석상의 문
    제라기보다는 철학자들의 태도에서 비롯된다고 본다. 예를 들어 필자는 '현존재'
    가 우리말이 아니라 일본식 번역어라는 점을 지적하고 있다는 점에서 이러한 지적
    이 어느 정도의 의미를 갖는 것으로 생각하지만 새로운 우리말 용어를 고정시키는
    데 왜 그처럼 수많은 논의가 필요한지에 대해서는 이해할 수 없다. 다시 말해서 현
    존재의 의미는 하이데거의 논의를 통해서만 이해될 수 있는 말일 뿐, '터 있음'(신
    상희)이라고 말하든, '거기 있음'(이기상)이라고 말하든 그것이 '스스로에게 존재
    의 물음을 묻는 자'의 의미를 스스로 담고 있는 것은 아니기 때문이다. 번역어 선
    택에 관한 문제는 이론적 수준을 보여 주는 문제가 아니라 대부분 합의에 이르지
    못하는 우리 학계의 관성을 보여 주는 문제로 보인다. 이기상, 「철학함과 민족 언
    어, 우리말로 철학하기」, 『한민족과 2000년대의 철학』(1999 한민족 철학자대회

존재의 물음을 묻는 자는 이미 그 물음 자체가 존재성의 한 양태를 표현하고 있으며, 하이데거는 그것에 대한 탐구를 존재성의 의미에 대한 탐구의 통로로 삼는다.[8] 말하자면 존재성에 대한 이해 자체가 현존재의 존재 방식의 하나이며, 따라서 현존재의 탐구가 존재성에 대한 탐구를 출발점으로 삼아야 한다는 것이다. 인간의 존재 방식에 이미 '존재성'이 담겨 있다는 하이데거의 이러한 생각은 옳은 것이기는 하다. 그러나 그가 자신의 방대한 논의를 통해서 또 다시 전통적인 존재론으로 복귀하려고 시도했다는 것은 매우 불운한 선택이다. 그는 여전히 하나의 실체로서의 존재에 대한 미련을 버리지 못했던 것으로 보인다. 하이데거의 마음속에는 거인들의 싸움터였던 '존재성'이라는 거대한 영지에 대한 철학적 향수가 자리 잡고 있었을 것이다.

하이데거가 존재성의 문제를 다루기 위해 '거인들의 싸움'의 역사로 회귀를 시도했다면 우리는 대신에 '있음'에 대해 일상인들의 역사로 회귀할 수 있다. 그것은 철학사를 따르는 계보학적 회귀가 아니라 우리 자신의 자리에서 이루어진다는 점에서 내재적 회귀다. 이러한 통로는 철학사를 통해 주어진 것이 아니라, 오늘날 경험과학적 탐구의 성과를 통해서 주어진다. 우리가 추적하고 있는 '있음'은 거인들의 싸움터에서 전령을 통해 전해진 이야기가 아니라 인지적 작용을 통해 형성된 '개념들'이기 때문이다.

대회보 1), pp. 336-37 참조.

8 Heidegger, *Being and Time*, p. 32. 여기에서 하이데거는 "존재(Being)에 대한 이해 자체가 현존재의 존재성의 규정적 특징"이라고 말한다.

3. 있음의 해체

'차연'(différance)이라는 낯선 이름과 함께 등장한 데리다의 '해체'(deconstruction)는 20세기 후반의 새로운 지적 지형을 대변하는 새로운 기표가 되었다. 해체의 주된 표적이 되었던 것은 형이상학적 도약이지만 형이상학의 거부를 통해 '있음'이 본래의 자리를 회복한 것은 아니다. 오히려 '있음' 자체가 형이상학적 사고의 주범으로 지목됨으로써 해체의 일차적 표적이 되고 있다. 데리다는 '현전의 형이상학'(metaphysics of presence)이라는 이름으로 '있음'이라는 개념 자체를 해체하려고 한다.

데리다의 해체는 우리가 모든 철학적 개념들과 이론들이 은유의 산물이라는 사실을 오랫동안 잊고 있었다는 사실을 상기시켜 준다. 인간은 지속적으로 변화하는 유기체이며, 인간의 거주지인 세계 또한 지속적으로 변화한다. 따라서 그러한 인간과 세계에 완결성이나 고정성은 존재하지 않는다. 우리의 삶, 나아가 세계는 '직물 짜기'의 지속적 과정일 뿐이다. 우리는 어떤 특정한 시점 또는 어떤 특정한 관점을 설정함으로써만 무엇에 대해 "~이다"라고 말할 수 있게 된다. 데리다는 이것을 '현전의 형이상학', 즉 '있음의 형이상학'이라고 부른다. 데리다는 그것이 '은유'(metaphor)에 의해 구성되며, 따라서 과거의 철학자들이 가정했던 것처럼 확고한 근거를 갖지 않는다고 폭로한다.[9]

데리다가 해체의 전략으로 도입하는 차연은 있는 것도 없는 것도

---

9 해체의 전략으로서 데리다의 은유론에 관한 상세한 해명은 김상환, 『해체론 시대의 철학』(서울: 문학과지성사, 1996), 특히 2부 4장 참조.

아닌 새로운 층위의 그 무엇이다. 차이와 연기만이 끊임없이 반복되고 지속되며, 그것은 철학적 이론들에 의해 가려지기 이전의 원형적인 사유의 조건을 가리킨다. 차연은 특정한 존재화를 거친 존재가 아니라 그 존재를 가능하게 하는 가능성을 가리키고 있다. 다시 말해서 차연은 우리의 개념들을 가능하게 하는 하나의 조건이다. 그래서 데리다는 이렇게 말한다.

> 모든 개념은 본질적·법칙적으로 차이의 체계적 놀이에 의해 타자, 다른 개념들을 지시하는 사슬 또는 체계 안에 새겨진다. 따라서 그러한 놀이, 즉 차연은 단순히 개념이 아니라 오히려 개념화의 가능성, 개념적 과정과 체계 일반의 가능성이다.[10]

그럼에도 불구하고 데리다는 "차연만이 있다"라고 말한다. 그러나 여기에서 말하는 '있다'는 우리가 일상적인 대상의 현전을 가리킬 때 사용하는 '있다'가 아니다. 현전의 있음과 차연의 있음은 이미 그 뜻을 달리한다. 이러한 상황에서 여전히 동일한 기표인 '있다'를 사용할 수밖에 없다는 사실은 우리 언어의 본성적 한계를 보여 준다.

데리다는 '해체'라는 전략을 통해 서구의 지성사를 지탱해 왔던 '이성중심주의'(logocentrism)를 근원적으로 붕괴시키려고 한다. 이성중심주의가 초래했던 우리 자신의 '억압'과 '배제'라는 난점을 감안한다면 데리다의 해체는 분명히 중요한 의미를 갖는다. 그러나 데리다가 이러한 해체를 넘어서 궁극적으로 우리에게 무엇을 제안하는

---

10 Jacques Derrida, *Margins of Philosophy*, trans. Alan Bass (Chicago: University of Chicago Press, 1982), p. 11.

지는 명료하게 답해지지 않은 채로 남아 있다. 물론 데리다는 그것이 철학자의 몫이 아니라고 답변할지도 모른다. 그는 자신이 풀지 못하는 문제를 철학의 한계 밖으로 제쳐 두려고 한다. 이것은 '포스트모던'에 속하는 모든 철학자들에게 공통적으로 드러나는 현상이다.

우리는 비트겐슈타인(L. Wittgenstein)에게서 이미 유사한 태도를 보았지만 특이하게도 비트겐슈타인은 '철학적 무책임'이라는 비판들로부터 벗어나 있다. 적어도 비트겐슈타인의 작업은 자신의 해체를 통해 회귀해야 할 지점을 암시하고 있기 때문이다. 그 회귀점은 바로 우리에게 너무나 가깝고 친숙하다는 이유 때문에 철학자들이 간과해 왔던 '일상성'이다.[11] 데리다 또한 이러한 회귀의 지점을 염두에 두고 있는지도 모른다. 그러나 데리다의 해체론은 차연을 넘어서 나아갈 길에 대해 침묵한다. 그는 그러한 회귀의 제안이 철학자의 임무에 속하지 않는다고 생각한다. 이 때문에 데리다의 차연의 철학은 '철학적 무책임'이라는 비판에 직면한다.[12] 그러나 데리다는 적어도 자신의 해체론적 개념의 본성에 대한 엄격한 입장을 유지하고 있는 것으로 보인다.

그런데 언어가 스스로의 본성을 드러낼 수 있다고 믿게 된 근거는 어디에 있을까? 그 오래 된 뿌리는 '본질주의'(essentialism)다. 본질주의는 모든 사물에 그 바탕을 이루고 있는 본질이 있으며, 언어에도 그러한 본질이 있다고 가정한다. 그러한 태도는 20세기 중반까지의 언어철학적 탐구를 사로잡고 있었던 기본적 출발점을 이루었다. 언어

---

11 노양진, 「비트겐슈타인과 철학의 미래」, 『몸·언어·철학』, 특히 pp. 345-46 참조.
12 힐러리 퍼트남, 『과학주의 철학을 넘어서』, 원만희 역 (서울: 철학과현실사, 1998), p. 182 참조.

를 우리 활동의 한 부분으로 이해하기 시작했던 후기 비트겐슈타인에
이르러서야 철학자들은 본질주의적 언어관을 넘어서는 길을 찾기 시
작했다. 비트겐슈타인은 이러한 본질 추구가 '일반성에의 열망'에 의
해 생겨난 혼동의 산물일 뿐이라고 지적한다.[13] 비트겐슈타인에 따르
면 그 혼동은 치유되어야 할 질병과 같은 것이며, 따라서 철학자는 의
사처럼 이러한 질병의 치유를 주된 소임으로 삼아야 한다. 언어에 대
한 근원적 불신을 앞세운 비트겐슈타인의 이러한 제안은 서양철학사
를 통해 낯설고도 당혹스러운 것이었다.

그러나 언어의 본성에 대한 급진적 성찰은 동아시아에서는 그다지
낯선 사유가 아니다.

도라고 할 수 있는 도는 영원한 도가 아니고, 이름을 부를 수 있는 이
름은 불변의 이름이 아니니, 천지의 시원에는 이름이 없고, 만물이 생겨
나서야 이름이 있게 되었다.[14]

혼돈 속에 생성된 것이 있어 천지보다 먼저 생겨났으니, 고요하고 텅
빈 채, 우뚝 서서 변하지 않으며, 두루 행하여 멈추지 않아서 천하의 어
미가 될 수 있다. 나는 그 이름을 알지 못하니, 일부러 자(字)를 붙여서 도
라고 하고, 억지로 이름을 지어 대(大)라고 한다. 커지면 떠나가고, 떠나면
멀어지고, 멀어지면 되돌아온다. 그러므로 도가 크고 하늘이 크고 땅이
크고, 왕도 크다.[15]

---

13 루트비히 비트겐슈타인, 『청색책·갈색책』, 이영철 역 (서울: 책세상, 2006), pp.
40-42 참조.
14 왕필, 『왕필의 노자주』, 임채우 역 (서울: 한길사, 2005), 1장.
15 같은 책, 25장. (고딕은 필자의 강조.)

노자가 가리키는 '도'(道)는 언어의 밖 또는 앞에 있다. 그렇지만 이들은 도를 알리기 위해 여전히 우리의 언어를 사용한다. 이러한 사유가 언어를 거치지 않고서 어떻게 가능한가? 이 역설적 의문에 답하기 위해 그러한 개념의 인지적 본성에 대한 반성적 성찰이 필요하다. 이러한 관점에서 필자는 '일상적 있음'을 해체하려는 일련의 해체론적 시도들이 초월적 개념이나 경험적 개념과는 매우 다른 '그림자 개념'에 의존하고 있다는 사실에 주목했다. 여기에서 중요한 것은 그림자 개념이 스스로 존립하는 개념이 아니라 사실상 경험적 개념에 대한 우리의 특수한 이해에 근거하고 있으며, 경험적 개념들의 은유적 확장을 통해서만 의미화될 수 있다는 점이다.

4. 물리적 있음의 인지적 우선성

'있음' 개념에 대한 새로운 분석의 틀은 '체험주의'(experientialism)라는 낯선 철학적 시각에서 찾을 수 있다. 레이코프와 존슨(G. Lakoff and M. Johnson)이 주도하는 체험주의는 최근 급속히 성장하는 '제2세대 인지과학'(the second generation cognitive science)의 성과들을 토대로 새로운 철학적 시각으로 확장되어 가고 있다.[16] 체험주의의 핵심적 주장은 우리의 경험이 신체적/물리적 층위를 토대로 정신적/

---

16 레이코프와 존슨은 1950년대에 출발한 인지과학이 1970년대에 들어 전적으로 새로운 국면을 맞게 되었다고 보며, 그것을 '제2세대 인지과학'이라고 부른다. 제2세대 인지과학은 마음의 확장이 은유, 환유, 심적 영상, 원형효과 등의 기제를 통해 이루어진다는 사실에 주목하며, 그것이 계산주의적 모형이 의존하고 있었던 '제1세대 인지과학'과 극명하게 대비되는 새로운 국면을 열어 준다고 본다. G. 레이코프 · M. 존슨, 『몸의 철학: 신체화된 마음의 서구 사상에 대한 도전』, 임지룡 외 역 (서울: 박이정, 2002), pp. 126-30 참조.

추상적 층위로 확장되며, 동시에 신체적/물리적 층위에 의해 강력하게 제약되어 있다는 것이다. 이런 의미에서 우리의 모든 경험은 '신체화되어'(embodied) 있다. 이러한 구도 안에서 우리가 사용하는 모든 추상적 개념은 신체적/물리적 층위의 경험의 은유적 확장을 통해 구성되며, 따라서 철학적 개념들 또한 다르지 않다.

그럼에도 불구하고 우리의 사고의 출발점을 '절대 무'로 설정하려는 유혹이 있다. 그러나 앞서 지적했던 것처럼 절대 무는 존재하는 것들에 대한 우리의 개념들이 없이는 결코 그 자체로 의미화될 수 없다. 그림자 개념은 경험적인 모든 것을 하나의 '그릇'에 담을 때 그 그릇의 '경계' 또는 '밖'에 설정된다. 이 인지적 과정에는 존슨이 제안하는 「그릇」(Container) 도식이 사용된다.[17] 이런 의미에서 절대 무는 스스로 의미화될 수 없으며, 오직 있음들에 의존적으로만 의미화된다. 절대 무는 '있음' 개념의 경계 또는 밖에 설정된, 그래서 '있음' 개념이 없이는 의미화될 수 없는 '그림자 개념'의 한 유형이다.[18]

우리의 인지와 개념에 관한 체험주의적 시각을 받아들인다면 '있음'이라는 생각은 모든 생각의 출발점이다. 적어도 우리 언어 안에서 있음은 언어적 출발을 이룬다. 우리 자신에게 가장 원초적인 사실은 우리에게 '몸'이 있다는 사실이다. 그러나 몸은 존재성의 지반을 이루기에 너무나 세속적인 것으로 간주되어 왔다. 철학적 사유가 이러

---

17 존슨에 따르면 '영상도식'(image schema)은 신체적 활동으로부터 직접 발생하는 소수의 패턴들이며, 그것은 구체적 대상에 사상되어 대상들을 식별하는 근거가 된다. 마크 존슨, 『마음 속의 몸: 의미, 상상력, 이성의 신체적 근거』, 노양진 역 (서울: 철학과현실사, 2000), 특히 3-5장 참조.

18 그림자 개념에 대한 좀 더 상세한 논의는 이 책 2장 「그림자 개념에 관하여」 참조.

한 친숙성을 넘어선 어떤 것을 지향해야 한다는 생각은 그 역사가 길다. 우리 앞에 주어진 현실적 세계에 대한 회의 자체가 모든 철학적 사유의 출발점을 이루고 있기 때문이다.

고대로부터 우리의 물리적 존재 방식을 넘어서는 어떤 것들에 대한 믿음은 하나의 신앙처럼 우리에게 매혹적인 것으로 고착되어 왔다. 우리는 '초월적인 것'이 존재하지 않는다고 경험적으로 증명할 수는 없지만 그 증명 불가능성은 그것이 '초월적으로 존재하기' 때문이 아니라 오히려 그것들이 '존재하지 않기' 때문이라고 말할 수 있다. 존재하지 않는 것을 그 자체로 증명할 수 있는 경험적 방식은 없다. '부재 증명'은 물리적으로 존재했거나 존재하는 것들에만 가능하다. 왜냐하면 '없음'은 '있음'에 의해 비로소 의미화될 수 있는 기생적 개념이기 때문이다. '절대적 무'는 그 자체로 의미화될 수 없으며, 따라서 그 자체로 우리에게 알려질 수 없다.

우리가 일상적으로 경험하는 '없음'은 다만 '있음' 경험과의 상관성 속에서만 주어지는 상대적 개념이다. 예를 들어 "한국에는 자생적 철학이 없다"라는 말은 과거 또는 미래의 어떤 시점, 다른 어딘가에 자생철학이 있었거나, 또는 있을 것이라는 믿음 안에서만 의미를 갖는다. 심지어 "여기에는 아무것도 없다"라고 말하는 상황에서도 그것은 이미 있었거나 있게 될 어떤 것에 대한 가정에 의해서만 의미를 갖는다. 이러한 의미에서 '있음'은 단순히 '없음'과 동등한 짝을 이루는 개념이 아니다. '있음'의 개념적 우선성은 여기에 있다.

있음과 없음을 동등한 범주로 간주하려는 사람들은 아마도 "여기에 책상이 있다"라는 말이 "여기에 책상이 없다"라는 믿음에 근거해서만 의미를 갖게 된다고 주장할지도 모른다. 그러나 그러한 의미의 있음은 없음으로부터 의미를 산출하는 것이 아니라, 다른 있음과의 차이에 의해 그 의미가 주어진다. 즉 "여기에 책상이 있다"는 "여기에 시계가 있다"거나 "여기에 탁자가 있다" 등과의 차이를 통해 그 실질적 의미가 주어진다. 처음부터 거기에 아무것도 없다는 생각을 떠올릴 수는 있지만 그 상황을 어떤 방식으로도 의미화할 수 없다. 그것은 단지 '없음'이 그 자체로 의미화될 수 없으며, 오직 '있음'에 대한 그림자로서, '있음'에 의존적으로만 의미화될 수 있다는 것을 의미한다. 말하자면 일단 우리가 '있음'의 우선성을 받아들이고 나면, 존재자들의 개별적 있음은 존재자들의 양태들을 표현하는 말이 된다. 이런 의미에서 '있음'은 다양한 있음들의 '의미지반'이 된다.

우리는 '의미'와 '무의미'의 대립 쌍에 관해서도 똑같은 말을 할 수 있다. '있음'이 우선성을 갖는다는 것은 '있음'이 경험 세계에 스스로의 출발점을 가질 수 있지만, 없음은 그 자체로 출발할 수 없다는 것을 말한다. 예를 들면 고흐의 그림을 보고 "무엇이 없는가?"라는 물음은 그 자체로는 의미가 없다. 이 물음은 오직 이 그림이 보여 주는 것 이상의 어떤 것에 의존함으로써만 '의미 있게' 답해질 수 있다. 본래부터 없는 것에 관해서는 어떤 의미 있는 이야기도 할 수 없다. 물론 이 그림에 관해 "무엇이 있는가?"라는 물음 또한 확정적인 방식으로 답해질 수 없지만 이 물음에 답하기 위해 이 그림 이상의 것이 필수적으로 요구되는 것은 아니다.

오늘날 급속히 성장하는 인지과학은 우리의 구체적이든 추상적이든 모든 개념들의 원천이 신체적/물리적 층위의 경험이라는 것을 보여 준다. 말하자면 추상적 개념들은 물리적 경험 세계를 쉽사리 넘어서지만 그 개념들은 결코 물리적 경험이 없이 생겨날 수 없다. 체험주의에 따르면 우리의 모든 개념과 사고의 가장 원초적인 근거는 우리의 몸과 그 활동이다. 어린아이는 신체적 활동을 통해 내 몸의 경계를

알게 된다. 그 신체적 활동은 물리적 대상들과의 무의식적이고 직접
적인 접촉이며, 이러한 반복적인 접촉은 내 몸의 경계를 알려 준다.
즉 내 몸의 존재와 외부 대상의 존재는 상호작용적으로 알려지는 것
이다. 이 모든 과정에서 가장 직접적으로 형성되는 개념은 '있음'이
다. 즉 내 몸이 있는 것처럼 외부의 대상들이 있으며, 외부의 대상들
이 있는 것처럼 내 몸이 있다는 것을 알게 된다.

　사람들은 그러한 '있음'이 형성되기 전의 상태를 '없음'이라고 간
주하고, 이 때문에 없음이 적어도 논리적으로 있음에 앞선 개념이거
나 적어도 대등한 개념이라고 주장할지도 모른다. 나아가 모든 '발
생'에 대해서 같은 말을 하려고 할지도 모른다. 예를 들면 모든 새로
운 생명의 발생은 무로부터 무엇인가 새로운 것이 생겨난 것처럼 보
일 수 있다. 그러나 그처럼 엄밀하고 복잡한 존재론적 논의를 제시하
려는 사람이라면 그 새로운 것이 결코 '전적으로 새로운 것'이 아니
라는 것을 쉽게 알 수 있을 것이다. 적어도 우리에게 주어진 생명현상
은 이전의 생명현상의 연장선상에서 다양한 변형을 통해 발생하기 때
문에 결코 무에서 솟아오르지 않는다.

　'절대적 무'라는 관념은 '있음'으로 가득 찬 우리의 경험 세계를
넘어서려는 철학적 열망의 산물이다. 이러한 의미에서 절대적 무는
경험 세계의 무엇과 관련된 개념이 아니라 전체로서의 경험 세계의
경계선 또는 반대편에 설정된 기생적 개념이다. 이 때문에 절대적 무
로부터 출발하는 형이상학 위에서는 우리 자신이 의미의 출발점이 될
수 없다. 절대 무 안에는 우리 자신 또한 존재하지 않기 때문이다. 그
래서 절대 무에서 출발하는 형이상학에는 최초의 의미를 부여하는 또
다른 존재가 설정되어야만 한다. 흔히 초월 이론은 이 문제를 해결하
기 위해 초월적인 창조주를 설정한다. 그러나 여기에서 요구되는 그

초월적 창조주 또한 경험 세계의 경험내용이 없이는 결코 구성될 수
도 이해될 수도 없다.

　　그렇다면 절대적 '비어 있음' 또는 '절대적 무' 라는 가상의 지점에
의존해서 해체론이 실제로 해체하고 있는 것은 무엇일까? 있음의 세
계 안에서 우리가 알고 있는 모든 대상은 우리 가르기의 산물이다.[19]
강이나 산과 같은 물리적 대상도, 선이나 악과 같은 추상적 대상도 우
리 가르기의 산물이다. 가르기란 우리의 활동에 적절한 방식으로 세
계를 구획하는 것이다. 이러한 가르기에 의해 대상들은 크고 작은 갈
래로 나누어지며, 우리는 그렇게 해서 주어진 대상들과 상호작용한
다. 우리는 이렇게 대상들을 구성하지만 그렇다고 해서 우리가 이 대
상 자체, 나아가 세계 자체를 '만드는' 것은 아니다.

　　오늘날 우리는 있음에 대한 몇몇 급진적인 해체 이론들을 볼 수 있
다. 그러나 이들이 해체하는 것은 결국 있음에 대한 우리의 특정한 가
르기들을 해체하는 것이며, 있음 자체를 해체하는 것은 아니다. 오히
려 그 해체라는 작업마저도 '있음' 에 대한 믿음에 의해서만 가능하
다. 그래서 해체가 실제로 무너뜨리는 것은 있음 자체가 아니라 수많
은 가르기들, 즉 있음을 이해하는 우리의 다양한 방식들이다. 결과적
으로 해체라는 급진적 전략이 보여 주는 것은 우리에게 주어진 대상
들이 이러한 가르기의 산물이며, 따라서 이 세계에 관한 모든 진술이
그러한 열려 있는 가르기의 하나라는 점뿐이다.[20]

19　가르기에 관한 더 상세한 논의는 노양진, 「가르기와 경험의 구조」, 『몸·언어·철
　　학』 참조.

20　이러한 시각은 있음들의 배후에 있는 '있음 자체' 에 대한 철학적 열망의 본성을
　　다시 되돌아 볼 수 있게 해 준다. 즉 우리는 오히려 해체되지 않는 것들, 즉 '일
　　상적 있음' 의 존재성 속에서 '있음 자체' 의 수수께끼를 다시 살펴보아야 한다.

필자는 지금까지 초월과 해체라는 대비적 시각이 우리의 '신체화된 경험'에 근거한 사고실험의 극단적 형태들이라는 점을 드러냈다. 이처럼 초월과 해체를 넘어서서 일상적 있음의 우선성을 복구하려는 시도는 복고적인 형이상학적 사유의 계기를 마련하기 위한 것도 아니며, '있음'에 관한 새로운 이론을 건설하기 위한 것도 아니다. 이러한 시도는 일상적 있음이라는 생각을 거부하고 그것을 넘어 사유를 확장할 수 있다는 몇몇 급진적인 철학적 주장들이 오히려 경험의 본성에 관한 적절한 이해를 가로막고 있다는 사실을 지적하기 위한 것이다. 일상적 있음은 초월이나 해체와 같은 급진적 사고실험 사이에서 위태롭게 흔들리는 것처럼 보이지만 결코 무너지지도 사라지지도 않는다. 우리는 철학적 사유가 생겨나기 전부터 일상적 있음과 함께 출발했으며, 또 그것은 '철학'이라는 이름의 사유의 모험 이후에도 여전히 사유의 지반으로 남아 있을 것이기 때문이다.

5. 맺는 말

모든 이론은 언어를 통해 구성되며, 기호체계로서의 언어는 본성적으로 우리의 경험을 평면화하거나 생략한다. 그것은 모든 기호의 필연적 운명이다. 때로 급진적인 이론들은 이러한 언어의 본성을 들어 언어로 표현된 모든 것에 대해 근원적 불신을 토로한다. 그 불신의 하나

'있음 자체'라는 생각은 필연적으로 은유적이다. 그리고 그 은유는 수세기 동안 인류를 사로잡았을 만큼 강력하고 매력적인 것이다. 그러나 우리는 비트겐슈타인의 지적을 따라 그러한 존재에 대한 추구가 존재자들에 대한 관찰적 탐구를 통해서 이루어지기보다는 순수한 '철학적 열망'에 의해 이루어졌다는 것을 깨닫게 되었다.

가 '있음'에 대한 회의적 물음으로 나타난다. 그러나 현재 우리가 의존하고 있는 방식으로 언어화된 '있음'에 대해 근원적인 물음을 제기하는 철학자들도 원초적인 '있음'이라는 생각 자체를 거부할 수는 없다. 그것은 어떤 사고도 더 이상 거슬러 올라갈 수 없는, 모든 사고의 근거가 되는 인지적 출발점이기 때문이다. 그래서 '있음'의 부정은 그 자체로 역설을 불러온다. '있음'의 우선성을 인정하는 것은 단지 역설을 피하기 위해서만은 아니다. 언어적 '있음'을 거부하기 위해서조차도 무엇인가는 '있어야만' 하기 때문이다. 거기에 일상적인 것들이 있다.

우리는 진공으로부터 사유할 수 없으며, 진공으로부터 인식할 수도 없다. 반면에 모든 믿음을 한꺼번에 거부하는 것 또한 인지적으로 불가능하다. 그것은 사고의 지반 자체를 떠나는 일이기 때문이다. 이런 의미에서 '일상적 있음'은 다른 모든 개념화를 가능하게 해 주는 원초적 지반이다. 급진적인 이론들은 '있음'이라는 개념 자체에 물음을 제기할 수 있겠지만 그 '있음'을 근원적으로 거부하는 것은 그 시도 자체를 비정합적인 것으로 만든다. 무엇인가를 거부하기 위해서는 그 거부를 의미화해 주는 또 다른 지반이 필요하기 때문이다.

'해체'라는 이름으로 성행하는 급진적 이론들은 언어를 통해 구성된 것들, 소위 '철학적'이라는 이름을 얻게 된 이론들이 불러오는 혼동을 치유하는 데 극적인 기여를 했다. 그러나 그 모든 해체론적 이론들 또한 서 있어야 할 지반이 필요하다. 건설도 해체도 진공에서 이루어질 수 없기 때문이다. 해체의 전략은 그저 '있음'이라는 개념을 거부하는 데 그 중요성이 있는 것이 아니라 그러한 개념화에 대한 우리의 오해를 해소하는 데 중요성이 있다. 이러한 관점에서 '일상적 있음'조차도 부정하려는 급진성은 그 자체로 비정합적인 사고실험일 수밖에 없다.

우리의 삶은 해체론이 해체하려는 텍스트만으로 이루어지지 않는다. 우리는 그 텍스트를 구성하며, 또 사용한다. 이 과정에서 언어가 초래하는 혼동을 되돌아보는 것은 우리에게 반성적 성찰의 계기를 주지만 그것이 언어에 대한 근원적인 거부를 의미하는 것은 아니다. 그모든 해체 이후에도 산은 다시 산이다. 신체적/물리적 층위에서 주어진 일상적 있음은 그렇게 복권되어야 한다. 이렇게 복권된 일상적 있음은 오히려 초월과 해체가 마주칠 수 있는 유일한 접점이며, 거기에서 우리의 철학은 다시 시작될 수 있다. 그렇게 다시 시작된 철학의 미덕은 사고의 지반을 떠나지도 거부하지도 않는다는 데 있다.

제5장

몸의 침묵

1. 머리말

몸은 우리 자신이다. 그러나 우리에게는 하나의 몸이 아니라 두 개의 몸이 있다. 의식에 주어지는 몸이 있으며 의식에 주어지지 않는 몸이 있다. 무의식의 몸은 스스로의 역사를 갖지만 우리의 언어로 말하지 않으며, 우리의 언어로 말해지지 않는다. 그래서 우리는 그 몸의 역사를 기록할 수 없다. 무의식의 몸은 숨겨진 몸이며, 침묵하는 몸이다. 그러나 우리는 숨겨진 몸의 역사에 '관해서' 말할 수 있다. 숨겨진 몸의 역사는 우리의 의식에 떠오르지 않지만 의식적 활동에 '저항'이라는 방식으로 자신의 존재를 알리며, 그것은 나의 의미 질서에 결정적인 영향을 미친다. 숨겨진 몸은 나에게 알려지지 않은 방식으로 스스로의 역사를 구성하며, 그것은 종종 나의 의지에 저항하는 방식으로 드러난다. 필자는 그것을 '몸의 저항'이라고 부를 것이다. 숨겨진 몸의 역사는 저항이라는 방식으로만 나에게 알려진다.[1]

　몸의 저항은 단순히 몸의 외재적 한계를 의미하는 것이 아니다. 몸의 외재적 한계란 우리가 종적(種的)으로 경험하는 물리적 한계를 의미한다. 우리는 산소 없이 호흡할 수 없으며, 바위를 통과할 수 없으며, 하늘을 날 수 없다. 외부 세계와의 상호작용에서 직접적으로 겪는 모든 충돌이나 장애는 물리적인 방식으로 주어진다. 그러한 충돌이나 장애를 통해 경험하는 '저항'은 본성상 외재적이다. 그러나 필자가 기술하려는 몸의 저항은 각자의 몸이 갖는 고유한 역사성에서 비롯된 저항을 말하며, 그런 점에서 몸의 저항은 내재적인 동시에 각자에게 고유한 것이라고 할 수 있다. 몸의 저항은 숨겨진 몸이 스스로의 역사를 통해서 형성한 힘의 발현으로 보인다.

몸/마음 이원론에서 몸의 저항이라는 문제는 자리가 없다. 이원론 안에서 이 문제는 처음부터 제기될 수조차 없다. 이원론 안에서 몸은 외재적 대상 세계에 속하며, 따라서 거기에는 아무런 내재성의 자리도 없다. 그래서 만약 내재적 자발성이 우리에게 존재한다면 그것은 전적으로 마음에나 속할 수 있는 것이다. 이러한 관점에서 저항으로서의 몸을 인정하는 것은 그 출발점에서부터 전통적인 몸/마음 이원론의 근원적 거부를 함축한다.

이원론을 벗어난다고 해서 '저항하는 몸'의 문제가 자동적으로 해결되거나 해소되는 것은 물론 아니다. 몸의 철학에서도 이 물음은 여전히 새롭게 해명되어야 할 새로운 물음이기 때문이다.[2] 우선 몸의 철

---

1 이러한 명백한 현상을 토대로 몸의 역사를 전적인 저항으로 규정할 수는 없다. 몸의 역사가 내 의도와 욕구에 합치하는 경우도 충분히 가정할 수 있으며, 나아가 아래에서 다루려는 것처럼 그것이 내 생존에 기여하는 방식으로 작동한다는 사실 또한 경험적으로 분명해 보이기 때문이다. 그러나 그 경우에도 몸의 역사는 여전히 우리에게 의식되지 않는다는 점에서 역설적인 측면이 있다.

2 몸의 철학은 오늘날 다양한 성격과 방향성을 띠고 제시된다. 숨겨진 몸과 관련해서 필자가 주목하는 것은 '몸의 중심성'이라는 논제를 통해 경험의 본성과 구조를

학은 몸의 이러한 배리적(背理的) 특성을 몸의 작용과 마음의 작용으로 나누어 해명할 수 없다. 따라서 '저항하는 몸'은 몸의 다양한 발현의 층위에서 드러나는 한 국면, 혹은 '또 다른 몸'으로 해석할 수밖에 없다. 저항으로서의 몸에 주목하는 이유는 그것이 저항이라는 바로 그 방식을 통해 나의 의식적인 의지나 활동에 직접적으로 영향을 미치는 원초적 조건이기 때문이다. 몸의 이러한 배리적인 특성은 그것을 간과한 '자아' 이론들이 처음부터 그릇된 길로 들어서 있다는 사실을 알려 준다.

침묵하는 몸의 역사를 기술할 수 있는 길은 적어도 '인지적으로' 열려 있지 않다. 몸은 무의식의 영역에서 스스로의 역사를 기록해 왔으며, 그것은 우리의 언어로 번역되지 않는다. 몸은 자신의 역사에 대해 침묵한다. 우리는 항상 그 역사의 끝부분에 서 있다. 침묵하는 몸은 저항을 통해서만 스스로의 역사성을 나에게 알린다. 침묵하는 몸의 개념을 받아들이는 것은 '나'에 관한 모든 의식적 기술이 근원적으로 불투명한 것일 수밖에 없다는 것을 말해 준다. 침묵하는 몸의 이러한 완고한 불투명성은 다시 자기성찰을 통해 스스로 자아의 본성을 밝혀내려는 초월적 시도나 자아 자체를 해체하려는 해체론적 시도가 모두 부적절할 수밖에 없다는 것을 함축한다.

해명하려는 '체험주의'(experientialism)다. 레이코프와 존슨(G. Lakoff and M. Johnson)이 주도하는 체험주의는 최근 인지과학의 경험적 탐구 성과를 토대로 새로운 철학적 시각을 열어 가고 있으며, 그 전반적인 철학적 특성은 듀이(J. Dewey), 비트겐슈타인(L. Wittgenstein), 메를로 퐁티(M. Merleau-Ponty)와 유사성을 드러내고 있다. 체험주의의 몸의 철학적 특성은 마크 존슨, 『마음 속의 몸: 의미, 상상력, 이성의 체험주의적 근거』, 노양진 역 (서울: 철학과현실사, 2000); G. 레이코프·M. 존슨, 『몸의 철학: 신체화된 마음의 서구 사상에 대한 도전』, 임지룡 외 역 (서울: 박이정, 2002) 참조.

2. 저항으로서의 몸

사람들은 흔히 "몸이 말을 듣지 않는다"고 말한다. 이때 자신의 의지
에 반하는 몸은 외재적 실재가 아니라 사실상 바로 자신이다. 골프를
하는 사람들은 얼핏 보면 매우 단순해 보이는 한 번의 스윙을 하기 위
해 수년에 걸쳐 연습을 반복한다. 그래도 여전히 실패하거나 실수한
다. 도대체 무엇이 완벽한 스윙을 그토록 집요하게 가로막고 있는 것
일까? 그것은 다름 아닌 내 '몸'이다. 몸은 내 몸이면서도 나를 가로
막는다. 몸은 나의 의식에 반하는 뚜렷한 목적으로 드러내지도 않으
면서 나를 가로막는다. 그것이 몸의 완고한 '저항'이다. 몸의 저항은
확정적이거나 불변하지는 않지만 일회적인 방식이 아니라 '상당히 안
정된' 방식으로 나를 배신한다.

숨겨진 몸은 나의 의식 밖에서 스스로의 방향성을 갖는 것으로 보
인다. 그 방향성은 내가 의식하지 못하지만 모두 나의 상호작용적 활
동의 축적된 소산이다. 지금까지 관성적으로 행해 온 모든 몸의 활동
이 알 수 없는 완고한 패턴이 되어 나를 가로막는 것이다. 나는 그 패
턴의 형성 과정을 의식하거나 기억하지 못하며, 저항을 경험하는 시
점에서도 여전히 그 구체적 구조나 기제를 밝힐 수 없다. 우리는 다만
다른 무엇인가를 시도하는 과정에서 비로소 그러한 저항이 있다는 사
실을 깨닫게 된다. 나의 몸은 지금 나의 의도에 부합하지 않는 역사를
갖고 있다. 이런 의미에서 한 번의 멋진 스윙을 하는 것은 몸의 역사
적 관성을 거슬러 무언가 새로운 시도를 하는 일이다.

몸의 저항이 단순히 소극적인 방식으로만 나타나는 것은 아니다.
오늘날 신경과학자들은 '외계인 손'(alien hand)이라고 부르는 증후
군의 주된 원인이 뇌량(corpus callosum)의 이상에서 비롯된다는 주

장에 대체로 동의한다. 주로 지적 능력을 담당하는 좌뇌와 주로 운동 능력을 담당하는 우뇌를 연결해 주는 신경섬유 다발인 뇌량에 손상이 생기면 좌뇌와 우뇌의 협력적 조절 능력이 상실되며, 이 때문에 한쪽 손이나 발이 자신이 통제할 수 없는 방식으로 움직이는 이상 행동을 낳는다. 왼손이 자신의 목을 조르거나, 요리를 하는 동안 한 손이 아직 조리하지 않은 날 음식을 자신의 입으로 밀어 넣거나, 한 손이 자신의 뺨을 때리는 등 자신에게 위험한 상황을 불러오기도 한다. 그러나 외계인 손은 특정한 방향성을 갖고 움직인다는 점에서 일시적인 경련이나 발작 등과는 명백하게 구분된다. 환자 자신은 물론 외계인 손이 뇌량 손상에서 비롯된다고 주장하는 신경과학자들조차도 정작 통제되지 않는 손의 그 동력이 어디에서 오는지 알지 못한다.[3]

　한편 숨겨진 몸의 역사에 부합하는 활동은 저항을 부르지 않는다. 이 경우 알려진 몸과 숨겨진 몸의 구별은 불가능해진다. 나의 의지에 부합하는 몸을 나 자신의 일부로 받아들이는 데 너무나 익숙하기 때문이다. 그러나 나의 의지가 몸의 역사에 반하는 방식으로 발현되면, 그 때마다 몸의 저항은 비로소 현실적인 힘으로 나타난다. 그러나 중요한 것은 우리가 자신의 몸의 역사의 본성과 구조를 읽을 수 없으며, 따라서 그 저항의 방식을 예측할 수 없다는 점이다. 몸의 침묵의 의미는 항상 자신에게조차도 수수께끼로 남아 있다. 그래서 수많은 철학적 약속에도 불구하고 나 자신을 완전하게 안다는 것은 근원적으로 불가능한 꿈으로 보인다.

3　외계인 손 증후군이 항상 부정적인 방식으로만 나타나는 것은 아니다. 한 손이 담배를 피려고 할 때 다른 쪽의 외계인 손이 담배를 빼앗아 던져 버리는 사례도 보고 된다. "Alien Hand Syndrome." http://en.wikipedia.org/wiki/Alien_hand_syndrome 참조.

몸이 단지 물리적 대상처럼 소모적으로 존재하지 않는다는 사실은 대부분 우리 의식의 밖에서 이루어지는 몸의 자발적 활동을 통해 드러난다. 내 몸 대부분의 장기나 기관의 활동은 나의 의식 밖에서 이루어진다. 내가 의식적으로 조절하거나 조작할 수 있는 것은 손발이나 얼굴과 같은 몇몇 외피적 기관에 불과하며, 두뇌나 장기와 같은 기관의 작용은 의식 영역 밖에서 이루어진다. 그러나 그 내부 장기나 기관들의 무의식적 활동 방식이 단지 수동적 조건으로만 존재하지 않는다는 사실은 몸의 저항을 통해 드러난다.

몸이 단순히 수동적 기계가 아니라는 사실이 밝혀지기 시작한 것은 비교적 최근의 일이다. 캐넌(W. Cannon)이 '항상성'(homeostasis)이라는 몸의 본성을 밝혀낸 것은 1932년의 일이다.[4] 캐넌은 몸이 스스로의 내부 환경을 일정하게 유지하는 기능을 갖는다는 사실을 발견했다. 몸은 외부 환경의 변화에 따라 체온이나 혈당, 혈류 등을 일정한 수준으로 조절한다. 항상성 이론은 후일 스트레스(stress) 이론의 근거를 이루었다. 셀리에(H. Selye)는 생명체가 다양한 외부의 자극에 스스로 대응한다는 사실을 발견했다. 셀리에는 그것을 '일반적응증후군'(GAS: General Adaptation Syndrome)이라고 불렀는데, 그것이 바로 스트레스 반응이다.[5] 이 모든 현상은 나의 의식 밖에서 이루어지는 몸의 작용이다.

숨겨진 몸의 작용은 의식에 포착되지 않지만 우리는 몸의 저항을 통해 간접적인 방식으로만 그 존재를 확인할 수 있다. '항상성'이라

---

4 Walter Cannon, *The Wisdom of the Body*, revised ed. (New York: W. W. Norton, 1963, 초판은 1932년) 참조.

5 Hans Selye, "A Syndrome Produced by Diverse Nocuous Agents," *Nature*, vol. 138 (1936) 참조.

는 몸의 특성은 긍정적이든 부정적이든 몸이 우리 의식에 포착되지
않는 방식으로 작동한다는 결정적인 증거가 된다. 그 구체적 작동 방
식이 충분히 알려지지는 않았지만 적어도 '항상성' 가설은 몸이 스스
로의 방향성을 갖는다는 사실을 강력하게 뒷받침해 준다. 캐넌의 생
각처럼 몸은 지혜롭다. 그러나 그 몸의 지혜가 종종 우리의 의지와 충
돌하는 방식으로 작동한다는 사실이 우리가 직면한 수수께끼다.

　저항의 유력한 원천은 '몸의 역사' 다. 몸이 나의 의지와는 다른 어
떤 길을 가려고 한다는 것이다. 우리는 항상 그 역사의 끝부분에 서
있으며, 그 역사를 원천적으로 거부하는 길은 열려 있지 않다. 애당초
그 길이 무엇인지를 알 수 없기 때문이다. 아마도 침묵하는 몸의 역사
성 개념에 가장 가깝게 근접했던 심리학자는 프로이트(S. Freud)일
것이다. 프로이트는 의식의 영역 밖에서 의식을 규정하는 대규모적이
고 지속적인 힘의 존재를 발견했다. 프로이트는 그 힘을 '무의식'(the
unconscious)이라고 불렀다. 프로이트에게 무의식은 의식에 의해 '억
압된 것'(the repressed)이며, 무의식 영역에 있는 것은 내적 검열 장
치를 거쳐 의식의 대상으로 편입된다. 검열을 통과하지 못하는 것은
여전히 무의식으로 남게 된다.[6]

　그러나 프로이트를 실패로 이끌어 간 결정적 요인은 무의식의 구조
를 단순히 심리적인 측면에서 접근했다는 데 있다기보다는 그 무의식
의 구조를 밝힐 수 있을 것이라는 그의 가정에 있었다. 프로이트는 무
의식이 의식적 사고와 행위의 원인이라는 관점에서 출발함으로써 무
의식을 해명할 수 있다고 믿었다. 프로이트의 정신분석이 직면하는

6　Sigmund Freud, *The Standard Edition of the Complete Psychological Works of
　Sigmund Freud*, vol. 14, ed. James Strachey (London: The Hogarth Press,
　1957), p. 173 참조.

결정적인 비판은 "알려지지 않은 모든 것이 행위의 원인일 수 있다"
는 무제약적 논제 때문이다. 우리는 무의식의 어떤 부분이 원인이 될
수 있는지에 관해 아무런 확증도 반증도 할 수 없다. 따라서 프로이트
의 가설은 행위 문제에서 새로운 인과관계의 가능성을 제시하는 것이
아니라, 오히려 인과관계 자체의 와해를 의미한다.[7]

'무의식' 의 발견에도 불구하고 프로이트는 무의식의 어떤 부분이
어떻게 의식적 영역에서의 심리적 현상에 원인이 될 수 있는지를 밝
히지 못했다. 그는 자신의 환자들에 대한 섬세하고 구체적인 관찰과
분석을 통해 자신의 가설을 제시했지만 그것을 입증하거나 반증할 수
있는 방식은 우리에게도 프로이트에게도 없어 보인다. 그러나 프로이
트는 무의식이 의식적 행위의 원인이라는 점을 해명하려고 시도함으
로써 스스로 극복할 수 없는 곤경에 빠져들게 되었다. 그러나 프로이
트의 시도에는 전적인 실패라고 할 수 없는 중요한 국면이 있다. 그것
은 바로 프로이트가 무의식을 의식에 대립하는 이질적 타자로 인식했
다는 점이다.

우리는 [심리적 균열]을 역동적으로, 즉 대립적인 정신적 힘들의 갈등

---

7 이 때문에 포퍼(K. R. Popper)의 시각에서 프로이트의 정신분석학은 '사이비 과
학'(pseudo-science)이다. 프로이트의 이론에는 확정적인 '반증가능성'(falsifi-
ability)이 없다는 것이다. 이것이 포퍼의 반증 이론이다. 포퍼는 프로이트의 정신
분석학과 함께 마르크스의 역사 이론, 아들러의 개인심리학을 사이비 과학으로 규
정하고 있다. 칼 포퍼, 『추측과 논박: 과학적 지식의 성장 1』, 이한구 역 (서울: 민
음사, 2001), pp. 77-80 참조. 포퍼의 주장을 반박하기 위해 과학의 개념을 수정
하거나, 포퍼의 반증 이론 자체를 반박할 수 있다. 하지만 그런 방식으로 프로이트
의 정신분석을 옹호한다 하더라도 프로이트의 가설이 경험적으로 확증될 수 없다
는 것은 여전히 사실이다.

이라는 관점에서 설명하며, 그것을 두 가지 정신 집단의 상호적인 적극적 투쟁의 결과로서 인식한다.[8]

프로이트와는 달리 필자는 몸의 역사가 본성상 의식에 알려질 수 없다는 사실에 주목했다.[9] 그러나 그러한 사실이 우리가 숨겨진 몸에 대해서 아무것도 알 수 없다는 것을 함축하지는 않는다. 인지과학의 성장과 함께 무의식의 영역에 관한 오늘날의 접근은 매우 다른 양상으로 전개된다. '인지적 무의식'(the cognitive unconscious)이라는 가설은 무의식이 순수한 심리적 현상이 아니라 두뇌를 중심으로 이루어지는 몸의 작용의 한 국면이라는 시각을 따라 매우 새로운 방식으로 탐색되고 있기 때문이다.

3. 인지적 무의식과 몸의 배리

레더(D. Leder)는 몸의 본성을 '부재'(absence)로 특징짓는다. 의식은 본성적으로 외부 세계에 지향되어 있기 때문에 정상적인 활동 과정에서 의식의 소재인 몸은 의식에 직접 주어지지 않는다. 사물을 볼 때, 의식은 사물에 향해져 있으며, 따라서 우리는 '봄'(seeing)이라는 작용을 의식하지 못한다. 몸이 비정상적인 문제 상황에 처했을 때 몸

---

8 Freud, *The Standard Edition of the Complete Psychological Works of Sigmund Freud*, vol. 11, ed. James Strachey (London: The Hogarth Press, 1957), p. 26.

9 물론 몸의 역사가 저항적 원인으로만 국한된다고 말할 수는 없다. 때로 몸의 역사는 협력적 원인으로서 주어질 수도 있겠지만 그 경우 몸의 역사는 우리 자신의 일부로 받아들여지게 되며, 따라서 우리는 그 존재를 의식하지 못한다.

은 비로소 우리 의식의 대상으로 떠오른다. 레더는 몸의 이러한 특성을 '장애적 출현'(dys-appearance)이라고 부른다.[10]

고통과 질병 상태에서 사람들은 자신의 몸을 '사용 불능'(unuseable)으로 인식한다.[11] 이러한 특수한 상황이 되면 몸은 평소에 수행했던 기능을 더 이상 수행할 수 없게 된다. 이러한 상황에서 몸은 일상적인 활동을 가로막는 장애로 드러난다. 몸의 장애적 출현은 질병 상태에서만 드러나는 현상이 아니다. 허기나 갈증, 배설 욕구 등의 생리적 활동도 극한적 상황에 이르면 장애가 된다. 허약, 현기증, 피로 등도 마찬가지다. 이러한 현상을 불러오는 신체적 과정은 대부분 의식에 포착되지 않는다. 그러나 몸의 이러한 특이 상태들이 나의 정상적인 활동을 가로막는 장애로 나타나며, 동시에 나의 몸은 비로소 내 의식의 중심적 대상이 된다.

그러나 그렇게 의식에 주어진다 하더라도 몸이 자신의 역사를 모두 드러내지는 않는다. 몸의 역사는 우리 자신에게조차도 숨겨져 있으며, 그것은 내가 새로운 것을 시도할 때 대부분 하나의 '저항'으로 나타난다. 몸의 역사는 이런 방식으로만 모습을 드러낸다. 내가 내 몸의 역사를 직접적으로 파악할 수 있는 방식은 없어 보인다. 이러한 사실은 몸의 역사가 대부분 '부재'라는 상황 속에서, 즉 의식의 밖에서 이루어진다는 것을 의미한다.

숨겨진 몸의 극적인 국면은 두뇌의 작용을 통해 드러난다. 두뇌의 작용은 대부분 침묵 속에서 이루어진다. 두뇌의 작용은 두뇌의 주인인 우리에게 알려지지 않는데, 그것은 우리의 부주의나 무지 때문이

---

10 Drew Leder, *The Absent Body* (Chicago: University of Chicago Press, 1990), p. 84 참조.
11 같은 곳.

아니라 본성적 구조 때문이다. 모든 사고나 행동은 두뇌의 정교한 작용을 거쳐 일어난다. 내가 글을 쓰는 이 순간에도 나의 두뇌는 복잡한 방식으로 단어와 단어, 문장과 문장, 단락과 단락을 조합하고 연결하고 수정하는 방식으로 작동한다. 그렇지만 그 작동은 결코 나의 의식에 직접적으로 포착되지 않는다. 사실상 우리 두뇌의 작용은 대부분 이러한 무의식의 영역에서 이루어지고 있는 것이다. 킬스트롬(J. F. Kihlstrom)은 '인지적 무의식' 이라는 이름으로 그것을 설명하려고 했다.[12]

더 중요한 것은 그 무의식적 과정이 바로 우리의 '의식적' 영역을 산출하는 데 핵심적인 역할을 하고 있다는 점이다.

> 의식적 사고는 거대한 빙산의 일각에 불과하다. 무의식적 사고가 모든 사고의 95퍼센트라는 것이 인지과학자들 사이에서는 경험사의 일반원리로 통하는데, 그것은 심각할 정도로 과소평가한 것일지 모른다. 더욱이 의식적 인식의 표면 아래에 있는 95퍼센트가 모든 의식적 사고를 형성하고 구조화한다. 만약 인지적 무의식이 거기서 이런 형성을 하지 않는다면, 어떤 의식적 사고도 불가능할 것이다.[13]

대부분의 사람들은 두뇌의 작용이 무의식의 영역에서 이루어진다고 하더라도 여전히 두뇌가 자신의 욕구나 의지, 의도에 합치하는 방

---

12 J. F. Kihlstrom, "Conscious, Subconscious, Unconscious: A Cognitive Perspective," in K. S. Bowers and D. Meichenbaum, eds., *The Unconscious Reconsidered* (New York: Wiley, 1984); "The Cognitive Unconscious," *Science*, vol. 237 (1987): 1445-52 참조.

13 레이코프·존슨, 『몸의 철학』, p. 40.

식으로 작용할 것이라고 생각하거나 두뇌의 작용 자체가 자신의 사고
의 일부라고 믿는다. 그러나 놀랍게도 두뇌는 두뇌의 주인이 생각하
는 것과는 매우 다른 스스로의 존립과 작동 방식을 갖고 있다. 클라크
(A. Clark)는 존의 두뇌의 입장에서 두뇌의 주인인 존과의 소원한 관
계를 서술한다.

　　슬픈 것은 나(존의 두뇌)에 관해 존이 상상하는 것이 실제의 나와 거
　의 같지 않다는 점이다. 우리는 친밀성에도 불구하고(오히려 그 때문에)
　서로에게 이방인으로 남아 있다. 존의 언어, 내성, 그리고 단순화된 물리
　주의가 나의 구성을 그의 제한된 관점에 지나치게 근접하는 것으로 인식
　하게 만드는 경향이 있다. 그래서 그는 나의 파편적이고, 임기응변적이
　며, 전반적으로 이질적인 본성에 대해 무지하다. 그는 내가 언어 능력의
　발현에 훨씬 더 앞서 있는, 대체로 생존 지향적인 장치라는 사실, 또 의
　식적이고 언어화된 인지의 확장에서의 내 역할이 최근에 얻은 부업이라
　는 사실을 잊고 있다. 물론 이 부업이 그의 오해의 주된 뿌리다.[14]

　　몸의 무의식적 역사가 존재한다는 사실은 우리 자신에 대한 철학적
이해의 전면적 수정을 요구한다. 몸의 역사는 부정적인 방식이라 하
더라도 우리의 사고와 행위에 결정적인 영향을 미치고 있으며, 우리
는 그 역사를 읽어 낼 수 없으며, 나아가 그것을 교정하거나 조절할
방식은 더더욱 없다. 이러한 사실은 우리 자신에 대한 이해가 본성적
으로 불완전할 수밖에 없다는 것을 말해 준다. 이러한 상황은 우리 자

---

14 Andy Clark, *Being There: Putting Brain, Body, and World Together Again*
　　(Cambridge, Mass.: MIT Press, 1997), p. 227.

신에 대한 이해에서는 물론 타인에 대한 이해에서도 마찬가지로 성립한다. 우리가 자신에 대한 정확한 이해에 도달할 수 없다는 것은 타인에 대한 정확한 이해에 도달할 수 없다는 것을 함축한다.

마음은 몸과는 달리 자유롭게 움직이는 것처럼 보이지만 앞서 지적했던 것처럼 몸으로부터 전적으로 분리된 실체가 아니다. 마음은 두뇌를 중심으로 이루어지는 몸과 환경의 상호작용 과정에서 드러나는 복잡한 국면이기 때문이다. 몸/마음 이원론을 넘어서서 오늘날 인지과학자들을 따라 '신체화된 마음'(embodied mind)이라는 논제를 받아들이면, 우리가 종종 '저항하는 몸'을 극복하는 것은 마음이라는 고유한 영역의 능력이 아니라 사실상 몸의 또 다른 확장적 국면일 뿐이다.[15] 몸은 스스로의 무의식적 방향성을 갖는 동시에 의식적 방향성과 충돌한다. 심각한 마약 중독이나 알코올 중독은 종종 단순히 사회적 문제만이 아니라 자신의 신체적 문제로까지 이어진다. 이때 몸은 더 이상 지혜로운 몸이 아니다. 이 경우 몸은 종종 배리적일 수도 있는 다양한 국면으로 분산되는데, 이때 몸의 통합은 과연 가능한 것일까? 침묵하는 몸은 외재적 실재가 아니라 나 자신의 근원적 일부다. 그런데 침묵하는 몸은 종종 의식적인 몸을 거부하는 방식으로 작동한다. 이러한 몸의 배리를 정합적으로 해명할 수 있는 경험적 지식은 아직 주어지지 않은 것으로 보인다.

이 문제에 대한 명확한 해명의 부재는 우리를 또다시 고전적인 몸/마음 이원론으로 되돌아가도록 부추길 수도 있다. 즉 몸은 마음이 지향하는 것을 가로막는 장애라는 입장이 그것이다. 그러나 우리에게

---

15 갤러거는 '신체화된 마음'이라는 논제가 오늘날 인지과학자들에게 '거부할 수 없는 기초사실'(inescapable basic fact)이 되었다고 지적한다. Shaun Gallagher, *How the Body Shapes the Mind* (Oxford: Clarendon Press, 2005), p. 1 참조.

그러한 해명의 길은 더 이상 열려 있지 않다. 마음을 독립적 실재로 설정하기 위해서는 마음의 원천에 대해 우리를 넘어서는 길로 나아가야만 하기 때문이다. 그것은 철학사를 통해 그 실패가 반복적으로 드러난 길이기도 하다. 이러한 딜레마적 상황은 몸의 배리적 구조 자체를 우리 자신의 본래적인 조건으로 받아들이는 또 다른 탐색의 길을 열어 준다.

의식의 배후에서 이루어지는 침묵하는 몸의 작용은 우리의 언어로 서사화되지 않는다. 그것은 개념적·명제적 층위에 떠오르지 않으며, 서사적으로 구성되는 행위의 배경적 조건으로서만 작동한다. 몸의 작용은 의식에 결정적 영향을 미치지만 의식의 표면에 모습을 드러내지 않는다. 그렇지만 몸이 드러내는 저항은 실제적인 모든 행동이나 사고에 직접적이며, 때로는 결정적인 영향을 미친다. 만약 몸의 저항이 내 의식적 사고나 행위에 갈등을 불러온다면 이때 나는 실제의 내가 누구인지를 명확히 구획할 수 없다. 그것이 자아에 관한 새로운 해명에서 숨겨진 몸의 배리적 본성이 반드시 고려되어야 하는 이유다.

4. 새로운 몸으로

외부 세계에 대한 지식의 놀라운 성장에 비한다면 우리 자신의 몸에 관한 탐구는 극도로 제한되어 있다고 할 수 있다. 특히 이러한 난점은 '두뇌'의 탐구에서 극적으로 드러난다. 1950년대에 마음의 본성을 탐구하는 '인지과학'이 출발한 지 반세기가 넘게 지났지만 인지과학이 밝혀 준 것은 우리가 알고 싶어 하는 것에 비한다면 빙산의 일각일 뿐이다. 특히 1970년대에 들어 시작된 '제2세대 인지과학'은 더 불편한 사실을 알려 준다. 우리 인지작용의 대부분이 본성상 무의식의 영역

에서 이루어진다는 것이다.[16] 즉 우리에게 알려지는 인지적 내용은 두
뇌를 중심으로 하는 인지작용의 결과물이지만, 정작 그 인지과정은
우리의 의식에 주어지지 않는다.

　그렇다면 내가 의식하지 못하는 몸은 어디를 향하고 있는 것일까?
몸의 관성을 바꾸는 일은 새로운 몸의 역사를 만드는 일이다. 그것은
항상 과거의 역사로부터 저항을 받지만 그 저항은 단일한 모습을 드
러내지 않는다. 몸은 하나의 복합적인 게슈탈트이며, 그것은 대부분
우리의 의식과 기억 밖에서 구성된 역사의 축적물이다. 이러한 구도
안에서 몸이 맹목적이라면 마음이라고 불리는 국면 또한 다르지 않
다. 마음은 몸의 확장을 통해 발현되는 복합적 양상이기 때문이다.

　몸의 다양한 배리적 국면들은 자기 조정과 교정을 통해 스스로의
길을 탐색한다. 이 과정에는 어떤 확정적 알고리즘도 없으며, 이 때문
에 사람들은 복잡한 상황에 직면하면 행위 선택에서 심각한 고민에
빠져든다. 종교적 갈등, 고부간의 갈등, 직업 선택, 자녀교육 문제, 가
치관의 충돌 등에서 그런 고민은 여과 없이 드러난다. 우리는 그 모든
갈등 상황을 어떤 원리를 통해 해결하거나 해소하는 것일까? 이러한
상황에서 누가 리(理)에 따른 것이며, 누가 이성의 명령에 부합하는지
를 결정하는 확정적인 기제는 없어 보인다. 그래서 누군가 자신이 따
를 행위의 준칙을 세운다면, 그 정당성 문제를 접어두고서라도 어떤
실질적인 상황에서 그 준칙을 어떻게 적용할 것인지의 문제에 이르러
또 다시 갈등에 빠지게 된다.

16　레이코프·존슨, 『몸의 철학』, p. 25 참조. 레이코프와 존슨은 '제2세대 인지과
　　학'의 핵심적 발견을 "마음은 본유적으로 신체화되어 있다" "사고는 대부분 무
　　의식적이다" "추상적 개념들은 대체로 은유적이다"라는 세 가지 논제로 집약하
　　고 있다.

숨겨진 몸의 존재는 나 자신에 대한 지식의 불투명성을 넘어서서 타인에 대한 지식의 문제에서도 매우 다른 국면을 드러낸다. 나와 분리된 몸을 가진 타인은 나에게 근원적으로 미지의 수수께끼다. 우리는 서로의 경험으로부터 완전히 단절되어 있으며, 서로의 경험에 직접적으로 접속할 수 없기 때문이다. 나는 타인의 지각이나 느낌, 사고나 기억에 접속할 수 없으며, 그 반대도 마찬가지다. 이런 의미에서 우리를 포함한 모든 유기체는 각자의 경험 안에 '유폐되어'(incarcerated) 있다.

경험의 유폐성을 벗어나려는 우리의 모든 노력은 '기호적'으로 이루어진다. 내가 타인의 경험에 접근하기 위한 유일한 통로는 나와 타인 사이의 매개체를 통해 열린다. 예를 들어 타인의 몸짓, 표정, 언어 등 모든 매개체가 바로 기표들이며, 나는 그 기표들을 기호적으로 해석함으로써만 타인의 경험에 접근할 수 있다.[17] 그렇지만 기호적 해석을 통해 알려진 타인은 여전히 불투명성을 벗어날 수 없다. 이러한 불투명성에도 불구하고 실제적으로 이루어지는 부분적 소통의 궁극적 지반은 그가 나와 유사한 몸을 가진 존재이며, 이 때문에 나와 유사한 의도와 욕구를 가질 것이라는 믿음이다. 필자는 그 믿음을 '종적 신뢰'(specific committment)라고 부른다.[18]

몸의 침묵에 관한 이야기의 귀결은 적어도 고전적인 인식론적 시각에서 비관적이지만, 그것이 우리에게 주는 철학적 함축은 결코 작지 않다. 그 함축이란 우리가 자신은 물론 타인에 관해서도 결코 완전한

17   노양진, 『몸이 철학을 말하다: 인지적 전환과 체험주의의 물음』 (파주: 서광사, 2013), pp. 268-69 참조.
18   노양진, 「기호적 경험의 체험주의적 해명」, 『몸·언어·철학』 (파주: 서광사, 2009), p. 179 참조.

지식에 이를 수 없다는 것이기 때문이다. 내가 내 자신에 대한 확실한
지식에 이를 수 없다는 바로 그 사실 때문에 나의 경험내용을 타인에
게 직접적으로 전달할 수 없으며, 타인 또한 자신의 경험내용을 나에
게 직접적으로 전달할 수 없다. 나와 타자 사이의 기호적 불투명성은
특정한 이론이 제기하는 가설이 아니라 우리의 종적 조건에서 비롯되
는 원초적 사실이다.

　몸의 침묵이라는 논제를 받아들인다면 근세 이래로 지식의 확실성
에 대한 믿음, 그리고 그 믿음에 근거한 모든 철학적 주장들이 우리의
인지적 조건에 대한 이해에 근거한 것이 아니라 '철학적 열망'의 산
물이라는 것이 분명해진다. 역설적이게도 앎의 가능성을 앞세운 철학
적 이론들은 결과적으로 우리 자신의 조건에 대한 무지에 근거한 '무
지한 철학'이었다는 사실이 드러난다.[19] 그렇다 하더라도 확실성에
대한 근원적인 거부가 모든 앎의 가능성을 거부하는 허무주의적 회의
주의를 향한 것은 아니라는 근거는 자명하다. 우리는 우리의 앎이 본
성상 불완전하다는 '새로운 사실을 알게 되었기' 때문이다.

5. 맺는말

유기체의 소멸과 함께 몸의 역사는 멈추며, 축적된 관성도 소멸한다.

19　필자는 우리 자신에 대한 무지를 강조했던 소크라테스의 철학이 플라톤에 의해
　　극적으로 왜곡되었으며, 플라톤 이래로 서양철학의 지배적 주류는 '확실성의 탐
　　구'라는 그릇된 길로 접어들면서 역설적이게도 '무지한 철학'의 역사를 이루게
　　되었다고 본다. 말하자면 근원적으로 알 수 없는 것에 대한 과도한 확신, 즉 무
　　지의 역사를 이룬 것이다. 오늘날 우리가 소크라테스의 시각에 다시 주목할 수
　　있게 된 것은 20세기 후반에 들어 이루어진 인지과학의 새로운 발견에 근거한
　　철학적 반성 때문이다.

죽음과 함께 몸은 더 이상 생명의 길을 따르지 않으며, 단순한 물리적 대상으로서 소멸해 간다. 생명적 변화는 삶의 징표이며, 역사에의 참여다. 더 이상 변화하지 않으며, 더 이상 새로운 역사에 개입하지 않으면 삶의 본래적 의미는 대부분 상실된다. '무의미'라는 질병은 그래서 생긴다. 우리 자신이 그 무의미를 스스로 견디지 못하며, 사람들은 종종 이 무의미 때문에 스스로 목숨을 끊기도 한다. 이런 의미에서 변화와 역사는 유기체적 생명의 핵심적 징표라고 할 수 있다.

몸의 역사는 우리를 이끌어 가지만 우리는 그 역사를 알지 못한다. 그렇지만 몸의 역사성은 저항을 통해 그 엄연한 존재를 알린다. 몸의 역사를 알 수 없다는 것은 우리가 자신에 대해 완결된 지식이나 이해에 이를 수 없다는 것을 함축한다. (타인이 내 몸의 역사를 알 수 없다는 것은 더더욱 분명한 사실이다.) 몸의 무의식적 역사성을 인정한다면 적어도 자아에 대한 '확실한 인식'이라는 철학적 가정은 경험적으로 그릇된 것이다. 반성적으로 되돌아본다면 확실성을 앞세웠던 수많은 철학자들의 굳은 약속은 사실상 '철학적 위안'에 불과했다. 역설적이게도 그 위안은 위안으로 그치지 않고 오히려 또 다른 지적 '불안'(anxiety)을 불러왔다.[20] 반성적으로 되돌아보면 그것은 처음부터 불필요한 불안에 대한 불필요한 위안이었다.

보이지 않는 '몸의 역사'는 자아를 적극적으로 규정하려는 과거의 이론들이 모두 강렬하지만 허술한 열망들로 채워져 있다는 것을 알려

---

20 번스타인(R. Bernstein)은 '확실성의 탐구'로 특징지어지는 근세 인식론이 불러온 불안을 '데카르트적 불안'(Cartesian anxiety)이라고 부른다. 확실성이라는 과도한 척도가 제시됨으로써 그것에 도달할 수 없는 불안을 낳게 되었다는 것이다. 리처드 번스타인, 『객관주의와 상대주의를 넘어서』, 정창호 외 역 (서울: 보광재, 1996), pp. 39-46 참조.

준다. 그러나 역설적이게도 몸의 역사성은 동시에 부정할 수 없는 자아의 존재를 입증한다. 말하자면 우리가 현실적으로 받아들이는 일상적인 나는 숨겨진 몸의 역사와 지속적으로 대화할 수 있는 유일한 주인이며, 동시에 그 대화의 산물이다. 자아에 대한 인식의 불투명성 속에서도 여전히 내가 '몸의 역사' 의 주인이라는 사실을 부인할 수 없기 때문이다. 이러한 불투명성 속에서 행위하고 사고하는 대신에 그모든 것을 알 수 있다고 말하거나 믿는 순간, 우리는 깊고 완고한 철학적 혼동에 빠져든다.

자아의 불투명성은 극복되어야 할 조건이 아니라 우리가 공존해야할 조건이다. 우리에게 필요한 것은 불투명성에 대한 거부가 아니라그 불투명성에 대한 반성적 이해일 것이다. 오늘날 급속히 성장하는인지과학적 발견들은 그러한 반성의 결정적 계기를 제공해 준다. 사실상 경험적 지식과의 대화를 통해 이르게 된 새로운 철학적 반성은철학사를 통해 완전히 새롭지만은 않다. 그 길은 오래 전에 소크라테스의 입을 통해, 붓다의 입을 통해 우리에게 이미 알려졌던 길이다.만약 이들의 통찰이 옳은 것이었다면, 그것은 이후의 기나긴 철학적사유의 역사가 그 통찰을 가려 온 역사라는 것을 의미한다. 만약 오늘날 우리가 그들보다 좀 더 나은 위치에 있다면, 그것은 우리에게 몸의침묵에 대한 탐색의 실마리를 찾는 데 인지과학이라는 새로운 통로가주어져 있다는 사실 때문일 것이다.

제6장

언어와 경험

1. 머리말

20세기 초반의 지적 논의를 주도했던 '언어적 전환'(Linguistic Turn)
에 대한 지속적인 비판은 적어도 그것이 가정했던 언어와 세계(또는
경험)의 '대응' 구도가 근거 없는 이론적 요청이라는 점을 드러내는
데 성공한 것으로 보인다. 그러나 대응 구도의 거부가 그 자체로 새
로운 의미 이론을 구성하지는 않는다. 의미는 분석철학자들이 설정
했던 언어라는 고립적 영역 안에서 이루어지지 않는다는 것이 분명
해졌으며, 이 때문에 의미에 대한 해명은 이제 훨씬 더 정교하고 복
잡한 국면으로 접어들게 되었다. 이러한 상황에서 '화용론적 전환'으
로 불리는 새로운 흐름이 공통적으로 제안하는 것은 의미가 단순히
언어의 문제가 아니라 전반적인 경험의 한 국면으로 다루어져야 한
다는 것이다.

　기호화의 본성에 관한 체험주의적(experientialist) 해명에 따르면
언어는 기표의 체계이며, 따라서 '기호적 사상'(symbolic mapping)

을 통해 그 의미가 주어진다.[1] 이러한 해명에 따르면 20세기 초반의
경험주의자들이 가정했던 것처럼 언어-세계 '대응'에 근거한 '문자
적 의미'(literal meaning)는 원천적으로 존재하지 않는다. 모든 언어
적 의미는 기호적으로 주어지기 때문이다. 그것은 두 가지 근거에서
문자적일 수 없다. 먼저, 언어적 의미는 우리의 경험내용을 특정한 기
표에 기호적으로 사상함으로써 주어지는데, 그 기호적 사상은 본성
상 기표로서의 언어와 경험 사이의 '괴리'를 전제한다. 즉 기호적 사
상은 처음부터 일대일 사상일 수 없다. 둘째, 더 근원적으로 기표에
사상되는 것으로서 경험내용 자체가 본성상 파편적이다. 이것은 언
어가 경험과의 일대일 대응에 의해 의미를 갖는다는 경험주의 의미
이론의 기본적 가정에 대한 근원적 거부를 의미한다. 우리의 실제적
인 경험내용은 객관주의자가 가정했던 것만큼 객관적이지 않으며, 따
라서 기표에 사상되는 경험내용, 즉 언어적 의미 또한 그만큼 객관적
이지 않다.

　이 글에서는 기호로서의 언어의 본성에 대한 체험주의적 해석을 통
해 언어와 경험 사이에 본성상 존재하는 괴리를 드러내고, 그 괴리가
거부하거나 극복해야 할 장애나 실패가 아니라 언어적 의미 산출의

1　체험주의는 레이코프(G. Lakoff)와 존슨(M. Johnson)이 주도하는 새로운 철학적
　흐름이다. 체험주의는 최근 인지과학이 제공하는 경험적 탐구의 성과에 주로 의존
　함으로써 신체화된 경험(embodied experience)의 본성과 구조에 대한 포괄적 해
　명을 시도한다. 여기에서 필자가 제시하는 '기호적 사상'은 레이코프와 존슨이 새
　롭게 제안하는 '개념적 은유 이론'의 핵심 개념인 '은유적 사상'(metaphorical
　mapping)에서 온 것이다. 필자는 이 개념이 기호적 구조를 해명하는 핵심적 기제
　라고 보았으며, 그것을 '기호적 사상'이라고 부를 것이다. 기호적 경험의 구성에
　서 은유적 사상의 구체적 작용 방식에 대해서는 노양진, 「기호적 경험의 체험주의
　적 해명」, 『몸·언어·철학』(파주: 서광사, 2009), 특히 pp. 165-68 참조.

근원적 조건이라는 점을 밝힐 것이다. 이러한 주장은 의미의 '객관성'이라는 언어철학적 가정이 근원적으로 부적절한 철학적 열망의 산물이라는 것을 함축한다. 대신에 필자는 우리 삶의 실질적 내용을 구성하는 언어적 의미가 언어와 경험 사이의 괴리를 극복함으로써 주어지는 것이 아니라 이 괴리 안에서의 다양한 '거리'에 의해 주어진다고 제안할 것이다.

이러한 의미 탐구는 객관주의적 가정 자체에 대한 거부를 함축하며, 나아가 의미에 관한 확정적 탐구의 불가능성을 함축한다. 그러나 그것이 의미 탐구 자체의 불가능성을 의미하지는 않는다. 대신에 그것은 의미 탐구가 무한하게 열려 있는 경험 구조에 대한 해명의 일부로서 이루어져야 한다는 것을 의미한다. 이러한 탐구는 단일한 방법을 통해 하나의 '완결된 이론'을 향하는 대신 다양한 경험적 탐구를 통해 수행되어야 할 '열린 탐구'를 지향한다. 언어적 의미의 산출에 대한 이러한 기호적 해명은 언어에 대한 해명을 넘어서 인간의 전반적인 경험 구조에 대한 새로운 해명을 향한 예비적인 작업이 될 것이다.

2. 기호와 언어

'경험'이라는 말은 근세의 경험주의자들에 의해 특수한 철학적 의미를 지니게 되었다. 이들은 '경험'이라는 말을 '지각에 직접 주어진 것'이라는 매우 특수한 의미로 사용했으며, 그것을 인식의 궁극적 토대로 제시하려고 했다. 흄(D. Hume)은 그 토대를 '인상'(impression)이라고 불렀다. 결과적으로 흄에게는 관념들의 관계에 관한 것이거나 인상의 존재를 확인할 수 있는 사실의 문제가 아닌 모든 언

명은 근거가 불분명한 '궤변' 또는 '환상'이다.[2] 이러한 경험주의적
정신은 20세기 초반의 지적 흐름을 주도했던 분석철학자들에게 전
승되었는데, 이들은 경험적 지각에 주어지는 세계의 사태를 언어적
의미의 궁극적 토대로 가정했다. 즉 한 문장은 그것에 대응하는 경
험적 사태에 의해 참 또는 거짓으로 결정되며, 그 경험적 사태가 바
로 그 문장의 의미다. 퍼트남(H. Putnam)은 이 구분을 이렇게 요약
한다.

　논리실증주의자들은 모든 추정된 판단에 대해 삼분법적 구분을 도입
했다. 이 분류에 따르면 판단은 먼저 '종합적' 판단(논리실증주의자들에
따르면 경험적으로 검증 가능하거나 반증 가능한), '분석적' 판단(논리
실증주의자들에 따르면 논리적 규칙에만 근거해서 참 또는 거짓인), 그
리고 잘 알려진 것처럼 윤리적, 형이상학적, 미학적 판단을 포함한 '인지
적으로 무의미한'(cognitively meaningless) 판단(비록 위장된 명령으로
서 실제적인 기능을 가지거나 서로의 태도에 영향을 미칠 수도 있지만)
으로 구분된다.[3]

그러나 이러한 경험주의적 의미 이론은 경험에 의해 확정될 수 없
는 의미의 여백이 존재한다는 지속적인 논의들에 의해 대부분 무너지
고 말았다. 예를 들면 콰인(W. V. O. Quine)의 '전체론'(holism)은
한 문장의 의미가 개별적으로가 아니라 "총체적 전체로서만 감각 경

2　David Hume, *Enquiries Concerning Human Understanding*, ed. L. A. Selby-
　Bigge, 3rd ed. (Oxford: Clarendon Press, 1975), sec. xii, part iii.
3　힐러리 퍼트남, 『사실과 가치의 이분법을 넘어서』, 노양진 역 (파주: 서광사,
　2010), p. 31.

험의 법정에 선다"[4]고 주장한다. 나아가 '번역의 비결정성 이론'은 경험에 의해 완전하게 결정되지 않는 의미의 구조가 존재한다고 주장함으로써 경험주의적 의미 이론의 기본적 구조에 결정적인 의문을 제기했다.[5] 언어와 경험의 일대일 대응 구도가 포기되면서 우리는 언어뿐만 아니라 경험의 본성과 구조에 대한 전적으로 새로운 해명이라는 새로운 숙제에 직면하게 된다.

경험주의의 곤경은 언어의 본성에 대한 새로운 해명을 요구한다. 그것은 단순히 경험주의적 언어관의 난점을 극복하는 데 그치지 않고 언어 자체의 본성에 대한 새로운 해명을 요구한다. 필자는 신체화된 경험(embodied experience)의 구조에 대한 '체험주의'의 해명이 경험주의적 언어 개념, 특히 경험과 언어의 대응이라는 개념을 넘어서기 위한 중요한 실마리를 제시하고 있다고 보았다. 체험주의는 최근 급속히 성장하는 경험적 지식, 특히 인지과학적 탐구를 통해 제시되는 경험적 증거들에 의존함으로써 경험의 본성과 구조에 대한 매우 새로운 해명을 시도한다. 체험주의는 '경험'을 "우리를 인간 …… 으로 만들어 주는 모든 것"[6]이라는 넓은 의미에서 사용하며, 따라서 그것은 신체적 지각에 직접 주어진 것은 물론 그것으로부터 확장된 추상적인 영역의 모든 것을 포함한다.

이처럼 넓은 경험 개념은 단지 그 포괄성 때문이 아니라 과거의 이론들이 설정했던 부적절한 구분들을 교정할 수 있는 결정적인 계기를

4 W. V. O. 콰인, 『논리적 관점에서』, 허라금 역 (서울: 서광사, 1993), pp. 59-60.
5 W. V. O. Quine, *Word and Object* (Cambridge, Mass.: MIT Press, 1960), 특히 2장 참조.
6 마크 존슨, 『마음 속의 몸: 의미, 상상력, 이성의 신체적 근거』, 노양진 역 (서울: 철학과현실사, 2000), p. 32.

제공해 준다는 점에서 중요하다. 체험주의는 경험 개념의 확장에 그
치지 않고, 인지과학의 새로운 경험적 증거들에 의존함으로써 신체화
된 경험의 본성과 구조에 대한 새로운 해명으로 나아간다. 존슨(M.
Johnson)의 독창적인 '상상력'(imagination) 이론은 이러한 해명의
한 형태다. 존슨의 상상력 이론은 '영상도식'(image schema)과 '은
유적 사상'(metaphorical mapping)이라는 두 축을 중심으로 구성된
다. 신체적 층위의 경험에서 직접적으로 발생하는 소수의 영상도식들
이 존재하며, 그것은 점차 구체적인 대상들—물리적이든 추상적이든
—에 은유적으로 사상됨으로써 인지의 확장에 핵심적인 작용을 한다
는 것이다. 요약하면 정신적·추상적 층위의 경험은 신체적·물리적 층
위의 경험에 근거하고 있으며, 동시에 신체적·물리적 층위의 경험에
의해 제약된다. 이런 의미에서 우리의 전 경험은 '신체화되어'(em-
bodied) 있다.[7]

필자는 이 '은유적 사상'이라는 기제를 확장함으로써 기호적 경험
의 본성을 더 적절하게 해명할 수 있다고 보았으며, 그것을 '기호적
사상'(symbolic mapping)이라고 부를 것이다.[8] 즉 어떤 기표는 기호

---

7 같은 책, 특히 3–5장 참조.
8 레이코프와 존슨은 1981년『삶으로서의 은유』(Metaphors We Live By)의 초판 발
   간 이래로 최근까지 은유적 사상의 구조를 설명하기 위해 '은유적 투사'(meta-
   phorical projection)라는 개념을 사용했다. 그러나 이들은 스스로 '투사'라는 개
   념의 도식적 제한성이 사상의 구조를 해명하는 데 부적절한 은유라는 점 때문에
   '투사'라는 용어를 포기한다. 그러나 그것이 은유적 사상이라는 기본적 구도를 포
   기했다는 것을 의미하지는 않는다. G. 레이코프·M. 존슨,『삶으로서의 은유』, 수
   정판, 노양진·나익주 역 (서울: 박이정, 2006), 특히 pp. 388–90 참조. 한편 기호
   적 사상은 경험내용을 기표에 일방적으로 사상하는 것만은 아니다. 사상된 경험내
   용은 기표에 대해 주어진 경험내용과 복합적인 '혼성'(blending)을 이루는 것으
   로 보인다. 그렇지만 이 혼성은 이 글에서 다루려고 하는 '기호적 사상'이라는 기

사용자의 경험내용이 그 기표에 사상됨으로써 의미를 얻게 된다. 이러한 체험주의적 시각에 따르면 언어화 과정은 본성상 '은유적'이다. 소리나 문자로 된 언어 체계는 그 자체로 기표의 체계이며, 따라서 언어적 조작은 기호적 조작이다. 즉 우리는 '언어'라는 이름의 기표들을 통해 기호적 의미를 다양한 목적으로 사용한다. 하나의 기표로서의 소리나 문자를 그 기표 외에 다른 것의 관점에서 이해하거나 경험하는 것은 우리에게 앞서 주어진 경험내용을 그 기표에 은유적으로 사상한다는 것을 의미한다.[9]

　예를 들면, [나무]라는 기표는 그 자체로 의미를 갖지 않는 물리적 표지(token)다. 그것이 자의적이라고 말하는 것은 [나무]라는 기표가 규약의 산물이라는 것을 의미한다. 즉 [나무]라는 기표는 [무나] 또는 다른 어떤 것으로 정해질 수도 있었다. 기호로서의 언어를 사용한다는 것은 우리가 나무에 대해서 갖고 있는 다양한 경험내용을 [나무]라는 기표에 사상한다는 것을 말한다. 그렇게 함으로써 우리는 [나무]라는 자의적 기표를 '우리가 사상한 나무 경험'의 '관점에서'(in terms of) 이해하고 경험한다. 이때 사상되는 경험내용, 즉 나무와 관련된 경험은 언어와 문화에 따라, 때로는 개개인에 따라 다를 수 있다. 이 때문에 의미는 확정적이지 않다.

본 구도에 반하는 것이 아니라 사상의 구체적 작용에 대한 진전된 해명으로 받아들일 수 있다. 개념 혼성에 관한 상세한 논의는 질 포코니에·마크 터너, 『우리는 어떻게 생각하는가?: 개념적 혼성과 상상력의 수수께끼』, 김동환·최영호 역 (고양: 지호, 2009) 참조.

9　노양진, 『몸·언어·철학』, 특히 pp. 159-68 참조.

3. 의미의 파편성

기호적 사상이 기호적 의미 형성의 핵심적 기제라는 생각을 받아들인
다는 것은 경험내용이 의미의 원천이라는 생각을 받아들인다는 것을
의미한다. 그러나 체험주의적 해명에 따르면 기호적 사상은 본성상
'부분적'일 수밖에 없다. 기호적 사상이란 특정한 경험내용을 특정한
기표에 사상하는 것을 의미한다. 이때 모든 경험내용이 한꺼번에 사상
될 수는 없다. 예를 들어 [고양이]라는 기표에 고양이에 대한 경험이
사상되지만 고양이에 대한 모든 경험이 동시에 사상될 수는 없다. 만
약 [고양이]라는 기표에 고양이에 대한 모든 경험이 사상될 수 있다면
[고양이]는 더 이상 기표가 아니라 고양이 자체일 것이다. 우리는 [고
양이]라는 문자나 고양이 그림을 고양이의 기표로 사용하지만 고양이
자체를 고양이의 기표로 사용하지 않는다. 그 기표에는 더 이상 새롭
게 사상해야 할 내용이 없기 때문이다. 거기에 더 이상 기호화는 없다.
    더 원천적으로 의미의 파편성은 기호적 사상의 내용이 되는 경험
자체의 특성에서 비롯된다. 여기에서는 의미의 파편성을 불러오는 경
험의 특성을 가르기, 경험의 파편성, 그리고 언어의 분절성이라는 세
가지 측면에서 살펴볼 것이다. 이 세 국면이 의미의 파편성과 관련된
모든 특성은 아니지만, 적어도 의미의 객관성이라는 가정을 반박하기
에 충분한 반증이 될 것이다.

1) 가르기와 언어
    '가르기'는 우리 경험의 모든 층위에서 작동하는 기본적 기제다.[10]

---

10   가르기에 관한 좀 더 상세한 설명은 노양진, 「가르기와 경험의 구조」, 『몸·언

가르기는 구체적인 대상의 식별은 물론 수많은 대상들을 특정한 종류의 대상으로 구획하는 범주화에 이르기까지 모든 경험에 편재적으로 작동한다. 가르기는 물리적이든 추상적이든 대상(들)의 경계선을 결정하는 문제다. 나아가 가르기는 추상적인 개념들을 사용하는 이론적 층위에서도 여전히 중심적 기제로 작용한다. 새로운 이론은 새로운 가르기를 의미한다.

이러한 가르기는 우리 삶에서 언어나 행위를 통해 표현된다. 언어적 가르기의 기본적 방식으로 후각에 관한 어휘를 생각해 보자. 이 세계에는 수만 종의 생명체가 살아간다. 그것들이 활동하거나 부패하면서 생기는 냄새는 모두 미묘한 방식으로 다를 수밖에 없다. 더욱이 그 많은 종들이 시간과 공간을 가르면서 복합적으로 부패하는 상황을 상상해 본다면 냄새의 종류는 거의 무한에 가깝다. 그럼에도 우리가 후각과 관련해서 실제로 사용할 수 있는 어휘는 극도로 제한되어 있다. 이러한 제한적 상황이 후각뿐만 아니라 청각, 미각, 또는 시각에도 다르지 않다는 것은 두말할 나위도 없다.

우리는 실제로 경탄할 만큼 많은 어휘를 갖고 있으며, 원리적으로 그것들의 조합을 통해 거의 무한에 가까운 어휘를 산출할 수 있다. 그렇다 하더라도 경험의 다변적 구조에 비추어 본다면 우리의 실제적 어휘는 매우 제한적이다. 언어와 경험의 이러한 괴리 때문에 언어화라는 과정은 불가피하게 '생략'을 포함한다. 이러한 본성을 간과하고 언어를 통해 드러난 것이 세계의 본 모습이라고 가정하는 것은 필연적으로 왜곡을 낳는다. 그것은 언어의 결함에서 비롯되는 것이 아니라 언어의 본성에 대한 우리의 그릇된 인식에서 비롯된다.

어·철학』 참조.

더욱이 언어적 가르기는 시대와 문화에 따라 매우 다양한 방식으로
이루어진다. 에스키모의 유픽(Yupik)어에는 '눈'을 가리키는 최소한
24개의 어휘가 있는 것으로 알려져 있다. 다른 언어에서 찾아보기 힘
든 이러한 섬세한 가르기는 유픽어 사용자들의 자연적·사회적 조건
에서 비롯된 것으로 보인다. 뿐만 아니라 동일한 언어 공동체 안에서
도 실제 사용되는 가르기는 많은 차이를 드러낸다. 그렇지만 다양한
언어들 사이에서 드러나는 특정한 어휘의 분화나 미분화는 그 언어
자체의 우열을 보여 주는 증거는 아니다. 심지어 한 언어 공동체 안에
서도 대부분의 사람들은 전문적인 영역의 가르기를 사용하지 않는다.
일상인은 분류학자가 사용하는 섬세한 구분에 대해 알지 못하며, 또
알아야 할 이유도 없다.

우리가 현재와 같은 시간과 공간 개념을 갖고 있는 한 시간과 공간
의 동시적 중첩은 없다. 바꾸어 말하면 우리의 전 경험은 단선적이며
일회적이다. 그래서 우리는 어떤 경험도 타인과 직접적으로 공유할 수
없다. 간접적인 방식이지만 경험이 공유되기 위해서는 그 경험에 대한
모종의 조작이 이루어져야 하는데, 경험을 특정한 구조나 단위로 분절
화하고 패턴화하는 것이 그것이다. 그리고 그 조작된 경험에 언어적
이름을 부여함으로써 그 이름을 통해 나의 경험을 타인에게 전달할 수
있다. 그렇다 하더라도 그것이 정확히 공유되는지를 확증할 수 있는
방식은 없다. 비트겐슈타인(L. Wittgenstein)은 우리 경험의 이러한
난감한 국면을 극적으로 드러낸다. 나는 다른 사람의 '치통'이 나의
'치통'과 동일한지를 확인할 방법이 없다. 심지어 내가 지금 겪고 있는
'치통'이 지난주 나의 '치통'과 동일한지를 확인할 방법이 없다.[11]

---

11   루트비히 비트겐슈타인,『철학적 탐구』, 이영철 역 (서울: 책세상, 2006), 293절

그렇다면 우리는 도대체 무엇을 어떻게 '같은 것'이라고 말하고 또 이해하는 것일까? 이 물음에 대한 답은 가르기의 한 유형인 '범주화'(categorization)다. 우리가 사용하는 모든 일반명사들, 예를 들면, '사자' '강' '나무' 등은 각각 무수히 많은 사자들, 강들, 나무들을 가리킨다. 즉 그것들은 수많은 사물들을 한 개념에 묶고 있는데, 그것을 '범주화'라고 부른다. 말하자면 한 범주의 구성원이 되는 방식이 바로 우리가 어떤 것들을 '같은 것'으로 보는 일상적인 방식이다. 내가 직접 경험할 수 없는 타인의 고통에 대해 같은 것이라고 간주할 수 있는 유일한 근거는 그가 나와 유사한 상황, 예를 들면 책상 모서리에 부딪혔을 때 유사한 행동 또는 표현을 한다는 점이다. 그 행동이나 표현에 대한 기호적 해석을 통해 그가 나와 유사한 고통을 갖고 있다는 사실을 알 수 있다. 그러한 해석은 그가 나와 유사한 신체적 조건을 갖고 있다는 사실을 받아들임으로써만 가능하다.

가르기를 통해 '같은 것'과 '다른 것'이 규정된다. 하늘을 날아오르는 수천 마리의 가창오리가 같은가, 다른가를 묻는 것은 그 자체로 답해질 수 없는 물음이다. 우리가 어떤 상황과 맥락에 처해 있는가에 따라 그 답은 '예'일 수도, '아니오'일 수도 있기 때문이다. 오리들은 같기 위해서 존재하는 것도 아니며, 다르기 위해서 존재하는 것도 아니다. 대신에 우리는 우리의 의도와 욕구에 따라 그 오리들을 '같은 것'으로 경험하거나 '다른 것'으로 경험한다. 이러한 의미에서 '차이'와 '유사성'은 세계의 사태를 가리키는 이름이 아니라 우리가 이 세계를 경험하는 방식을 가리키는 이름이다.[12]

참조.

12   노양진, 「의미와 의미지반」, 『몸·언어·철학』, 특히 p. 154 참조.

언어적으로 재구성된 세계에는 '동일한' 대상들이 존재한다. 그러나 이러한 가르기를 사용하는 언어적 구성이 결코 경험의 흐름을 있는 그대로 반영하지는 않는다. 언어는 처음부터 경험과의 '괴리'를 통해서만 가능하기 때문이다. 범주화는 가르기가 이루어지는 개별적 대상들에 대해 가능하다. 각각의 오리들을 개별적 대상으로 간주하지 않는다면 범주화는 아무런 의미가 없다. 범주화는 이처럼 구분될 수 있는 오리들을 '유사한' 대상으로 간주하는 것이기 때문이다. 이러한 측면에서 언어화는 본성상 경험과의 괴리를 함축한다. 언어의 이러한 결함에도 불구하고 언어는 여전히 거부할 수 없는 경험의 방식이라는 것이 우리의 근원적 딜레마다.

2) 경험의 파편성

모든 경험은 시간과 공간 안에서 이루어지며, 그것은 불가피하게 경험의 '파편성'을 낳는다. 사물에 대한 것이든 자신에 대한 것이든 완전한 것 또는 전체에 대한 경험은 가능하지 않다. 우리의 모든 지각은 시간과 공간의 교차 속에서 이루어지기 때문에 동일한 사람에게조차도 동일한 지각은 없다. 메를로 퐁티(M. Merleau-Ponty)는 '살아진 세계'(lived world)의 이러한 본성을 '애매성'으로 특징지었다.

[애매성]은 인간 존재에 본질적이다. 우리가 체험하거나 사고하는 모든 것은 언제나 여러 의미를 가진다.[13]

---

13 모리스 메를로 퐁티, 『지각의 현상학』, 류의근 역 (서울: 문학과지성사, 2002), p. 266.

이러한 애매성은 의식 또는 실존의 불완전성이 아니고, 그것에 대한 정의다.[14]

지각의 '파편성'은 세계의 애매성을 설명하는 데 핵심적인 단서가 된다. 즉 우리의 시각은 비록 지평(horizon)에 의해 다른 모든 것들에 지향된다고 하더라도 항상 대상의 한 단면만을 볼 수 있다는 것이다.[15] 이것은 시각에 국한되는 특성이 아니라 다른 모든 지각에서도 마찬가지다. 우리가 동일한 시간과 공간을 공유할 수 없다는 것은 우리 경험이 본성적으로 파편적일 수밖에 없다는 것을 의미한다. 즉 모든 경험은 항상 제한된 시간과 공간 안에서 이루어진다. 몸이 그 제한을 불러오는 일차적 조건이다. 나는 내 손을 전체적으로 경험할 방법이 없다. 앞을 보면 뒤가 보이지 않고, 뒤를 보면 앞이 보이지 않는다.

대신에 경험주의는 확정적 경험이 공유 가능하다고 가정했다. 우리의 지각에 직접 주어지는 것은 확정적인 의미를 가지며, 그것이 우리가 공유하는 객관적 의미의 근거가 된다고 가정했다. 20세기 논리실증주의가 확신했던 '감각 자료'(sense-data)가 바로 지각에 직접 주어지는 것이다. 콰인은 논리실증주의의 경험주의적 가정을 이렇게 반박한다.

우리 누구도 다른 사람과 동일하게 외부 대상을 경험할 수 없다. 우리는 서로 다른 위치에 있으며, 위치를 바꾸는 동안에 대상들은 변하기 때

---

14   같은 책, p. 498.
15   같은 책, p. 127 참조. 류의근은 이 구절을 "대상의 일면만을 정립하는 것은 아니다"라고 잘못 옮기고 있다.

문이다.[16]

경험의 파편성은 경험주의가 가정했던 동일한 경험이 이론적 가상
이라는 것을 말해 준다. 한 대상에 대한 전체적 경험은 불가능하다.
우리에게 한 대상 전체에 대한 상이 있다면 그것은 지각에 근거하고
있는 것이 아니라 그 지각에 주어진 파편들을 통합하는 모종의 인지
능력에 근거한 것이다. 그것은 경험주의자의 구분에 따르면 통제되지
않는 능력이라는 의미에서 '상상력'이라고 불릴 수밖에 없을 것이다.
상상력에는 경험주의자들이 신봉하는 알고리즘은 없으며, 따라서 그
것은 경험주의자들이 결코 객관적이라고 받아들이지 않을 인지적 작
용이다.

단일한 대상을 가리키는 단어가 있다 하더라도 그것은 대상 전체를
가리키지 않는다. 따라서 단어와 대상의 일대일 대응의 가능성은 지
각의 조건에서부터 거부된다. 경험은 특정한 조건 때문이 아니라 본
래적으로 파편적이며, 따라서 그 파편적인 경험들을 수렴할 수 있는
하나의 경험은 없다. 언어가 그 자체로 존재한다는 형이상학적 가정
에 의존하지 않는다면, 이러한 상황이 언어적 표현을 통해 완화되거
나 교정될 수 있다는 생각은 더더욱 근거가 없는 것이다.

3) 경험의 연속성과 언어적 분절

듀이(J. Dewey)는 경험의 본성으로 '연속성'(continuity)을 들고
있다. 연속성은 우리 경험에 어떤 단절(breach)도 없다는 것을 말한

---

16 Quine, *The Ways of Paradox and Other Essays*, revised ed. (Cambridge,
Mass.: Harvard University Press, 1976), p. 226.

다. 그것은 마치 하나의 도토리가 자라 떡갈나무가 되어 가는 과정에서 어떤 단절도 없는 것과 같다.[17] 유기체에게 삶의 과정의 단절은 죽음을 의미한다. 나아가 이 세계 또한 다르지 않다. 적어도 시간과 공간 안에는 어떤 단절도 없다. 동시에 우리는 일상적 삶을 통해 무한히 다양한 불연속성(discontinuity)을 지속적으로 경험한다. 예를 들면, 산, 강, 숲, 바위, 수달, 물고기 등을 개별적 대상으로 가르는 것은 그것들 사이를 불연속적으로 경험한다는 것을 말한다. 우리에게 언어화되는 것은 바로 이 불연속성이지만, 그것이 세계 자체의 모습은 아니다.

한편, 경험은 언어화되면서 분절된다. 언어는 기표들의 체계이며, 기표들은 본성상 분절적이다. 서로 다른 기표들은 바로 이 분절적 차이를 통해서 구별될 수 있다. 그러나 기표들이 담으려고 하는 경험적 내용은 본성상 결코 분절적이지 않다. 경험이 언어화되는 순간 경험의 연속성은 기표적 분절에 의해 사라진다. 이러한 간극은 언어화에 있어서 기술적인 문제가 아니라 본성적인 문제다. 연속적인 경험은 언어화를 통해 다양한 크기로 분할된다. 예를 들면, 손톱, 손가락, 손등, 팔목 사이에는 아무런 단절도 없다. 그러나 그것을 가리키는 기표들인 [손톱] [손가락] [손등] [팔목] 사이에는 선명한 구획이 이루어진다. 마찬가지로 이 세계에는 어떤 시공간적 단절도 없다. 기표들의

---

17 듀이는 경험의 본성을 '연속성'(continuity)으로 특징짓는다. 연속성 개념은 그 자체로 매우 불투명하게 제시되고 있지만 그 핵심은 하위적인 것과 상위적인 것 사이에 '단절'(breach)이 없다는 것이다. 이러한 연속성의 원리는 듀이의 전 철학을 특징짓는 핵심적 개념이다. John Dewey, *Logic: The Theory of Inquiry: The Later Works 1925-1953*, Vol. 12, ed. Jo Ann Boydston (Carbondale, Ill.: Southern Illinois University Press, 1986), pp. 26, 30 참조

체계로서의 언어는 처음부터 경험과의 괴리를 드러낼 수밖에 없다.

동료가 "출근하는 길에 커피 한 잔 마셨다"라고 말하면 우리는 그것을 이해하는 데 큰 어려움을 겪지 않는다. 그러나 그 기술은 사실상 너무나 많은 기술들을 함축하고 있다. 그는 단지 커피만을 마신 것이 아니라 커피를 주문하고, 커피를 받고, 설탕을 타고, 스푼으로 젓고, 스푼을 접시에 놓고, 잔을 들고, 한 모금 마시고, 잔을 다시 접시에 놓고, 다시 잔을 들고, 한 모금 마시고, 다시 놓고, 등등 헤아릴 수 없는 세부적 경험들로 기술될 수 있는 행위를 한다. 그 일련의 행위가 연속적으로, 즉 아무런 단절도 없이 이루어졌다는 것은 두말할 나위도 없다. 그러나 우리에게는 그것을 모두 직접 기술하는 언어가 없다. 언어적 가르기가 본성상 '분절적' 가르기라는 것을 알 수 있다. 언어의 이러한 분절적 본성은 필연적으로 언어와 경험 사이의 괴리를 불러온다.

4. 경험으로서의 언어: 괴리와 거리

언어는 기호의 체계다. 기호적 사상이 본성적으로 부분적이라는 사실 때문에 기표에 대한 확정적 의미는 존재하지 않는다. 개개인의 경험의 방식과 내용은 모두 파편적이며, 심지어 그것들이 정확히 공유되는지에 관해서도 확신할 수 없다. 동일한 경험이라는 개념은 경험주의의 독단에 근거한 이론적 가상일 뿐이다. 시간과 공간 안에 동일한 경험은 없다. 형이상학적 실재론자들은 고정된 사물이 우리 밖에 존재한다는 가정을 토대로 세계에 대한 단일한 옳은 믿음이 가능하다고 주장했다. 경험주의적 신념은 우리가 유사한 유기체적 존재이며, 따라서 동일한 경험적 내용을 갖게 될 것이라고 가정했다.

경험주의의 기본적 동기는 인식에 있어서 확실성의 토대를 발견하
려는 것이었다. 경험주의와 대비되는 합리주의 또한 그 동기에 있어서
는 다를 바 없다. 우리는 이러한 시각을 한데 묶어 '토대주의'(foun-
dationalism)라고 부른다. 문자적 의미 가설은 이러한 토대주의적 시
각, 특히 경험주의적 정신을 이어받은 금세기 초 언어철학의 이론적
산물이다. 경험주의는 한 문장의 의미가 그것에 '대응'하는 세계의
사태에 의해 완전히 결정된다고 가정하며, 그렇게 결정된 의미를 '문
자적 의미'라고 부른다.

대응 개념에 대한 지속적인 비판 속에서도 대응 개념에 대한 완고
한 믿음을 철회하지 않는 대표적인 철학자의 하나로 설(J. Searle)을
들 수 있다. 설은 실재론과 함께 대응설을 '분별 있는 철학'(sane phi-
losophy)의 전제조건이라고 믿는다.[18] 설이 고전적인 문장/사실 대응
개념을 지지하는 것은 물론 아니다. 설은 고전적인 대응 개념이 그릇
된 그림을 제시하고 있다고 보며, 그 전형을 비트겐슈타인의 『논리-
철학 논고』에서 찾고 있다. 그러나 설은 고전적인 대응 개념은 아니라
하더라도 대응 개념 자체가 여전히 포기될 수 없는 믿음이라고 주장
한다. 이 때문에 설은 특정한 대응 이론을 옹호하는 대신에 대응설에
대한 다양한 비판들이 "대응설이 제거되어야 하는 이유를 제시하지
못했다"[19]는 점을 들어 대응 개념을 유지하려고 한다. 설이 대응 개념
을 유지하려는 핵심적 이유는 그것이 여전히 '진리' 개념과 함께 우
리의 상식적 이해와 언어에 유용한 단어라는 점 때문이다. 이러한 관
점에서 설은 대응설에 제기된 가장 강력한 비판의 하나로 알려진 데

---

18 John Searle, *The Construction of Social Reality* (New York: Free Press,
     1995), p. viii 참조.
19 같은 책, p. 204.

이빗슨(D. Davidson)의 '새총 논변'(slingshot argument)을 검토하며, 그것이 대응설에 대한 결정적인 논변이 될 수 없다고 결론짓는다.[20]

그러나 이것은 대응설에 대한 새로운 해명은 아니며, 설의 이 주장이 설혹 옳다 하더라도 이 때문에 대응설이 옳은 것으로 판정되는 것 또한 아니다. 설의 주장을 근거로 우리가 말할 수 있는 것은 대응설의 실체가 선명하게 드러나지 않았다는 것이며, 동시에 이 때문에 대응설에 대한 확정적 반박도 제시되지 않는다는 것뿐이다. 오히려 우리는 자신의 전기 이론이 '선험적 요청'의 산물이었다는 비트겐슈타인의 자기비판에 주목함으로써 대응설의 근원적 구도를 넘어설 수 있을 것이다.[21]

대응설에 대한 비판의 초점은 대응 개념이 언어의 본성을 규정한다는 초기 분석철학의 가정 때문이다. 설의 방식으로 대응 개념의 일상적 유의미성과 직관적 유용성을 옹호하는 것은 사실상 대응 개념의 핵심적 쟁점을 벗어나 있다. 아마도 설이 제안하는 대응 개념의 상식적인 '사용' 자체에 대해 반대하는 철학자는 드물 것이다. 필자의 관심사 또한 하나의 언어 사용 방식으로서 대응이라는 개념의 일상적 유용성을 부정하려는 것이 아니다. 대신에 필자의 의도는 대응이라는 구도가 실질적으로 의미의 본성과 구조에 대한 해명의 측면에서 무용한 개념일 뿐만 아니라 의미에 대한 경험적 해명을 가로막고 있다는 사실을 지적하려는 것이다.

언어와 경험의 대응이라는 구도는 '문자적 의미'라는 그릇된 가정

---

20   같은 책, pp. 221-26 참조.
21   비트겐슈타인, 『철학적 탐구』, 107절 참조.

을 낳았다. 따라서 대응 구도를 포기하는 것은 문자적 의미의 존재를 부정하는 것이다. 필자는 다른 논문에서 언어와 경험의 대응 개념을 경험주의의 네 번째 독단이며, 그것이 경험주의의 마지막 독단일 것이라고 주장했다.[22] 모든 언어적 의미는 본성상 '기호적'일 수밖에 없다. '의미' 문제를 언어적 의미로 국한하려는 언어철학적 시도는 처음부터 근거 없는 가정들 위에서 이루어졌으며, 그것은 의미의 실제적 본성을 드러내기보다는 의미 문제를 특정한 가정에 합치시키는 방식으로 왜곡하는 결과를 낳게 되었다. 오히려 언어와 경험 사이의 괴리는 우리의 본래적 조건의 일부이며, 따라서 언어의 본성과 구조에 대한 탐구 또한 그러한 조건을 중심으로 이루어져야 한다.

객관주의적 언어철학자들이 가정했던 '문자적 의미'는 근거 없는 이론적 가정의 산물이다. 한 단어 또는 문장이 확정적인 본래적 의미를 갖는다는 생각은 언어와 의미에 대한 실재론적 믿음에 근거한다. 문자적 의미에 대한 믿음은 세계 안에 고정된 사물이 있으며, 동시에 그것에 대응하는 언어가 존재한다고 가정한다. 이 두 가지 모두 사실이 아니다. 우리가 '세계'라고 인식하는 모든 것은 사실상 우리 가르기의 산물이다. 나아가 기호화 과정에서 우리는 그렇게 구성된 경험의 내용을 특정한 기표에 사상한다. 기표들 또한 우리 가르기의 산물

---

22 노양진, 「데이빗슨의 은유 이론」, 『범한철학』, 제55집 (2009 겨울): 357-77 참조. 콰인은 경험주의의 두 가지 독단으로 '환원주의'와 '분석/종합 구분'을 들었다. 그러나 데이빗슨은 경험주의의 세 번째이자 마지막 독단으로 '체계/내용' 구분을 들었다. 최근에 퍼트남은 '사실/가치 이분법'이 경험주의의 네 번째이며, 마지막 독단일 것이라고 주장한다. 필자는 '사실/가치 이분법'이 더 근원적으로 '언어-경험 대응'에 근거하고 있다고 본다. '언어-경험 대응' 개념이 '사실'이라는 범주를 지탱해 주기 때문이다. 퍼트남, 『사실과 가치의 이분법을 넘어서』, p. 243 참조.

이다. 의미화의 과정은 결코 객관적이지 않으며, 따라서 그렇게 주어
진 의미 또한 객관적이지 않다.

언어와 경험 사이의 이러한 괴리는 종종 언어에 대한 급진적 불신
으로 이어진다. 이러한 불신은 때로 언어의 한계를 넘어서서 우리가
언어로 오염되지 않은 '세계 자체'의 모습에 도달할 수 있다고 제안
한다. 이러한 제안은 과도한 것이다. 언어를 제치고 세계 자체에 도달
하려는 형이상학적 시도의 성공 여부 자체가 다시 언어를 통해서만
입증되거나 반증될 수 있기 때문이다. 이러한 역설적 상황 안에서 그
것은 종종 신비주의로 이어질 위험성을 안고 있다. 언어에 대한 불신
은 가능하지만 언어를 근원적으로 거부하는 길은 우리에게 열려 있지
않다.

대신에 우리에게 열려 있는 또 다른 길은 현재와 같은 조건으로부
터 다시 출발하는 길이다. 그 길은 언어와 경험 사이에 가로놓인 '괴
리'가 우리 인간의 종적(種的) 조건이라는 사실을 받아들이는 길이
다. 이 길을 선택하기 위해 우리에게는 새로운 믿음이 필요하다. 그것
은 이 괴리를 완전하게 메우지 않아도 여전히 우리가 '의미 있는' 존
재일 수 있다는 믿음이다. 언어가 우리에게 중요한 이유는 그것이 객
관적이거나 보편적이기 때문이 아니라, 의미 만들기로 규정되는 우
리의 삶을 '더 나은 것'으로 만들어 가는 핵심적인 도구라는 점 때문
이다.

인간의 언어에 대한 과도한 지적 신뢰는 언어의 원천을 우리를 넘
어서는 초월적인 것에서 찾거나 우리에 앞서 존재하는 선험적 영역에
서 찾는다. 언어에 대한 이러한 태도는 언어뿐만 아니라 진리, 이성,
자아 등에 관한 철학적 사유의 역사와 밀접하게 맞물려 있다. 비트겐
슈타인은 철학사를 통해 언어의 본성에 대한 그릇된 가정을 불러온

지적 원천을 '일반성에 대한 열망'이라고 부른다.[23] 언어와 경험의 괴리를 밝히는 것은 언어적 탐구의 포기를 제안하는 것이 아니라 의미 산출의 기본적 조건에 대한 경험적 탐구의 가능성과 필요성을 제안하는 것이다.

이러한 생각을 받아들이면 우리는 '언어화'라는 과정 자체가 기호적 사상 구조 안에서 주어지며, 따라서 문자적 의미라고 할 만한 근거 자체를 와해시킨다는 것을 알 수 있다. 여전히 사람들은 실제적인 의사소통 과정에서 경험하는 의미의 안정성을 들어 여전히 대응의 가능성을 찾으려고 할지도 모른다. 많은 경우에 우리는 성공적으로 의사소통을 한다고 믿는다. 그렇지만 그것이 결코 확정적인 의미 전달을 통해 이루어지는 것은 아니며, 실제로 의사소통은 성공만큼이나 많은 실패를 동반한다. 우리가 실제로 경험하는 의사소통의 안정성은 부분적이며, 나아가 그 안정성은 우리가 공유하는 경험의 공공성에 근거하고 있다. 체험주의적 해명에 따르면 이러한 공공성은 신체적·물리적 층위의 경험에서 현저하게 드러난다.[24] 그것은 절대적인 종류의 보편성이 아니라 우리의 현재와 같은 언어적 소통을 가능하게 해 주는 지반으로서의 보편성이다.

---

23   비트겐슈타인, 『청색책·갈색책』, 이영철 역 (서울: 책세상, 2006), pp. 40-42 참조.

24   수학적 개념과 같은 분석적 개념은 처음부터 대응 구도에서 벗어나 있는 것으로 간주된다. 그렇다 하더라도 그것은 확정적인 의미, 즉 문자적 의미를 갖는 것으로 보일 수 있다. 그러나 체험주의적 분석에 따르면 수학적 개념 또한 경험적인 것의 '이상화'(idealization)를 통해 구성된다는 점에서 또 다른 은유적 사상의 산물이다. 이 문제에 관한 상세한 논의는 George Lakoff and Rafael Núñez, *Where Mathematics Comes From: How the Embodied Mind Brings Mathematics into Being* (New York: Basic Books, 2000) 참조.

5. 맺는말

언어의 사용은 기호적 경험의 한 방식이며, 따라서 언어에 대한 탐구
는 경험의 구조에 대한 일반적 탐구의 일부로서 이루어져야 한다. 언
어가 경험 또는 세계의 구조를 일대일로 반영할 것이라는 가정은 경
험주의적 언어철학의 과도한 이론적 가정이다. 이러한 부적절한 가정
은 언어의 본성을 드러내기보다는 오히려 언어에 대한 우리의 이해를
가로막아 왔다. 이러한 과도성을 벗어난다면 언어는 인간 경험의 한
부분으로서 훨씬 적절한 방식으로 탐구될 수 있을 것이다. 이러한 반
성을 통해서 드러나는 언어는 경험을 반영하는 거울이 아니라 그 자
체가 경험의 한 국면이다. 따라서 언어의 본성과 구조에 대한 탐구는
경험의 본성과 구조에 대한 탐구의 일부가 되어야 한다.

언어와 경험 사이에 존재하는 괴리는 해소되어야 할 '문제'가 아니
라 해명되어야 할 '조건'이다. 그 괴리는 우리의 의미를 가로막는 장
애이거나 언어적 실패의 징후가 아니라 오히려 우리의 의미를 산출하
는 근원적 조건이기 때문이다. 언어적 기표에 사상되는 경험내용은
기표 자체에 대한 경험내용이 아니다. 기표 자체에서 경험할 수 없는
새로운 경험내용이 언어적 기표에 사상된다. 이러한 기호적 사상은
언어와 경험 사이의 괴리에서 가능하며, 그것이 새로운 기호적 의미
를 산출한다. 이 괴리는 다양한 거리를 드러내며, 그것이 의미의 섬세
한 변이를 불러온다.

기호의 체계로서 언어가 산출하는 의미는 본성상 기호적이다. 기호
적 사상의 불안정성은 이런저런 객관주의적 조작이나 해석을 통해 제
거되거나 해소될 수 없는 근원적인 불안정성으로 보인다. 의미의 이
러한 불안정한 조건은 종종 언어에 대한 총체적 불신을 불러온다. 그

러나 여전히 분명한 사실은 언어를 근원적으로 거부하는 길이 우리에게 열려 있지 않으며, 또 우리의 실제적 의사소통이 허무주의적 분기에 빠지는 것도 아니라는 점이다. 우리는 여전히 언어와 함께 살아가는 존재이며, 언어를 통해 살아가는 존재다. 실제적으로 경험되는 의사소통의 안정성은 '문자적 의미'를 통해 해명되어야 할 문제가 아니라 우리가 공유하는 경험의 공공성에 근거해서 해명되어야 할 문제로 보인다. 체험주의적 해명에 따른다면 그 안정성의 유력한 원천은 신체적이고 물리적인 경험이다.

경험적 탐구의 최근 성과들은 우리의 경험에 결코 '완결'이 없으며, 따라서 경험과 관련해서 완결된 이론 또한 가능하지 않다는 것을 보여 준다. '완결된 이론'은 경험을 해명하는 이론이 아니라 우리의 '희망'에 관한 이론이다. 언어와 경험이 그 자체로 열려 있다면 언어와 경험에 대한 해명적 탐구 또한 그 자체로 열려 있다. 역설적이게도 이러한 '열림'은 전통적인 철학관에 익숙한 많은 사람들에게 통쾌함보다는 답답함을 줄 것이다. 이들에게 열림은 새로운 길이 아니라 본래의 길에서 벗어나는 '일탈'이기 때문이다. 그러나 우리는 지난 세기 후반을 이끌었던 급진적 통찰들을 통해 완결을 향한 객관주의적 열망이 본성상 '우리의 것'에 대한 탐구가 아니라 '우리가 원하는 것'에 대한 탐구를 이끌어 왔다는 반성에 이르게 되었다.[25] 이러한 객관주의적 열망을 벗어나면 우리는 '열림'이 우리 경험과 의미의 본래적 조건이라는 것을 평이한 사실로 받아들일 수 있을 것이다.

---

25   노양진, 「비트겐슈타인과 철학의 미래」, 『몸·언어·철학』, pp. 332, 344 참조.

제7장

의사소통의 기호적 구조

1. 머리말

20세기 초반의 '언어적 전환'(Linguistic Turn)을 주도했던 철학자들은 언어의 의미가 세계와의 '대응'(correspondence)을 통해 결정된다고 믿었으며, 언어의 본질적 기능이 세계의 사태를 정확히 기술하는 것이라고 생각했다. 이러한 구도 안에서 '의사소통'(communication)은 화자와 청자 사이에 '객관적 의미'를 교호적으로 전달하는 문제로 이해되었다.[1] 그러나 이러한 객관주의적 의미 이론은 '대응'이

---

* 이 글은 2012년 8월 한국어의미학회 전국학술대회의 발표문을 수정하고 보완한 것이다. 발표문에 대해 논평해 주신 한국어의미학회 회원 여러분에게 감사드린다.

1 이러한 의사소통 모형은 레디(M. Reddy)가 「도관」(Conduit) 은유라고 불렀던 것을 통해 선명하게 특징지어질 수 있다. 「도관」 은유 안에서 한 단어 또는 문장의 의미는 마치 도관을 통해 전달되는 물질처럼 이해된다. 화자가 보내는 의미는 도관을 통해 정확히 청자에게 전달된다. Michael Reddy, "Conduit Metaphor: A Case of Frame Conflict in Our Language about Language," in Andrew Orto-

라는 기본적 가정이 근거 없는 이론적 요청일 뿐이라는 지속적 비판
속에서 표준 이론으로서의 위상을 유지하기 어렵게 되었다. 객관주의
적 의사소통 이론의 붕괴는 실제적으로 의사소통이 어떻게 가능한지
에 대한 대안적 논의를 요구한다. 객관주의적 시각에서 객관적 의미
의 붕괴는 의사소통 가능성 자체에 대한 거부를 의미하기 때문이다.

객관주의적 의사소통 이론에 대한 대안적 시각은 의미의 객관성을
거부하면서도 허무주의적 분기(分岐)에 빠지지 않는 의사소통 구조에
대한 적절한 해명을 요구한다. 의사소통의 기호적 구조에 관한 필자
의 논의는 우리의 '경험'이 타자와 직접적으로 공유될 수 없다는 사
실에서 출발한다. 우리를 포함한 모든 유기체는 서로의 경험에 직접
적으로 접속할 수 없다는 점에서 각자의 경험 안에 '유폐되어'(in-
carcerated) 있다. 그러나 그 유폐성이 '자족성'을 의미하지는 않는
다. 그것은 우리가 우리의 경험 안에 유폐된 상태로 생존할 수 없다는
것을 의미한다. 모든 유기체는 생존을 위해 필연적으로 유폐를 넘어
서야 하며, 그것은 필연적으로 제3의 매개체, 즉 기표에 의존한다. 이
런 의미에서 기호적 경험의 본성은 '탈유폐성'(ex-carceration)으로
특징지어질 수 있다.[2]

---

ny, ed., *Metaphor and Thought*, 2nd ed. (Cambridge: Cambridge University Press, 1993), pp. 166-71 참조.

2 필자는 이러한 관점에서 '탈유폐성으로서의 기호'에 관한 별도의 논의를 진행하고 있다. 이러한 논의는 기호 문제가 기호적 경험의 문제이며, 따라서 경험의 본성에 대한 해명의 일부가 되어야 한다는 생각을 바탕으로 한다. 이러한 해명은 구조주의적이든 화용론적이든 전통적인 기호학적 흐름을 벗어나는 새로운 갈래로 나아가게 될 것이다. 체험주의적 시각에서 출발하는 새로운 기호 이론의 기본적 윤곽은 노양진, 「기호적 경험의 체험주의적 해명」, 『몸·언어·철학』 (파주: 서광사, 2009) 참조.

의사소통은 특정한 매개체, 즉 기표를 사용해서 이루어질 수밖에 없다는 점에서 본성상 기호적이다. 이것은 의사소통적 의미가 근원적으로 불안정한 동시에 불완전하다는 것을 의미한다. 특정한 기표에 기호 산출자와 해석자 각각의 경험내용이 '사상'(mapping)되며, 그 기표는 그 사상된 경험내용의 '관점에서'(in terms of) 이해되고 경험된다. 이 과정에서 산출자의 사상과 해석자의 사상이 합치하리라는 보장은 없다. 즉 기호적 경험 자체가 본성상 사적이며, 따라서 기호 해석의 과정은 본성적으로 객관적일 수 없다.

객관주의적 구도에 따르면 이처럼 의미의 객관성을 거부하는 것이 의미의 허무주의에 이를 것이라는 이분법적 딜레마에 직면하게 된다. 이 이분법을 극복하기 위해서 우리는 의미의 객관성에 대한 믿음을 포기하면서도 허무주의로 전락하지 않는 제3의 가능성이 무엇인지를 물어야 한다. 그것은 우리가 어떤 입장이 바람직하다거나 어떤 입장을 원한다고 말하는 문제가 아니라 우리의 실제적 의사소통이 어떻게 이루어지는지를 경험적으로 해명하는 문제다. 이 물음은 실제적으로 공유되는 의미의 객관성이 어떻게 가능한지를 밝힘으로써 답해질 수 있을 것이다. 기호적 경험에 대한 체험주의적 해명은 이 물음에 대한 새로운 접근의 실마리를 열어 준다. 여기에서 주목해야 할 것은 발생적인 측면에서 기호적 경험이 물리적 경험에 근거해서만 확장될 수 있다는 사실이다. 이때 기호적 확장을 통해 드러나는 변이의 공통지반을 이루고 있는 것은 물리적 경험의 '공공성'(commonality)이며, 그것이 실제적인 의사소통에서 객관성의 궁극적 근거를 이루고 있다.

2. 기호로서의 언어

의사소통에 관한 논의를 곤경으로 이끌어 간 핵심적인 함정은 우리가
의사소통 과정에서 '동일한 의미'를 사용한다는 가정이다. 더 나쁜
것은 그 가정을 토대로 모든 의미의 본성과 구조가 해명될 수 있을 것
이라는 믿음이다. 언어는 본성상 물리적 기표의 체계이며, 우리가 적
어도 동일한 기표 체계를 사용하고 있다는 점에서 그것은 동일한 언
어로 간주될 수 있다. 그러나 그 기표들이 담고 있는 의미 구조는 본
성상 기호적으로 산출되며, 또 기호적으로 이해되고 경험된다. 모든
언어적 의미가 '기호적으로' 산출되고 전달된다고 말하는 것은 20세
기 초반 언어철학적 논의를 주도했던 객관주의적 의미 이론에 대한
근원적 거부를 함축한다.

1) 기호적 사상과 기호적 경험

필자는 기호적 경험의 본성을 밝히는 데 '기호적 사상'(symbolic
mapping)이라는 인지 기제에 주목했다.[3] 우리는 특정한 기표에 우리

---

3 같은 책, 특히 pp. 164-65 참조. 체험주의(experientialism)는 1980년대 레이코
프와 존슨(G. Lakoff and M. Johnson)이 창도한 새로운 철학적 흐름이다. 레이
코프와 존슨은 독창적인 은유 이론에서 출발하여 1970년대 이래로 전개되는 '제2
세대 인지과학'이 제공하는 새로운 경험적 지식을 적극적으로 흡수함으로써 '체
험주의'라는 철학적 시각을 형성해 가고 있다. 필자는 레이코프와 존슨의 은유 이
론의 핵심 기제인 '은유적 사상'(metaphorical mapping)이 기호적 구조를 해명
하는 결정적 열쇠라고 보았으며, 그 기제를 기호적 경험으로 확장하여 '기호적 사
상'이라고 부른다. 레이코프와 존슨의 은유 이론과 그 확장적 논의는 G. 레이코
프·M. 존슨, 『삶으로서의 은유』, 수정판, 노양진·나익주 역 (서울: 박이정,
2006); 마크 존슨, 『마음 속의 몸: 의미, 상상력, 이성의 신체적 근거』, 노양진 역
(서울: 철학과현실사, 2000), 특히 3-5장 참조.

의 경험내용을 사상함으로써 그 경험내용의 관점에서 그 기표를 이해하고 경험한다. 즉 사상된 특정한 경험내용의 관점에서 그 기표를 이해하고 경험하게 된다. 무엇을 어디에 사상할 것인지는 개개인의 기호적 의도와 욕구에 달려 있으며, 이 때문에 사상의 과정은 본성상 비법칙적일 수밖에 없다. 따라서 기호적 사상은 확정적이지 않으며, 객관적이지도 않다.

우리는 어떤 물리적 대상에 대해 물리적으로도 기호적으로도 경험한다. 이 두 갈래의 경험을 결정해 주는 것은 대상이 아니라 우리 자신이다. 즉 처음부터 물리적 대상과 기호적 대상이 따로 존재하는 것이 아니라 동일한 물리적 대상에 대한 내 '경험의 방식'이 달라지는 것이다.[4] 우리가 주목해야 할 것은 기호적 사상이 이루어지기 위해서는 사상되어야 할 경험내용이 항상 먼저 주어져 있어야만 한다는 점이다. 이런 의미에서 모든 기호적 경험은 선재하는 물리적 경험에 근거해서만 가능하다.[5]

기호적 사상의 기본 구조는 크게 다음과 같이 두 가지 형태로 도식화될 수 있다.[6]

---

4 그러나 이러한 경험의 전환이 양방향적인 것은 아니다. 물리적 대상을 기호적으로 경험하는 것은 가능하지만 기호적 대상을 물리적으로 경험할 수는 없다. 이런 의미에서 물리적 경험의 우선성이 있다.

5 물론 기호적 경험은 일회적이지 않으며, 기호적 경험을 통해서 주어진 경험내용은 또 다시 다른 기표에 사상될 수도 있다. 이 과정은 적어도 원리적으로 무한히 열려 있다. 여기에서 주목해야 할 것은 최초의 기호적 경험이 어떻게 발생하는지의 문제다.

6 원래의 모형에서 '은유적 사상'으로 표시된 부분을 '기호적 사상'으로 바꾸었다. 노양진, 「기호적 경험의 체험주의적 해명」, pp. 165-66. 퍼스(C. S. Peirce)가 도상(icon)이나 지표(index)와 구분하는 '상징'(symbol), 또 카시러(E. Cassirer)가 기호/신호(sign)와 구분하는 상징은 여기에서 제시된 모형을 통해서 주어진 추

〈모형 1〉물리적 대상의 기호화

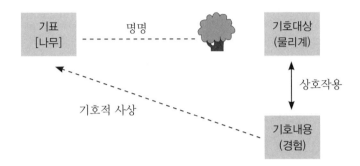

〈모형 2〉추상적 대상의 기호화

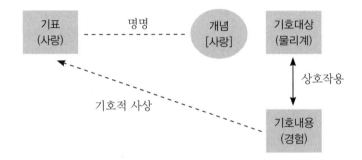

물리계와의 상호작용은 물론, 그 상호작용을 통해서 주어진 경험내용의 기호적 사상은 본성상 부분적이다. 이 때문에 기표와 사상된 경험내용 사이에 일대일 대응은 없다. 비가 온다는 것은 물리적 현상이지만, 그것은 소리로, 그림으로, 문자로 기호화된다. 그러나 소리나 그림, 문자 등 어떤 기표도 비와 동일하지 않으며, 비에 대한 우리의 경험내용과도 동일하지 않다. 비에 관한 우리 경험의 일부만이 그 새

───────────

상적 기호내용을 또 다른 기표에 다시 사상하는 방식, 즉 이차 사상을 통해 구성될 것이다.

로운 기표에 사상된다. 이런 의미에서 모든 기표는 '생략된 현전'(el-liptical presence)이다.[7] 그 귀결은 다음과 같은 두 갈래로 나타난다.

첫째, 기호적 사상은 필연적으로 '개념혼성'(conceptual blending)을 낳는다. 기표에 대한 기존의 경험 또는 그 기표에 대해 이루어진 다른 사상들과의 혼성이 이루어진다.[8] 이러한 혼성은 새로운 의미를 낳으며, 그것이 우리가 일상적으로 말하는 상상적 창조성의 주된 기제를 이루고 있다.

둘째, 기호적 해석의 여백이 열린다. 생략된 현전으로서의 기표에 대한 해석은 생략된 부분이 해석의 여백으로 남게 된다. 기호적 사상 과정이 부분적이라는 사실은 기호적 해석 또한 부분적일 수밖에 없다는 사실을 함축한다. 이 때문에 기호 산출과 해석의 과정은 근원적으로 불안정할 수밖에 없다.

의사소통이라는 맥락에서 핵심적인 문제가 되는 것은 기호 산출자, 즉 타인의 몸의 작용이나 동작 자체라기보다는 그의 의도와 욕구다. 의도와 욕구가 배제된 상호작용은 마치 자갈밭을 걸으면서 자갈의 상태를 고려하기보다는 내 걸음을 조심하는 것 정도로 국한된다. 그렇다면 우리는 어떤 방식으로 타인의 의도와 욕구를 알게 되는 것일까? 우리는 흔히 원초적이라고 생각하는 다양한 행동, 즉 고통을 호소하거나 즐거움을 표현하는 것 등에 대한 직접적인 지각을 갖는다고 생

---

7 같은 책, pp. 170-71 참조. 데리다는 기호를 '연기된 현전'(deferred presence)이라고 부른다. 데리다의 기호 개념은 기표가 다른 무엇을 대신하는 것이라는 고전적인 기호 개념에 근거한 것이며, 그것은 기표와 사물 사이에 일대일 대응을 가정하고 있다. Jacques Derrida, *Margins of Philosophy*, trans. Alan Bass (Chicago: University of Chicago Press, 1982), p. 9 참조.
8 질 포코니에·마크 터너, 『우리는 어떻게 생각하는가?: 개념적 혼성과 상상력의 수수께끼』, 김동환·최영호 역 (고양: 지호, 2009) 참조.

각한다. 그러나 타인의 그런 경험조차도 나에게 직접적으로 알려지는 것은 아니다. 나는 이런저런 형태의 표정, 몸짓, 소리 등을 통해 상대방의 의도나 욕구를 추정한다. 우리는 일상적으로 그 해석에 큰 어려움을 겪지 않는다고 생각한다. 그러나 그것이 아무리 익숙하다 하더라도 그것은 기호적 과정을 거쳐 알려지며, 따라서 기호적 불투명성을 벗어날 수 없다.

특정한 표정이나 몸짓은 그 자체로 물리세계의 일부를 구성한다. 그것을 고통의 '관점에서' 이해하거나 즐거움의 관점에서 이해하지만, 상대방의 고통이나 즐거움을 직접적으로 경험하거나 공유하지는 않는다.[9] 이런 의미에서 표정이나 몸짓은 여전히 기표들이다. 이러한 주장은 기호적 경험이 정교한 언어적 층위에서 작동하는 것이 아니라 경험의 매우 원초적 층위에서부터 작동한다는 것을 말해 준다. 이것은 의사소통의 출발점에서부터 기호적 경험이 시작된다는 것을 의미한다.

2) 문자적 의미에 대하여

모든 언어적 의미는 기호적 의미다. '문자적 의미'(literal meaning)는 한 명제에 할당되는 확정적 의미를 가리킨다. 전통적으로 이 할당은 언어와 세계 사이의 일대일 '대응'이라는 개념에 근거하고 있

---

9 비트겐슈타인은 타인의 치통이 나의 치통과 동일한 것인지를 판별할 수 있는 확정적인 방식이 없다는 사실에 주목한다. 그것은 과거의 나의 치통과 현재의 나의 치통에 관해서도 마찬가지다. 타인의 경험에 관한 한 직접성을 확보하는 방식은 없어 보인다. 경험의 객관성이라는 가정이 의사소통을 해명하는 적절한 통로가 될 수 없다는 것은 분명해 보인다. 경험의 객관성을 확인할 수 있는 방식이 원천적으로 주어지지 않기 때문이다. 루트비히 비트겐슈타인, 『철학적 탐구』, 이영철 역 (서울: 책세상, 2006), 293절 참조.

다. 한 명제의 의미는 그것에 대응하는 세계의 '사태'(state of affairs)에 의해 결정된다는 것이 프레게(G. Frege)나 러셀(B. Russell), 전기 비트겐슈타인(L. Wittgenstein)을 중심으로 초기 분석철학을 주도했던 논리적 원자론자들의 기본 가정이다. 이들의 의미 이론은 흔히 '진리 조건적(truth-conditional) 의미 이론'이라고 불린다. 카르납(R. Carnap)은 "한 문장의 의미를 안다는 것은 어떤 가능한 경우에 그 문장이 참이 되고 어떤 경우에 그렇지 않은지를 아는 것"[10]이라고 말한다.

그러나 20세기 초반의 언어철학이 문자적 의미의 근거를 제시하는 데 실패했던 것은 방법론적 결함 때문이라기보다는 '대응'이라는 근거 없는 가정 때문으로 보인다. 문자적 의미는 언어-세계 대응이라는 구도에 근거하고 있지만 이들은 '대응'이라는 마술적 개념을 설명하는 데 성공하지 못했다. [고양이]라는 기표와 실제의 고양이가 어떻게 '대응'이라는 관계를 맺는지를 설명할 수 있는 방식은 없어 보인다. 이러한 난점은 지칭 개념을 포기하고서도 여전히 대응 개념을 옹호하려는 후기 분석철학자들, 예를 들면 데이빗슨(D. Davidson)이나 설(J. Searle)에게서도 마찬가지로 드러난다.[11] 필자는 이러한 '대응' 개

10   Rudolf Carnap, *Meaning and Necessity: A Study in Semantics and Modal Logic* (Chicago: University of Chicago Press, 1947), p. 10.

11   데이빗슨은 물론 지칭 중심의 전통적 대응설에 대한 강력한 비판자다. 그렇지만 데이빗슨은 여전히 정합설과 화해될 수 있는 형태의 대응설이 의미 이론에서 불가결하다고 주장한다. 한편 설은 대응설에 대한 대안적 논변을 제시하기보다는 대응설에 대한 확정적 비판이 이루어지지 않았다는 점을 지적한다. 데이빗슨과 설의 대응설 옹호에 관해서는 Donald Davidson, "Truth and Meaning," in his *Inquiries into Truth and Interpretation* (Oxford: Clarendon Press, 1984); John Searle, *The Construction of Social Reality* (New York: Free Press, 1995), 특히 9장 참조.

넘 자체를 그릇된 경험주의적 가정의 산물로 보았으며, 그것을 '경험주의의 네 번째 독단'이라고 주장했다.[12]

'기호적 사상'이라는 기제에 주목한다면 대응 이론의 근원적 난점이 어디에서 비롯되는지를 선명하게 알 수 있다. 내가 [고양이]라는 기표를 이해한다는 것은 고양이에 대한 나의 경험내용을 그 기표에 사상한다는 것을 의미하며, 그 사상된 경험내용의 '관점에서'(in terms of) 그 기표를 이해하고 경험한다는 것을 말한다. 이때 [고양이]라는 기표와 고양이 사이에는 근원적 대응 같은 것은 없으며, 그것은 기호적 사상이 이루어진 후에도 가능하지 않다. 모든 기호적 사상은 본성상 파편적이기 때문이다. 사람들의 고양이 경험은 유사할 수 있지만 결코 동일하지 않다. (또는 적어도 동일하다는 것을 확증할 수 없다.) 그것이 동일할 수 있다는 믿음은 경험주의의 이론적 가정일 뿐이다. 대응이라는 가정이 무너지면 문자적/객관적 의미는 그 근거를 잃게 된다.

그렇다면 [고양이]의 의미는 어떻게 공유되는가? 이 문제를 해결하려는 구체적 노력의 한 형태는 '정의'(definition)다. 어떤 경험적 개념에 대한 정의도 확정적 방식으로 이루어지지 않는다는 것은 논리학

12 노양진, 「데이빗슨의 은유 이론」, 『범한철학』, 제55집 (2009 겨울): 357-77 참조. 콰인(W. V. O. Quine)은 '환원주의'와 '분석/종합 구분'을 경험주의의 두 독단으로 보았으며, 그 독단과 함께 경험주의가 무너지면 실용주의만이 유일한 대안적 가능성이라고 주장했다. W. V. O. 콰인, 「경험주의의 두 가지 도그마」, 『논리적 관점에서』, 제3판, 허라금 역 (서울: 서광사, 1993) 참조. 그러나 데이빗슨은 내용/체계 구분을 경험주의의 제3의 독단이라고 보았으며, 콰인이 여전히 제3의 독단에 묶여 있다고 비판한다. Davidson, "On the Very Idea of a Conceptual Scheme," in his *Inquiries into Truth and Interpretation* (Oxford: Clarendon Press, 1984) 참조.

적 상식에 속하는 일이다. 한편 어떤 사람들은 여전히 수학적 개념의
객관성을 문자적 의미의 근거로 들고 싶어 할지도 모른다. 그러나 레
이코프와 누네즈(G. Lakoff and R. Núñez)는 모든 수학적 개념은 선
험적 체계가 아니라 인간적 개념체계의 문제라는 점을 섬세한 분석을
통해 보여 준다.[13] 대수, 산수, 기하 등 모든 수학적 영역에서 사용되
는 수학적 개념들이 고도로 추상화된 '영상도식들'의 기호적 사상을
통해 구성된다. 수학적 개념의 객관성을 들어 수학적 개념의 의미를
'문자적'이라고 부를 경우, 경험적 영역에 문자적 의미는 여전히 존
재하지 않는다는 사실을 인정해야 한다. 나아가 이러한 수학적 개념
이 경험적 개념의 모형으로 적절한 것일 수 없는 또 다른 이유가 있
다. 수학적 개념은 경험 세계의 아무것에도 대응하지 않는다. 수학적
개념은 존재하는 사물의 이름이 아니라 존재하는 사물들에 대한 경험
을 고도로 추상화하여 개념화한 것이기 때문이다. 객관주의자들이 가
정했던 대응은 구체적 소재가 없다. 그것은 대응을 근거로 한 '문자적
의미'도 그 자리가 없다는 것을 함축한다.

3. 의사소통의 신체적 지반

기호는 세계의 사건이나 사태가 아니라 경험의 한 방식이다. 기호적
경험의 본성을 해명하는 데 결정적인 출발점을 이루는 것은 경험의
'유폐성'이다. 나는 타인의 경험에 직접적으로 접속할 수 없으며, 그
반대도 마찬가지다. 우리는 각자의 경험 안에 갇혀 있다. 그러나 경험

---

[13]   George Lakoff and Rafael Núñez, *Where Mathematics Comes From: How the
      Embodied Mind Brings Mathematics into Being* (New York: Basic Books,
      2000) 참조.

의 유폐성이 '자족성'을 의미하지는 않는다. 나는 내 경험 안에 유폐된 상태로 생존할 수 없기 때문이다. 이런 관점에서 의사소통은 스타일의 문제가 아니라 유기체적 생존의 문제다. 유폐된 경험들은 제3의 매개체를 통해서만 서로에게 이어질 수 있으며, 이 매개체가 바로 기표들이다. 즉 기표들은 기호적 해석을 거침으로써만 비로소 의미를 얻게 된다. 이런 의미에서 필자는 의사소통을 '탈유폐적 기호화 과정'(ex-carcerating process of symbolization)으로 특징지으려고 한다.

내가 신체적 고통을 타인에게 알리려고 할 때 그 고통 자체를 직접 전할 수는 없다. 그래서 고통을 알리기 위해 사용하는 몸짓이든 소리든 언어든 모든 것이 기표들이지만 그 기표들이 고통 자체는 아니다. 거꾸로 우리는 그러한 기표들을 통해서만 타인의 고통을 이해하거나 경험할 수 있다. 경험의 이러한 원초적 조건은 경험의 불투명성을 불러온다. 타인의 경험을 공유하는 것이 불가능할 뿐만 아니라 타인의 경험에 대한 지식 또한 불투명하다. 화성 연쇄살인 사건의 범인이 지금도 살아 있다면, 지난 수십 년 동안 그의 주변 사람들은 그와의 빈번한 접촉 속에서도 그가 잔인한 살인범이라는 사실을 전혀 알아채지 못하고 있다는 이야기다. 배우자나 가족, 친구 사이에도 여전히 불투명성은 상존한다. 만약 우리가 그들에 대해, 특히 그들의 의도나 욕구에 대해 알고자 하다면 그들의 '표현', 즉 그들이 산출하는 기표를 통해서만 추정할 수 있다. 표정이나 몸짓, 소리 등 모든 표현은 타인의 경험을 대신하고 있다는 점에서 하나의 기표가 되며, 그래서 기호적 해석의 대상이 된다. 타자는 나에게 처음부터 하나의 기표로 주어진다.

물리적 대상과의 직접적인 신체적 접촉은 대부분 물리적 경험으로 간주되지만, 다른 유기체, 또는 다른 사람과의 신체적 접촉은 흔히 물리적 경험을 넘어선다. 예를 들면 섹스나 폭력과 같은 원초적인 상호작용은 직접적인 신체적 접촉으로 이루어지지만 우리는 그러한 접촉을 단순한 신체적 접촉으로만 받아들이지는 않는다. 그것 또한 여전히 다양한 기호적 해석에 열려 있다. 우리는 특정한 신체적 접촉을 애정, 친밀감, 공격, 위협, 경멸, 희롱 등의 관점에서 경험하며, 거기에는 이미 기호적 해석이 수반된다.

　몸짓이든 소리든 모든 의사소통 행위는 본성상 기호적으로 이루어진다. 타인의 경험은 본성상 공유될 수 없으며, 의사소통은 그러한 경험을 전달하고 파악하는 유일한 통로다. 낯익은 경험에 대한 과도한 확신은 '경험주의'라는 이론적 괴물을 낳았다. 경험의 확실성에 대한 경험주의의 확신은 사실상 '익숙한 것'에 대한 과도한 확신 이상이 아니다. 경험의 본성적인 특유성과 일회성을 감안하면 경험의 전달과 공유는 기호적으로 이루어질 수밖에 없다. 이 때문에 동일한 언어공동체에 속하는 특정한 개인 간의 의사소통이라 할지라도 수많은 시행착오를 겪으며 이루어지지만 그 또한 완전한 것은 아니다. 의사소통의 목적이나 결과는 특정한 의미의 완전한 공유에 있는 것이 아니라 다양한 상호작용적 효과들에 있다.

　의사소통의 본성을 기호적으로 해명하는 순간 우리가 직면하게 되는 일차적 숙제는 의사소통의 '객관성' 문제다. 의사소통의 본성을 기호적이라고 받아들이게 되면 의사소통의 객관성 문제는 기호적 경험의 객관성 문제로 전환된다. 기호적 경험이 전통적인 의미에서 객관적일 수 없는 것은 기호적 경험의 다음과 같은 특성 때문이다.

　1) 경험 자체는 본성상 파편적이다. 대상에 대한 완전한 전체적 경

험은 없다.

2) 경험내용을 특정한 기표에 사상할 때, 그 사상 자체는 필연적으로 부분적이다. 이러한 부분성 때문에 기호 산출자와 해석자, 그리고 해석자와 해석자 사이에 기호적 의미의 합치에 대한 보장이 없다.

의사소통에 대한 기호적 해명에 따르면 절대적인 의미에서의 객관적 소통은 없다. 실제적으로 경험하는 의사소통의 객관성은 정도의 문제다. 그렇다면 실제적으로 성공적인 의사소통에서 경험하는 객관성은 어떻게 해명되어야 할까? 이 물음에 답하기 위한 하나의 길은 체험주의적 시각을 따라 경험의 두 층위를 신체적/물리적 층위와 정신적/추상적 층위로 구분하는 일이다. 즉 물리적 층위의 경험은 훨씬 더 큰 '공공성'을 드러낸다. 고통을 표현하는 몸짓은 자신만의 추억을 회상하는 표정에 비해 훨씬 더 단순한 방식으로 알려질 수 있지만, 고도의 추상적 개념들을 표현하기 위해 사용되는 언어 기표를 이해하는 것은 훨씬 더 복잡하고 어렵다. 아이들을 위한 동화는 대부분 물리적 층위의 어휘들을 중심으로 구성되어야 한다. 아직 아이들의 경험은 추상적 층위의 어휘들을 적절하게 이해할 수 있는 수준으로 확장되지 않았기 때문이다.

고도의 추상적 층위에서 이루어지는 철학적 사유에는 기호적 사상이 중층적으로 이루어진 추상적 개념들이 사용되며, 이 때문에 적절한 철학적 훈련을 거치지 않은 사람들은 그 이해에 어려움을 겪는다.[14] 모든 추상적 개념들은 경험내용을 특정한 기표에 사상하는 방식

---

14 서양철학적 개념과 이론들의 은유적 구조에 대한 상세한 분석은 레이코프·존슨,

으로 구성되며, 그 경험내용은 물리적 층위와 기호적 층위를 포함한
다. 우리가 흔히 순수하게 추상적이라고 생각하는 개념들은 기호적
과정을 거쳐 구성된 추상적 경험내용이 다시 새로운 기표에 사상된
것이다. 이러한 확장의 과정은 원리적으로 무한히 이어질 수 있지만,
그 궁극적 연원은 물리적 경험 영역에 있다는 것이 체험주의의 핵심
적 주장이다.

근세의 경험주의는 물론 그 정신을 이어받은 20세기의 분석철학자
들은 셀라스(W. Sellars)가 '주어진 것의 신화'(the Myth of the Giv-
en)라고 부르는 것에 묶여 있었다.[15] 즉 경험주의는 감각적 지각에 직
접 주어지는 것의 객관성을 가정했다. 근세 경험주의를 대변하는 흄
(D. Hume)에 따르면 감각적 지각에 직접 주어지는 '인상'(impres-
sion)은 객관적이다. 경험주의적 정신을 이어받은 20세기의 논리실증
주의도 경험에 직접 주어지는 것으로 '감각자료'(sense data)가 객관
적이라는 가정을 이어받았다. 그것들은 우리의 이론이나 해석에 앞서
그 자체로 주어진 것들이다. 20세기 후반에 들어 경험주의에 대한 강
력한 비판이 지속되면서 감각자료의 객관성은 의심의 대상이 되었으
며, 그것은 인식의 객관성이라는 기본적 이상 자체에 대한 회의를 불
러왔다.

언어와 의미의 객관성에 대한 급진적 비판 속에서 이성주의 전통의
철학자들은 우리가 공유하는 '합리성'을 의사소통의 지반으로 제시
한다. 예를 들어 하버마스(J. Habermas)는 이상적 의사소통의 기본

『몸의 철학: 신체화된 마음의 서구 사상에 대한 도전』, 임지룡 외 역 (서울: 박
이정, 2002), 특히 2-3부 참조.

15 Wilfrid Sellars, *Empiricism and the Philosophy of the Mind* (Cambridge,
Mass.: Harvard University Press, 1997, original 1956) 참조.

적 조건으로 '의사소통적 합리성'(communicative rationality)을 제
안한다.[16] 이러한 합리성은 우리에게 진리나 좋음에 관한 어떤 적극적
척도도 제시해 줄 수 없으며, 따라서 실제적인 수많은 분쟁들 속에서
무엇을 선택할 것인지를 말해 주지 않는다. 의사소통적 합리성이란
실제적 담화 구조에 대한 해명이 아니라 이상적 담화 상황에 이르기
위해서 우리가 '초월론적으로 요청해야 할' 최소한의 조건들이기 때
문이다. 만약 그것이 의사소통적 합리성의 전부라면 실제적으로 우리
와는 다른 방식으로 상호 간 의사소통을 하는 다른 모든 유기체들, 즉
꿀벌, 돌고래, 가창오리 등도 의사소통적 합리성을 갖는다고 인정해
야 한다. 이들도 우리와 마찬가지로 적정한 수준의 의사소통을 하기
때문이다. 하버마스가 제시한 변형된 합리성은 단지 우리가 요청하는
것으로서 '공유된 의사소통 가능성' 이상을 의미하지 않는다. 결과적
으로 하버마스의 의사소통적 합리성이란 의사소통의 객관성을 지탱
하기 위해 '후퇴한' 이성주의가 제안하는 이론적 장치일 뿐이다.[17]

---

16 하버마스는 이상적 의사소통에 참여하는 사람들은 모두 자유로운 상태에서 네
    가지의 타당성 요구를 검증할 수 있다는 것을 전제하는데, '이해 가능성', '진리
    성', '정당성', '진실성'이 그것이다. Jürgen Habermas, "What Is Universal
    Pragmatics," in his *Communication and the Evolution of Society*, trans.
    Thomas McCarthy (Boston, Mass.: Beacon Press, 1979), pp. 2-3 참조.
17 반면에 리오타르(J.-F. Lyotard)는 의사소통의 목표가 합의라는 하버마스의 주
    장에 정면으로 반대하여, 그 목표가 합의가 아니라 '배리'(paralogy)라고 주장
    한다. Jean-François Lyotard, *The Postmodern Condition: A Report on
    Knowledge*, trans. Geoff Bennington and Brian Massumi (Minneapolis,
    Minn.: University of Minnesota Press, 1984), pp. 65-66 참조. 하버마스와 리
    오타르는 의사소통의 목표에 관해서 강력한 대립적 주장을 하지만, 정작 의사소
    통의 구조에 대한 경험적 해명은 찾아볼 수 없다. 두 사람 모두 '원하는 것'에 관
    해서, 또는 당위성에 관해서 이야기하고 있는 것이다. 불운하게도 두 이야기는
    모두 오늘날 의사소통의 본성에 대한 경험적 해명에 부합하지 않는다.

제7장 의사소통의 기호적 구조 171

하버마스의 의사소통적 합리성 개념이 단순히 '요청'이 아니라면 의사소통의 실제적 제약, 즉 실제적 보편성의 구조가 경험적으로 해명될 수 있어야 한다. 합리성 개념은 의사소통에서 제약의 필요성을 이야기할 뿐, 그것이 어떻게 작동하는지에 관해서 아무런 적극적 설명도 하지 않는다. 대신에 우리는 의사소통의 본성을 해명하는 데 합리주의적 요청에 의존하는 대신에 자연주의적 길을 선택할 수 있다. 그것은 초월이나 선험에 의지하는 이론적 요청을 벗어나 우리 시대에 주어진 다양한 경험적 지식에 의존하는 길이다. 체험주의적 해석에 따르면 의사소통의 궁극적 지반은 이성주의자가 가정하는 합리성이 아니라 '종(種)으로서의 인간이 공유하는 경험의 공공성'이다. 즉 그러한 공공성이 우리가 '실제적으로' 의지할 수 있는 보편성의 최종적 근거라는 것이다.[18]

4. 의사소통은 어떻게 가능한가?

의사소통의 본성이 '기호적'이라는 사실은 의사소통이 의미의 공유 문제라는 전통적 가정에 전면적인 의문을 제기한다. 의미의 산출과 해석의 과정에 근원적인 불투명성이 개입되기 때문이다. 그러나 이러한 불투명성이 의미의 자의성을 의미하지도 않으며, 또 의사소통의

---

18 객관성에 대한 요구는 비판 가능성 문제와 긴밀하게 묶여 있다. 의사소통의 객관적 지반을 잃게 되면 비판의 근거를 잃게 된다는 우려가 그것이다. 그러한 지반은 이론적 요구에 따라 발명되어야 할 지반이 아니라 종적 조건으로서 주어진 지반이다. 비판의 객관성에 근접하려는 노력은 신체적 지반으로의 회귀적 노력을 통해서 이루어질 수 있다. 그 이상의 객관성에 대한 이성주의적 요구는 이성주의의 폭력으로 변질될 수밖에 없다. 이성주의라는 특정한 믿음만이 그 근거를 정당화해 줄 수 있기 때문이다.

불가능성을 의미하지도 않는다. 즉 실제적인 의사소통에서 기호적 의미의 산출과 해석이 어딘가에서 제약되고 있다는 것을 의미한다.

이 문제에 답하기 위해 실제적으로 사용되는 규약적 언어의 실질적 성공에 의지하려는 시도가 있을 수 있다. 동일한 언어권의 구성원들은 동일한 기표 체계를 사용하며, 그 사용을 통해 실제적으로 성공적인 의사소통을 하는 것으로 보이기 때문이다. 그러나 규약적 기호의 공공성은 기호적 경험 자체의 내재적 제약이 아니라 외재적으로 주어지는 제약에 의해 이루어진 것이다. 예를 들어 대부분의 운전자가 교통표지판을 준수하는 행위는 이들이 기호적 경험을 공유한다는 것을 보증해 주는 증거가 아니다. 이들이 그 표지판에 대해 유사한 행동을 보이는 것은 그렇지 않은 경우에 사회적 강제가 가해진다는 점 때문이다. 이 때문에 규약적 기호의 규약적 강제성은 기호적 경험의 내적 구조를 밝히는 데 아무런 직접적 기여도 하지 못한다.[19] 기호적 경험은 본성상 사적 경험이며, 그것이 사회적으로 규약화되는 것은 기호화와는 구분되어야 할 또 다른 사회적 과정이다.

의사소통은 다양한 상호작용을 통해 상대방의 행위나 의도, 욕구에 적절하게 대응하는 문제다. 의사소통의 궁극적 목적은 타인을 포함한 외부 세계에 대한 성공적인 대응이라고 할 수 있다. 신체화된 경험의

---

19 이러한 외재적 기능을 마치 기호의 내재적 속성인 것처럼 받아들이는 것은 기호적 구조에 대한 부적절한 해명에서 비롯된다. 예를 들어 설은 사회적 실재의 본성을 다루면서 사회적 실재가 본성적으로 사회적 규범성을 드러내는 것처럼 기술한다. 설은 그 강제력을 '의무력'(deontic power)라고 부른다. 그러나 필자의 시각에서 설이 말하는 사회적 실재는 기호적 구성물이며, 따라서 그것이 드러내는 강제력은 기호적 과정의 본성 문제가 아니라 외재적으로 주어지는 규제의 문제다. Searle, *Making the Social World: The Structure of Human Civilization* (Oxford: Oxford University Press, 2010), 특히 pp. 8-9 참조.

본성에 대한 체험주의적 해명에 따르면 '완전한' 의사소통은 원천적
으로 가능하지 않다. 경험의 기호적 구조는 완전한 의사소통에 이르
는 길을 원천적으로 봉쇄하고 있으며, 따라서 의사소통의 성공은 정
도의 문제이며, 그것을 평가할 명확한 기준도 존재하지 않는다. 이러
한 상황은 흔히 의사소통에 관한 허무주의적 귀결에 대한 우려를 불
러온다.[20]

　그러나 실제적인 의사소통의 구조에는 급진적인 해체론자들이 주
장하는 것보다도 훨씬 더 안정적인 공공성의 지반이 존재한다. "사자
가 말할 수 있다 하더라도 우리는 그를 이해할 수 없을 것"[21]이라는
비트겐슈타인의 말은 성공적인 의사소통의 최소 지반이 어디인지를
암시해 준다. 삶의 형식이 공유되지 않을 때 의사소통은 우리의 일상
적인 의사소통과는 매우 다른 것이 된다. 즉 우리는 사자나 앵무새와
다양한 방식으로 의사소통을 할 수 있지만 그것은 인간 사이의 의사
소통과는 매우 다른 양상을 띤다. 실질적인 의미가 공유될 '가능성'
은 우리가 동일한 종으로서 공유하는 삶의 형식의 유사성에 근거하고
있는 것으로 보인다.

　이러한 관점에서 우리가 주목해야 할 것은 현재와 같은 몸을 가진
인간의 의사소통이 전적으로 우연의 문제는 아니라는 것이다. 의사소
통은 물리적 층위의 경험 영역에서 현저한 공공성을 드러내며, 기호

20　예를 들어 언어와 의미의 본성을 '우연성'(contingency)으로 규정하는 로티(R.
　　Rorty)의 언어 이론이 바로 이러한 난점에 직면한다. 로티는 데이빗슨의 시각을
　　따라 우리가 실제적으로 언어적 의사소통에 성공하는 것이 우연히 '일과적 이
　　론'(passing theory)에 대한 합의에 성공했다는 것을 의미한다고 말한다. 리처
　　드 로티, 『우연성·아이러니·연대성』, 김동식·이유선 역 (서울: 민음사, 1996),
　　특히 pp. 47-48 참조.

21　비트겐슈타인, 『철학적 탐구』, p. 395.

적 층위로 확장되는 과정에서 점차 더 큰 변이를 드러낼 것이다. 물리
적 경험이란 물리적 사물과의 직접적인 신체적 상호작용을 말한다.
책상 모서리에 부딪혔을 때 내가 느끼는 고통 자체는 이론이 들어설
자리가 없을 만큼 몸과 밀착된 경험이다. 우리는 이러한 층위의 경험
이 현재와 같은 몸을 가진 유기체인 우리에게 거의 유사하게 공유된
다는 사실을 하나의 가설로서 받아들인다. 그러한 경험의 공공성은
직접적으로 증명될 수 있는 성질의 것은 아니지만, 그러한 추정을 뒷
받침해 주는 경험적 증거들은 너무나 풍부하다.[22]

　그러나 물리적으로는 동일한 유형의 신체적 접촉이라 하더라도 그
상대가 가족인가, 동료인가, 또는 직장 상사인가에 따라 매우 다른 귀
결을 낳는다. 이때 '신체적 접촉'이라는 사건이 유사하게 인식되는
물리적 경험이라는 사실을 전제하지 않으면 '그것에 대한 다양한 해
석'이라는 말 자체가 적절하게 의미화되지 않는다. 만약 각각의 접촉
이 각각의 사건으로 간주된다면 그것들은 처음부터 다른 사건들이며,
그 경우 그것에 대한 '상이한' 해석이라는 말은 처음부터 성립하지
않을 것이기 때문이다. 차이는 차이를 의미화해 주는 공통지반이 없
이는 의미화될 수 없다. 그 의미화를 위한 공통지반이 바로 '의미지
반'(meaning base)이다.[23] 특정한 신체적 부위에 대한 특정한 행동
등을 객관적으로 규정할 수 없다면 이 문제를 규정할 수 있는 근거를
잃게 된다. 차이를 의미화하기 위해 우리는 적어도 물리적 경험의 공

22　신체적/물리적 층위의 경험에서 드러나는 공공성에 관한 탐구 성과들에 대한 폭
　　넓은 소개는 George Lakoff, *Women, Fire, and Dangerous Things: What Cat-*
　　egories Reveal about the Mind (Chicago: University of Chicago Press, 1987),
　　특히 1부 참조.

23　노양진, 「의미와 의미지반」, 『몸·언어·철학』, p. 135 참조.

공성을 가정해야 한다.

앞서 지적했던 것처럼 그러한 공공성은 경험적으로 직접 증명되지 않는다. 대신에 그 공공성은 우리가 현재와 같은 몸을 가진 유기체라는 사실에 대한 믿음, 즉 '종적 신뢰'(specific commitment)를 통해 정당화된다.[24] 종적 신뢰는 초월적인 것도, 절대적인 것도 아니지만 우리의 실제적인 의미와 경험의 크기를 제약해 주는 공통지반으로 작동한다.

모든 의사소통이 본성상 기호적 구조를 갖는다는 사실에 주목한다면 객관주의자들이 가정했던 완전한 의사소통은 처음부터 가능하지 않다. 의사소통은 필연적으로 기호적 의미 산출과 해석의 과정을 통해 이루어지며, 그것은 본성상 불안정한 변이를 불러온다. 그러나 기호적 경험이 물리적 경험에 근거하고 있다는 사실에 주목한다면 기호적 경험이 무제약적인 확장의 문제만은 아니라는 것을 알 수 있다. 물리적 경험의 공공성은 해석적 차이를 의미화해 주는 의미지반이며, 그 지반을 잃은 기호적 해석은 무제약적인 해석 이론으로 이어진다. 물리적 층위에서 드러나는 경험의 공공성은 의미 산출과 의미 해석의 자의성을 제약해 주는 유일한 원천이다.

5. 맺는말

의사소통의 구조가 본성상 기호적이라는 사실은 의사소통의 근원적 불안정성/불투명성의 원천이 무엇인지를 보여 준다. 의사소통이 기본적으로 기호적 경험을 통해 이루어진다는 사실은 의사소통의 객관성

---

24   노양진, 「기호적 경험의 체험주의적 해명」, p. 179 참조.

이 근원적으로 불가능하다는 사실을 함축한다. 객관적 의미 전달로서의 의사소통 개념은 경험적 사실에 대한 해명이 아니라 객관주의적 요청의 산물이다. 의미는 세계의 사태가 아니라는 점에서 객관적이지 않으며, 우리 모두가 동일하게 공유하지 않는다는 점에서도 객관적이지 않다. 이것은 의사소통의 목표를 '합치'―현실적이든 이상적이든―로 간주하는 의사소통 이론이 근원적으로 재검토되어야 한다는 것을 말한다. 이것은 실제적인 의사소통이 불안정성/불투명성을 토대로 이루어지며, 나아가 그 불안정성/불투명성의 극복이 의사소통의 궁극적 목표도 아니라는 것을 말해 준다.

어떤 공동체적 연대성이 이루어진다고 해서 그 구성원들이 명제적 의미에서의 '합치'에 이른 것은 아니다. 그러한 가정은 한 국가의 구성원이 한 국가라는 공동체를 구성하고 있다고 해서 동일한 명제적 의미를 공유하고 있다고 추정하는 것만큼이나 낭만적으로 보인다. 이들은 합치된 명제적 의미를 공유하고 있거나 또는 공유하기 위해서 연대를 이루고 있는 것이 아니라 집단적인 의도나 욕구를 따라 '협력/비협력'하고 있는 것이다.

의사소통의 불안정성은 의사소통의 허무주의에 대한 우려를 불러올 수 있다. 이러한 우려는 의사소통의 궁극적 목표가 '합치'라는 믿음에서 비롯된다. 이러한 시각을 받아들이면 합치에 이르지 못하는 의사소통은 실패를 의미한다. 그러나 모든 의사소통이 기호적 구조 안에서 이루어진다는 사실은 동시에 그것이 물리적 경험에 근거하고 있다는 것을 의미한다. 모든 기호적 사상이 부분적이라는 특성을 감안한다면 의사소통의 실제적 성공에는 다분히 우연적인 측면이 있다. 그렇지만 경험의 두 층위에서 드러나는 '공공성'의 차이는 단순히 우연의 문제만은 아니다. 우리는 물리적 경험의 층위에서 현저하게 큰

'공공성'을 경험한다.

이러한 관점에서 우리가 기대할 수 있는 의사소통의 실제적 보편성의 근거는 '종적 공공성'(specific commonality)으로 국한된다. 종적 공공성을 넘어선 절대적 보편성에 대한 희망은 이론적 열망의 표현이며, 그것은 종종 그 근거의 취약성을 가리기 위해 그만큼 완고한 이데올로기가 된다. 우리가 우려하는 차이들은 사실상 우리가 동일한 '종'이라는 의미지반 위에서만 적절하게 의미화될 수 있다. 제약되지 않은 차이들의 허무주의적 분기는 이론적 가상이며, 그 자체로 비정합적인 우려다.

의사소통은 객관주의자의 희망처럼 안정된 토대를 갖지 않지만 그렇다고 해서 무제약적인 기표들의 놀이도 아니다. 우리의 실제적 의사소통은 그 양극단 사이에서 이루어지며, 그것이 현재와 같은 몸을 가진 유기체로서 인간의 '크기'에 부합하는 의사소통의 양상이다. 의사소통의 성패를 결정해 주는 것은 선험적 객관성이 아니라 실제적인 유용성의 문제다. 그것은 유기체적 생존에서부터 인간적 번영을 포함하는 폭넓은 방식으로 드러난다. 이러한 의사소통의 본성과 구조는 선험적 이론을 통해 요청되어야 할 문제가 아니라 경험적 탐구를 통해 '해명'되어야 할 문제다.

제8장

무지의 철학

1. 머리말

철학적 사유가 시작되는 모든 곳에서 회의주의적 우려는 유령처럼 모습을 드러낸다. 플라톤 이래로 '철학적' 사유는 이러한 곤경을 넘어서서 인간을 참된 지식으로 이끌어 가는 유일한 통로로 인식되었다. 이러한 약속과 함께 철학은 만학의 여왕이 되었으며, '진리'가 바로 철학의 이 권위를 뒷받침해 준다.[1] 그러나 기나긴 진리의 역사는 이제 새로운 국면을 맞고 있다. 필자는 이 글에서 플라톤 이래로 '절대적 진리'라는 이름으로 참된 지식을 추구해 왔던 서양철학의 역사가 사실상 '무지'의 역사라고 주장하려고 한다. 무지의 역사는 불가능한 것을 약속하는 인간적 열망의 역사다.

이러한 철학사 읽기는 실질적으로 철학사의 '전복'(subversion)을 의미한다. 이러한 전복은 2,500년 동안의 지적 탐구가 불러온 자기반

---

1 리처드 로티, 『철학 그리고 자연의 거울』, 박지수 역 (서울: 까치, 1998), p. 11 참조.

성의 산물이다. 플라톤이 '철학'이라는 이름을 앞세워 '참된 지식'(episteme)에 도달할 수 있다는 공허한 약속을 한 이래로 철학사는 그 허구가 드러나기까지 긴 시간을 보내야 했다. 이러한 전복의 결정적인 실마리는 '제2세대 인지과학'(the 2nd generation cognitive science)이라는 새로운 탐구가 제공한다. 마음의 본성에 대한 새로운 발견은 마음에 관한 과거의 철학적 가정들이 근원적으로 잘못된 것이라는 사실을 보여 준다. 이제 갓 반세기를 지난 인지과학은 장구한 철학사의 피할 수 없는 적(敵)이 되고 말았다.

그러나 오늘날 경험적 지식의 성장과 함께 철학과 과학이 처음부터 다른 길을 가야 한다는 믿음은 사변적 철학자들의 완고한 자기 방어 전략일 뿐이라는 사실이 드러났다. 철학적 사고 또한 다른 모든 사고와 마찬가지로 인지적 활동의 일부라는 사실이 분명해졌으며, 이러한 관점에서 철학적 사고의 인지적 본성과 구조는 순수한 철학적 탐구의 주제가 아니라 경험적 탐구의 주제가 되었다. 모든 사고의 핵심적 소재가 우리 몸의 한 부분인 '두뇌'라는 사실이 분명해졌으며, 그 작용에 관한 경험적 탐구는 사변철학자들이 가정했던 것과는 매우 다른 결과를 불러왔다.

합리주의자든 경험주의자든 근세 인식론자들에게 회의주의적 도전을 극복하는 안전한 길은 '확실성'(certainty)의 근거를 적극적으로 제시하는 일이었다. 결과적으로 그러한 근세의 기획은 실패했다. 그러나 그렇다고 해서 그 결과가 회의주의자의 승리를 의미하는 것은 결코 아니다. 대신에 오늘날 철학자들은 이 회의주의자들의 '과도성'에 주목하기 시작했으며, 회의주의자들의 철학적 동기 자체에도 의구심을 제기하게 되었다. 회의주의자가 염두에 두고 있는 앎의 기준이 정당한가에 대한 메타적 물음이 제기되면서 회의주의의 입지는 더 이상 적절히 유지하기 힘들게 된 것으로 보인다. 또는 회의주의자가 만약 아무런 기준도 염두에 두지 않고 단지 주어진 지식들이 완전하지 않다는 점만을 문제시한다면, 회의주의자의 우려는 이제 철학적 기준의 문제가 아니라 '쓸모없이 부정적인' 태도의 문제로 치부된다. 그래서 오늘날 철학자들은 극단적인 회의주의적 태도를 포기하도록 제안한다. 그 제안은 오늘날 많은 지지를 얻고 있다. 무엇인가 의미 있는 것을 추구하려는 우리는 대부분 그 지지자 집단에 속한다.

우리 자신의 경험과 앎의 근원적 구조에 대한 반성적 통찰에 따르면 완전한 지식이 있으며, 그 지식이 우리에게 주어질 수 있다는 믿음은 마뚜라나와 바렐라(H. Maturana and F. Varela)가 말하는 '부끄러운 무지'에서 비롯된 과도한 믿음이다.[2] 철학적 열망에 이끌렸든 아니면 다른 어떤 의도에서 비롯되었든 그 믿음을 옹호하고 체계화하려는 철학적 이론들은 '무지의 철학'이라고 부를 수 있다. 역설적이게도 철학을 무지로 이끌어 가는 주도적 동력은 앎에 대한 열망이다. 우리의 본래적 불투명성을 벗어나는 것이 철학의 임무라는 자연스러운 철학관이 결코 '자연스러움'으로 끝나지 않는다는 것이 20세기 후반의 급진적인 철학적 반성이 우리에게 알려 준 것이다. '앎에 대한 앎'은 우리에게 또 다른 앎의 모습을 예고한다. 그 모습은 우리에게 잘 알려져 있지 않지만, 그것은 절대적 확실성과 인식론적 허무주의 사이에서 모호한 모습으로 드러날 것이다.

---

2 움베르또 마뚜라나·프란시스코 바렐라, 『앎의 나무: 인간 인지능력의 생물학적 뿌리』, 최호영 역 (서울: 갈무리, 2007), p. 31 참조.

2. 아는 것과 모르는 것

모르는 것에 관해서는 아무것도 알 수 없다. 모른다는 사실조차도
알려지지 않는다. 그러나 적어도 우리의 삶은 그러한 완전한 무지 속
에서 이루어지지 않는다. 그 알려짐의 본성이 무엇이든 우리는 우리
에게 알려진 것에 관해 이야기하며, 그것을 근거로 사고하고 행위한
다. 앎은 삶을 이끌어 간다. 앎은 삶의 본성적 불투명성을 넘어서는
유일한 통로이며, 우리의 생존과 번영을 가능하게 해 주는 일차적 도
구다.

그러나 앎 자체의 이러한 특성에 합의한다 하더라도 구체적인 앎에
대한 우리의 평가가 항상 합치하지는 않는다. 무엇을 정당한 앎으로
받아들일 것인지에 관해서는 화해 불가능해 보일 정도의 큰 시각 차
이가 드러난다. 철학사를 통해 앎의 문제와 관련해서 지속적인 관심
사가 되어 왔던 것은 '확실성'이다. 동·서양의 철학사를 통해 수많은
철학적 사유가 확실성에 이르는 길을 제시하고 있으며, 이 때문에 철
학적 탐구의 본래적 목적이 확실성을 제공하는 것이라는 믿음이 철학
적 상식처럼 유포되었다. 과연 확실한 지식은 존재할 수 있으며, 그것
은 어떻게 보장될 수 있을까?

우선 "아무것도 알 수 없다"는 형태의 보편적 회의주의는 그 자체
로 자가당착적이라는 이유로 배척받았다. 오늘날 유포되고 있는 '공
약 불가능성'(incommensurability)이라는 용어를 사용하자면 전적인
공약 불가능성은 그 자체로 비정합적인 발상이다. 공약 불가능한 것
들에 관해서는 처음부터 아무것도 알 수 없으며, 그것들이 같은지, 다
른지조차도 알 수 없기 때문이다. 쿤(T. S. Kuhn)의 패러다임 이론을
통해 널리 유포된 공약 불가능성이라는 말은 20세기 과학철학뿐만 아

니라 전반적인 지적 세계에 광범위한 영향을 미쳤지만, 그 자체로는
치명적인 논란의 가능성을 안고 있다.[3]

만약 두 개의 패러다임이 전적으로 공약 불가능하다면 패러다임 1
과 패러다임 2 사이를 연결해 주는 어떤 통로도 찾을 수 없다. 패러다
임 1에게 패러다임 2는 존재조차도 알려질 가능성이 없다. 우리는 마
치 제3의 패러다임에서 이 문제를 보는 것처럼 말하지만 실상 우리의
패러다임도 패러다임 1이나 패러다임 2와 다르지 않으며, 그래서 그
패러다임들을 밖에서 볼 수 있는 가능성은 없다. 적어도 두 개의 패러
다임 사이의 차이를 의미화하기 위해서는 최소한 두 개의 패러다임을
포괄하는 공통지반이 존재해야만 한다. 이처럼 '차이'를 의미화하기
위해 요구되는 공통지반을 필자는 '의미지반'(meaning base)이라고
부른다.[4]

보편적 회의주의 또한 이러한 구도에서 벗어나지 않는다. "아무것
도 알 수 없다"는 말은 그 자체로 전달되거나 알려질 수 없다. 그것은
퍼트남(H. Putnam)의 말처럼 '정신적 자살'에 다름 아니다.[5] 이러한
상황은 우리의 앎이 무전제적인 것이 아니라 어디인가에서 출발해야
한다는 것을 말해 준다. 서구의 지성사를 주도해 온 정신주의적 전통
안에서 그 출발점은 우리의 '마음'이다. 앎의 순수한 주제로 건설된
마음은 우리의 마음이 아니라 철학적 열망이 구성한 이론적 마음이
다. 앎의 정당한 출발점은 마음이 아니라 몸이다.

극단적 회의주의자라 하더라도 그가 '의미 있게' 할 수 있는 이야

3   토머스 쿤, 『과학혁명의 구조』, 조형 역, 2판 (서울: 이화여자대학교 출판부,
    1994) 참조.
4   노양진, 「의미와 의미지반」, 『몸·언어·철학』 (파주: 서광사, 2009) 참조.
5   힐러리 퍼트남, 『이성·진리·역사』 (서울: 민음사, 2002), p. 205 참조.

기는 모두 기생적(parasitic)일 수밖에 없다. 아무것도 말하지 않는 사람에게 앎에 관해서 이야기하는 것 자체가 공허하다. 회의주의자의 논변이 빛을 발하는 것은 누군가 안다고 주장할 때뿐이다. 앎에 대한 아무런 주장도 없는 빈 공간에서 스스로 아무것도 알 수 없다고 말하는 것은 아무런 입장도 아니기 때문이다. 이것은 보편적 회의주의가 만일 하나의 입장이라면 그 자체로 비정합적인 입장이라는 것을 말해 준다. 의심은 무엇인가에 대한 의심이며, 그것은 의심해야 할 최소한의 지식을 전제한다.

오늘날 마음의 본성에 대한 인지과학의 새로운 발견은 우리의 인지능력이 결코 사변적 철학이 가정했던 수준의 진리에 부합하지 않는다는 사실을 밝혀냈다. 그러한 비관적 주장은 '두뇌'의 작용에 관한 경험적 탐색을 통해 드러난 것이며, 철학적 사유·또한 그 과정의 밖에 있지 않다는 사실을 보여 준다. 인지적으로 도달 불가능한 철학적 이상들이 있다면 그것은 철학적 열망에 의해 채워져 왔다는 것을 의미한다. 그 열망은 '우리가 원하는 것'의 영역에 속한다.[6] 원하는 것은 인간 경험에서 자연적이고 필수적인 국면이다. 그러나 원하는 것이 '철학'이라는 가면을 앞세우고 나타날 때 문제가 된다. 자신이 원하는 것이 모두가 원하는 것이 되어야 한다는 철학적 주장을 수반하기 때문이다.

1) 인지적 무의식

레이코프와 존슨(G. Lakoff and M. Johnson)은 1970년대에 들어 시작된 '제2세대 인지과학'의 핵심적 발견의 하나로 인지적 무의식을

---

6 노양진, 『몸·언어·철학』, p. 332 참조.

들고 있다.[7] 우리 사고의 대부분이 무의식의 영역에서 이루어진다는 것이다. 그것은 개개인의 특성이 아니라 두뇌를 중심으로 이루어지는 사고의 본성에 관한 문제다. 내가 이 글을 쓰고 있는 동안, 나의 두뇌는 매우 정교한 방식으로 작동한다. 단어와 단어, 문장과 문장, 단락과 단락을 구성하고, 그것들을 섬세하게 조정하는 방식으로 글을 써 나간다. 이 모든 작용에 두뇌가 작동하고 있지만 나는 그 작동 방식을 의식하지 못한다.

무의식의 영역에서 이루어지는 두뇌의 작용은 일회적인 작용이 아니며, 따라서 그것은 나름대로의 역사를 이루는 것으로 추정할 수 있다. 반복적인 글쓰기가 전반적인 글쓰기 방식의 변화를 가져온다는 사실을 알 수 있지만 우리는 그러한 능력이 어떤 방식으로 변화하는지를 의식할 수 없다. 이러한 사실은 무의식의 영역에서 이루어지는 두뇌의 작용이 지속적인 역사를 축적한다는 사실을 알려 준다. 그러나 그 역사를 밝히는 방식은 스스로의 의식에 알려지지 않으며, 또 알려지지 않을 것이다. 그러나 그 알려지지 않는 두뇌의 역사는 내 사고와 행동에 강력한 영향을 미친다. 그러한 영향은 때로는 긍정적일 수도, 때로는 부정적일 수도 있지만 이 사실은 적어도 내가 내 자신에 대해 모든 것을 알 수 있다는 믿음이 근원적으로 부적절하다는 것을 보여 준다.

---

7 1950년대에 미국을 중심으로 출발했던 인지과학은 대부분 인지주의적 가정 위에서 이루어졌으며, 그것은 우리 마음이 컴퓨터의 작동 방식과 유사한 것이라는 가정을 말한다. 이것을 '제1세대 인지과학'이라고 부른다. 1970년대에 들어 우리의 마음의 확장이 은유, 환유, 심적 영상, 원형효과 등을 통해 이루어진다는 사실에 주목하게 되었으며, 레이코프와 존슨은 이러한 새로운 흐름을 '제2세대 인지과학'이라고 부른다. G. 레이코프·M. 존슨, 『몸의 철학: 신체화된 마음의 서구 사상에 대한 도전』, 임지룡 외 역 (서울: 박이정, 2002), pp. 128-30 참조.

2) 두뇌의 반역

놀랍게도 두뇌는 두뇌의 주인이 생각하는 것과는 매우 다른 스스로
의 존립 기제를 갖고 있다. 말하자면 나의 두뇌작용의 많은 부분은 그
두뇌의 주인인 내가 의식하지 못하는 방식으로 이루어진다. 클라크
(A. Clark)는 존의 두뇌의 입장에서 두뇌의 주인인 존과의 소원한 관
계를 이렇게 서술한다.

　슬픈 것은 나(존의 두뇌)에 관해 존이 상상하는 것이 실제의 나와 거
의 같지 않다는 점이다. 우리는 친밀성에도 불구하고(오히려 그 때문에)
서로에게 이방인으로 남아 있다. 존의 언어, 내성, 그리고 단순화된 물리
주의가 나의 구성을 그의 제한된 관점에 지나치게 근접하는 것으로 인식
하게 만드는 경향이 있다. 그래서 그는 나의 파편적이고, 임기응변적이
며, 전반적으로 이질적인 본성에 대해 무지하다. 그는 내가 언어 능력의
발현에 훨씬 더 앞서 있는, 대체로 생존 지향적인 장치라는 사실, 또 의
식적이고 언어화된 인지의 확장에서의 내 역할이 최근에 얻은 부업이라
는 사실을 잊고 있다. 물론 이 부업이 그의 오해의 주된 뿌리다.[8]

　나와 두뇌 사이의 이 불운한 거리는 '숨겨진 몸'을 낳는다. 몸은 자
신의 역사를 가지며, 그것은 우리의 언어로 알려지지 않는다. 몸의 역
사는 저항이라는 방식으로만 그 존재를 알린다. 그러나 그 저항이 언
제, 어떤 방식으로 나타날 것인지를 예측할 수 있는 방식은 없다. 몸
의 역사를 알 수 없기 때문이다. 몸의 저항은 일회적으로 이루어지지

8　Andy Clark, *Being There: Putting Brain, Body, and World Together Again*
　(Cambridge, Mass.: MIT Press, 1997), p. 227.

않고 안정된 방식으로 드러난다. 그 저항은 나의 의식적 사고와 행동을 가로막는다. 그 비밀을 밝힐 수 없는 한 우리는 우리 자신에 관해서 알 수 없다. 그러나 수많은 사변과 사유가 우리 자신을 알 수 있다고 약속한다. 그것은 처음부터 불가능한 약속이다.

3) 앎의 무지

마뚜라나와 바렐라는 우리가 우리 자신의 앎의 구조에 대해 무지하며, 그것이야말로 가장 부끄러운 무지라고 말한다.

> 성찰보다 행위를 지향하는 서양문화에서는 우리가 어떻게 인식하는지를 인식한다고 하는 특별한 상황을 마주하기를 전통적으로 꺼려왔다. 그래서 사람들은 보통 자신을 보지 못한 채 살아왔다. 이것은 마치 "앎을 알면 안 된다"라는 금기가 있는 것과도 같다. 그러나 우리의 삶에 실제로 가장 가까운 우리의 경험세계가 어떻게 구성되는지 모른다는 것은 참으로 부끄러운 일이다. 세상에 온갖 부끄러운 일이 많지만 이 무지야말로 가장 부끄러운 것에 속한다.[9]

'철학'이라는 이름으로 우리에게 전해진 '원하는 것들'은 우리의 위대한 정신적 유산으로 전승되어 왔지만 적어도 사변적 전통의 철학자들에게는 오늘날 우리가 알게 된 인지의 본성에 대한 지식은 주어지지 않았다. 적어도 이들의 이론은 당대에 주어진 경험적 지식과 충돌하지 않았을 것이다. 또는 이들이 당대의 경험적 지식을 거부하는 형태로 철학적 사유를 하지도 않았을 것이다. 만약 이들이 오늘날 21

---

9 마뚜라나·바렐라, 『앎의 나무』, p. 31.

세기를 살고 있다면 자신들의 이론의 많은 부분을 '스스로' 철회했을 것이다.

3. 무지의 약속

현재와 같은 몸을 가진 모든 유기체는 자신의 경험 안에 갇혀 있다. 나는 당신의 경험에 직접 접속할 수 없으며, 그 반대도 마찬가지다.[10] 나와 타자의 경험을 이어주는 직접적인 통로가 없다는 점에서 우리는 각자의 경험 안에 유폐되어 있다. 이러한 자명한 사실에도 불구하고, 우리는 그것을 끊임없이 벗어나야만 하는 역설적 존재다. 경험의 유폐성은 '자족성'(aseity)을 의미하지 않는다. 즉 우리는 우리 경험 안에 갇힌 채로는 생존할 수조차 없다. 유기체는 반드시 다른 유기체를 먹이로 삼아 생존하며, 따라서 다른 유기체에 대해 생존적 관심을 가질 수밖에 없다. 물고기의 다음 움직임을 예상할 수 있다면 나는 물고기 잡기에 결정적으로 유리한 조건에 서게 된다. 나는 물고기의 느낌과 욕구를 직접 공유할 수 없다. 나는 물고기의 움직임을 기표로 삼아 물고기의 의도와 욕구를 기호적으로 해석할 수 있으며, 그렇게 해서 물고기 잡기에 성공할 수 있다.

우리는 서로에게 기호적으로 알려지고 이해된다. 연인들은 직접적인 신체적 접촉을 하면서도 서로의 지각에 대해 직접적으로 알 수 없다. 다만 상대방의 몸짓, 표정, 언어를 통해 그것을 짐작할 뿐이다. 우리의 몸은 일차적이고 직접적인 기표이지만 그 외의 모든 물리적 대상 또한 기표로 사용될 수 있다. 이러한 사실은 그러한 기표가 주어지

---

10 이 책 7장 「의사소통의 기호적 구조」 참조.

지 않았을 때 우리가 상대방의 의도를 기호적으로 해석할 수 있는 여
지가 없어진다는 것을 의미한다.[11]

1) 위장

비밀의 방으로 통하는 문은 책장으로 '위장'(disguise)되어 있다.
그 위장은 일상적인 지각을 통해서는 식별할 수 없어야만 성공적일
수 있다. 만약 그 위장이 처음부터 가능하지 않다는 것을 알면 우리는
아예 그런 시도 자체를 하지 않을 것이다. 막대벌레는 나뭇가지와 흡
사한 모양으로 위장하고 있다가 먹이가 가까이 접근하면 사냥을 한
다. 위장에 실패하는 것은 사냥에 실패한다는 것이며, 그것은 동작이
느린 그 벌레에게 죽음을 의미한다. 포식자의 눈을 피하기 위한 위장
또한 다르지 않다. 이 세계가 확실성에 의지해서만 지탱된다면 자연
세계의 많은 종들의 구조는 완전히 달라져 있을 것이다.

위장은 인간에게도 마찬가지로 가능하다. 사람들은 타인에 대해서
알 수 있다고 말하지만 그것은 다분히 수사적인 표현일 뿐이다. 우리
는 타인의 경험에 직접 접속할 수 없다. 타인의 경험은 오직 기호적으
로만 알려진다. 그 반대도 마찬가지다. 우리는 '매개의 저주'(curse of
mediacy)라는 운명 속에 살고 있다.[12] 기호적 앎은 본성상 불투명성
으로 특징지어진다. 그래서 수많은 거짓말이 가능하다. 거짓말이 드

11　반대로 나의 의도와 욕구를 드러내거나 숨길 때에도 그것을 직접적으로 타인과
　　공유하는 길은 없다. 내 고통을 타인에게 알리기 위해서는 몸짓, 표정, 언어 등
　　을 매개물로 사용할 수밖에 없다. 타인은 그 매개물을 기표로 삼아 나의 고통을
　　기호적으로 추정한다. 그 반대도 마찬가지다.

12　Ernst Cassirer, *Language and Myth*, trans. Susanne Langer (New York:
　　Dover Publications, 1953), p. 7 참조.

러나는 경우는 그와 관련된 행동이나 그 행동의 흔적 등 주변적 정황
에 의해서일 뿐, 거짓말 자체를 식별할 수 있는 직접적인 인지적 장치
는 없다.

2) 꼭짓점 이론

완결된 이론은 본성상 닫힌 이론이며, 그것은 우리가 도달해야 할
'꼭짓점'을 향해 모든 것이 수렴되는 구조를 갖는다. 꼭짓점에는 인
간이 거주할 공간이 없다. 그것은 다만 순수하게 개념적인 위치일 뿐
이다. 이론을 통해 도달한다 하더라도 거기에는 우리가 거주할 땅이
없다. 비트겐슈타인(L. Wittgenstein)은 이렇게 말한다.

> 우리가 실제의 언어를 더욱 정확히 고찰할수록, 그것과 우리의 요구
> 사이의 충돌은 더욱 강해진다. (논리학의 수정체 같은 순수성은 실로 나
> 에게 탐구의 결과로서 주어진 것이 아니었다. 그것은 하나의 요구였다.)
> 그 충돌은 견딜 수 없게 된다. 그 요구는 이제 공허한 어떤 것으로 될 우
> 려가 있다. 우리는 마찰이 없는, 그러니까 어떤 뜻에서는 그 조건이 이상
> 적인, 그러나 바로 그 때문에 또한 걸어갈 수도 없는 빙판에 빠져들었다.
> 우리는 걸어가고자 원한다. 그렇다면 우리에는 마찰이 필요하다. 거친
> 대지로 되돌아가자![13]

닫힌 이론들은 삶의 옳은 방향성을 제시한다는 구실을 앞세워 철학
사의 주류를 형성했다. 꼭짓점 이론이 문제시되는 것은 그것의 본성

---

[13] 루트비히 비트겐슈타인, 『철학적 탐구』, 이영철 역 (서울: 책세상, 2006), 107
절. (고딕은 원문의 강조.)

적 배타성 때문이다. 이것은 기호적 사유가 낳은 또 다른 유폐의 덫이다. 닫힌 이론이 실패한 것은 단일한 원리를 제시하지 못했기 때문이 아니라 너무나 많은 '단일한 원리'를 제시했기 때문이다. 로티(R. Rorty)의 어법을 빌리면 우리에게는 그 중 어떤 것이 진정한 '단일한' 원리인지를 식별할 능력이 없다.[14] 우리에게 주어진 것을 벗어나는 시도가 왜 애당초 어려운지에 대해 비트겐슈타인은 이렇게 말한다.

> 이상은 우리의 사고 속에서 확고부동하게 자리하고 있다. 당신은 그것으로부터 나올 수 없다. 당신은 언제나 되풀이해서 되돌아갈 수밖에 없다. 바깥은 존재하지 않는다. 바깥에는 산소가 없다. 어디에서 이런 관념이 오는가? 그 관념은 말하자면 우리의 코에 걸치고 있는 안경처럼 자리잡고 있으며, 우리는 우리가 보는 것을 통해서 보고 있다. 우리는 그것을 벗어버리려는 생각에는 전혀 이르지 못한다.[15]

경험주의는 감각적 지각에 직접 주어지는 것이 객관적이라는 가정에서 출발한다. 예를 들면 경험주의는 내가 이 종이를 흰색으로 경험하면 다른 모든 사람도 동일한 방식으로 경험한다고 가정한다. 그것은 매우 상식적인 가정이기는 하지만 확실성을 탐구하려는 인식론자의 희망에 비추어 본다면 매우 허술한 가정이다. 내가 말하는 '흰색'과 타인이 말하는 흰색이 동일한지, 즉 나의 흰색 지각과 타인의 흰색

---

14 Richard Rorty, *Philosophy and Social Hope* (London: Penguin Books, 1999), p. 82.

15 비트겐슈타인, 『철학적 탐구』, 103절.

지각이 동일한지를 결정할 수 있는 객관적 방법은 없다.[16] 이러한 경험주의의 아포리아에 대해 콰인(W. V. O. Quine)은 시간과 공간 안에 존재하는 한 우리는 결코 동일한 경험을 공유할 수 없다고 말한다.

> 우리 누구도 다른 사람과 동일하게 외부 대상을 경험할 수 없다. 우리는 서로 다른 위치에 있으며, 위치를 바꾸는 동안에 대상들은 변하기 때문이다.[17]

이 모든 것은 확실성의 토대를 해체한다. 이들의 제안 앞에서 우리는 이제 확실성이 무엇인지를 되물어야만 한다. 우리에게 확실성은 '희망'의 이름이다. 우리에게 가장 확실한 것은 자신을 가두고 있는 자신의 경험뿐이다. 우리는 서로에게 그렇게 말할 수 있다. 그 자명한 사실에 굴복하는 것은 '유아론'(solipsism)에 굴복하는 일로 간주되었다. 이 때문에 철학의 역할은 이 유아론을 넘어서 앎의 가능성을 열어 주는 것으로 인식되었다.

4. 회의, 그 다음의 것

확실성에 대한 믿음은 그 부산물로 그만큼 강력한 회의주의적 우려를 불러온다. 확실성만이 유일한 지식의 척도라면 거기에 이르지 못하는 지식은 결코 온전한 지식일 수 없기 때문이다. 근세의 인식론적 전통 안에서 표면화된 이러한 이분법적 우려를 번스타인(R. Bernstein)은

---

16   같은 책, 293절 참조.

17   Quine, *The Ways of Paradox and Other Essays*, revised ed. (Cambridge, Mass.: Harvard University Press, 1976), p. 226.

'데카르트적 불안'(Cartesian anxiety)이라고 부른다.[18] 이러한 근세적 우려는 20세기의 지적 논의에까지 여과 없이 이어진다.

번스타인의 이러한 진단은 로티의 급진적인 인식론 비판과의 관련성 속에서 제시된다. 로티는 로크-데카르트-칸트로 이어지는 근세 인식론이 확실성의 탐구를 앞세우면서 도달할 수 없는 목표를 설정함으로써 이후 20세기 분석철학에 이르기까지 수세기 동안 지성사를 '데카르트적 불안'으로 몰아넣었다고 지적한다. 이러한 고약한 상황은 근세에 흄(D. Hume)을 통해서 이미 그 모습을 드러냈다. 흄은 물리적 세계에 대한 우리의 지식이 결코 '필연적 연관'(necessary connection)에 이를 수 없다는 사실을 인정했으며, 적어도 물리적 세계에 대해 스스로 회의주의적 결론을 벗어날 수 없었다. 로티의 인식론 비판은 바로 인식론의 이러한 근거 없는 목표 자체에 대해 근원적인 비판을 제기함으로써 회의주의의 덫을 제거하려는 것이다.[19]

그러나 급진적이기는 하지만 로티가 이러한 비판을 근세적 구도에 국한하고 있다는 것은 사실상 겸손한 일이다. 그릇된 확실성의 탐구의 뿌리는 근세를 훨씬 더 거슬러 올라가 찾을 수 있기 때문이다. 필자는 그 뿌리를 플라톤까지 거슬러 올라갈 수 있다고 본다. 그러나 정작 플라톤의 스승으로 알려진 소크라테스의 가르침은 전혀 다른 것이었다. 비록 플라톤의 입을 통한 것이기는 하지만 소크라테스는 "우리 자신의 무지를 알아야 한다"고 가르친 것으로 알려져 있다. 그런 의미에서 소크라테스의 산파술은 참된 지식에 이르는 길이 아니라 자신의 무지를 깨닫게 하는 대화의 길이었다. 소크라테스는 아테네에 널리

---

18 리처드 번스타인, 『객관주의와 상대주의를 넘어서』, 정창호 외 역 (서울: 보광재, 1996), pp. 39-47 참조.
19 리처드 로티, 『철학 그리고 자연의 거울』, 박지수 역 (서울: 까치, 1998) 참조.

유포된 소피스트들의 무성한 지식 주장 또는 진리 주장을 반박하려고
했으며, 그것은 궁극적인 무지에 대한 믿음을 향한 가르침이다. 그것
은 참된 지식에 대한 가르침이 아니라 우리가 왜 참된 지식에 도달할
수 없는 존재인지를 깨닫게 하려는 가르침이다. 거드리(W. K. C.
Guthrie)는 이렇게 말한다.

> 소크라테스적이 된다는 것은 어떤 철학적 이론의 체계도 따르지 않는
> 다는 것을 말한다. 그것은 무엇보다도 마음의 태도, 즉 오만으로 오해받
> 기 쉬운 지적 겸양을 의미한다. 왜냐하면 진정한 소크라테스적 철학자는
> 자신의 무지뿐만 아니라 모든 인간의 무지를 확신하기 때문이다.[20]

소크라테스의 철학적 태도에 대한 이러한 해석은 20세기 후반에 들
어 '교화철학'(edifying philosophy)을 앞세운 로티의 입을 통해 되살
아났다. 교화철학은 우리에게 절대적 진리가 가능하지 않다는 사실을
확신시키려는 철학적 활동의 한 갈래다. 로티는 교화철학이 "진리를
발견한다기보다는 오히려 대화를 이어가는 것"[21]을 목표로 삼는다고
말한다. 교화철학은 새로운 이론을 탐색하는 것이 아니라 그 모든 탐
색을 거부하는 낯선 길에 대한 지속적인 권고다. 로티는 대안적 이론
구성이 필연적으로 우리를 좌절로 이끌어 갈 수밖에 없다는 철학적

---

20 W. K. C. Guthrie, *A History of Greek Philosophy*, Vol. 3: *The Fifth-Century
   Enlightenment* (Cambridge: Cambridge University Press, 1969), p. 449.
21 로티, 『철학 그리고 자연의 거울』, p. 401. '교화'(edification)라는 낯선 말은 가
   다머의 해석학적 전통에서 사용하는 'Bildung'에 대한 로티의 영어 번역어다.
   '교화철학'은 우리에게 여전히 낯설지만 통용 가능한 말로 보인다. 같은 책, p.
   387 참조.

통찰의 뿌리를 가깝게는 비트겐슈타인에게서 찾고 있으며, 동시에 2,500년의 철학사를 거슬러 소크라테스에게서 찾고 있다. 로티가 추적한 것은 철학은 이론이나 체계를 향한 지적 노력이 아니라 우리 스스로의 조건에 대한 우리의 반성적 성찰을 권고하는 치유적 활동이라는 통찰이다.

대신에 플라톤은 소크라테스의 이러한 가르침을 우리 모두를 넘어선 '에피스테메', 즉 참된 지식에 대한 가르침으로 받아들였다. 플라톤은 소크라테스의 말을 지각 세계에 어떤 확실한 지식도 존재하지 않는다는 말로 받아들였으며, 그것을 넘어선 참된 지식의 상을 건설했다. 이데아는 그러한 지식의 대상으로 건설되었다. 플라톤은 스승의 가르침을 정면으로 배반하고 이후의 철학사를 '무지의 철학'으로 이끌어 가는 첫걸음을 열었다. 확실성의 탐구는 근세의 새로운 산물이 아니다. 그것은 소크라테스와의 결별 이후 단 한 차례도 단절되지 않은 '무지'의 역사다. 서양철학사를 플라톤 철학의 주석이라고 말하는 것은 플라톤주의자의 들뜬 과장만은 아니다.

철학이 그려 왔던 확실성이 철학적 열망의 산물이었다는 사실은 우리 경험의 조건에 대한 반성을 통해 극명하게 드러난다. 우리는 모두 자신의 경험 안에 갇혀 있다. 서로의 경험에 직접 이르는 길은 열려 있지 않다. 이것이 경험의 '유폐성'(incarceration)이다. 타인의 경험은 우리에게 수수께끼이며, 그것은 오직 기호적으로만 전해진다. 타인의 몸짓, 표정, 언어, 도구를 통해서만 전해진다. 그것들은 모두 기표들이다. 우리는 그 기표들에 대한 기호적 해석을 통해 타인의 경험을 해석한다.

내 경험의 유폐성을 넘어서는 유일한 길은 기호적 길이다. 이런 이유로 우리는 기호적 경험의 본성을 '탈유폐성'(ex-carceration)으로 특징지을 수 있다.[22] 기호적 경험은 우리의 선택이 아니라 우리 경험의 기본적 조건이다. 탈유폐적 기호 개념은 우리가 근원적으로 타자에 대한 확실한 지식에 이를 수 없다는 것을 의미한다. 기호적 존재에 대한 지식은 자연과학이 도달했던 안정성에 이르지 못했으며, 또 결코 이르지 못할 것이다. 기호적 경험은 본성상 불투명성으로 특징지어진다. 이러한 불투명성은 특정한 방법의 실패 때문이 아니라 우리의 인지적 구조가 안고 있는 근원적 조건에서 비롯된다.

기호적 경험 안에서 살아가는 우리에게 해석은 결코 완결될 수 없다. 가다머(H.-G. Gadamer)는 일찍이 완결된 해석의 불가능성에 관해 탁월한 통찰을 보여 주었다. 가다머는 우리가 역사성 안에 갇혀 있는 한 모종의 선입견과 선판단으로부터 벗어날 수 없으며, 그것은 필연적으로 왜곡된 해석의 길을 열고 있다는 것이다.

> 텍스트가 해석자에게 말하는 것으로서 텍스트의 참된 의미는 저자 또는 그 저자의 원래 독자의 우연성에 의존하지 않는다. 그것은 우연성들과 동일하지 않다. 왜냐하면 그것은 항상 부분적으로 해석자의 역사적 상황에 의해 결정되며, 따라서 역사의 객관적 행로의 전체에 의해 결정되기 때문이다. …… 종종 그러는 것이 아니라 항상 텍스트의 의미는 원저자를 넘어선다.[23]

가다머는 모든 해석은 그 자체로 또 다른 왜곡이며, 무한한 해석의 연속만이 가능하다고 주장한다. 이러한 가다머에게 어김없이 제기되

---

22 이 책 7장 「의사소통의 기호적 구조」, 특히 p. 156 참조.

23 Hans-Georg Gadamer, *Truth and Method*, trans. William Glen-Doepel, 2nd ed. (London: Sheed and Ward, 1979), pp. 263-64.

는 물음은 지식의 객관성 문제다. 가다머의 주장처럼 모든 것이 열려 있는 해석이며, 해석의 해석이라면, 해석의 객관성은 어디에 있는가? 가다머는 모든 해석이 '역사성'을 갖는다고 말한다. 그것이 사실이라 하더라도 그것은 객관성을 향한 길이 아니라 상대성을 향해 열리는 길이다. 가다머 자신도 무한한 해석과 허무주의적 분기 사이에 멈추어야 할 지점의 필요성을 인식하고 있었던 것은 분명하지만 그것이 어디쯤인지에 관해서는 불투명한 믿음을 넘어서지 못하고 있다.

기호적 유폐성을 비켜서는 길은 또 다른 기호적 도약을 통해 이르게 되는 메타의 길이 아니라 불투명성이라는 본래적 조건으로 회귀하는 길이다. 철학사를 통해서 반복적으로 보아 왔던 것처럼 탈유폐성의 열망은 흔히 초월이나 선험으로 이어진다. 초월은 도달할 수 없는 과도한 철학적 열망의 표현이다. 초월적 이론들은 '초월'이라는 개념이 근원적으로 안게 되는 피할 수 없는 역설을 감수하면서도 우리의 경계를 넘어서서 도약한다.[24] 반면에 선험은 이론적 실패의 징후다. 선험에 의지했던 칸트(I. Kant)의 인식론이 불러왔던 '물자체'(Ding an sich)가 그것이며, 들뢰즈(G. Deleuze)가 시뮬라크르(simulacre)의 원천으로 제시했던 '객관적 선험'이 그것이다. 이들이 직면했던 알 수 없는 이론적 벽은 알 수 있는 것의 한계를 잘못 그을 때 생겨나는 피할 수 없는 이론적 아포리아들이다.[25]

---

24 이 책 1장 「초월의 역설」 참조.

25 칸트는 인식되는 대상과 인식하는 주관을 구분하고 주관이 인식을 구성한다고 주장했지만 구성되기 이전의 대상, 즉 물자체는 인식되지 않지만 있다고 말해야 하는 아포리아에 직면하게 되었다. 한편 들뢰즈는 시뮬라크르를 '의미 사건'이 라고 부르는데, 그는 그것을 마치 우리 밖의 사건으로 간주함으로써 그 원천에 관해 답할 수 없는 곤경에 처하게 된다. 그래서 시뮬라크르는 물리 세계의 표면에서 '솟아오른다'고 주장하지만 정작 그 구체적인 뿌리에 관해서는 '선험'이라

5. 맺는말

'앎에 대한 앎'이라는 시각에서 본다면 지적 영역이든 도덕적 영역이든 확실성에 대한 약속으로 채워진 서양철학사는 대부분 '무지'의 역사다. 무지에 근거한 앎은 또 다른 무지다. 확실성의 꿈이 각자의 것으로 떠도는 동안 그것은 자신에게도 타인에게도 무해할 수 있다. 그러나 그것이 모두의 '확실성'이 되어야 한다는 주장과 마주치는 순간 지적 폭력으로 돌변한다. 폭력은 지적인 것에서 멈추지 않고 정치적 권력과 결합함으로써 억압의 현실이 된다.

서양철학의 무지에 대한 고발은 인지과학이라는 최근의 탐구에 의해서 처음 제기된 것이 아니다. 비트겐슈타인은 서양철학사를 '혼동'의 역사로 보았으며, 그 혼동은 '우리의 것'과 '우리가 원하는 것' 사이에서 출발한다.[26] '원하는 것'이 낯익은 것이라고 해서 그것을 '우리의 것'으로 받아들이는 것은 지적 혼동이며, 그 혼동이 사유의 역사 많은 부분을 차지한다. 그 혼동에는 물론 인간적인 자연스러움이 있다. 그 혼동은 개개인의 특이성에서 비롯된다기보다는 우리 언어의 본성에서 비롯되기 때문이다. 그러나 이러한 혼동을 부추기는 더 근원적인 이유는 우리의 유기체적 존재 조건에 있다. 우리의 유기체적 조건은 시간과 공간의 제약 속에서 우리를 불투명성 속에 가둔다. 그것을 벗어나려는 모든 동기는 자연스럽다. 그러나 자연스러움이 앎에 관한 유일한 척도가 아니라는 데 문제가 있는 것이다.

확실성의 탐구를 통해 회의주의를 근원적으로 극복하거나 거부하

는 말을 사용할 수밖에 없는 것으로 보인다. 이 문제에 관한 좀 더 상세한 논의는 노양진, 「들뢰즈와 시뮬라크르의 의미론」, 『몸·언어·철학』 참조.

26   같은 책, pp. 332, 344 참조.

려는 모든 철학적 노력은 '무지'에서 비롯된 것이다. 우리가 주류라고 알고 있는 모든 철학은 앎에 대한 희망, 또는 그 희망의 메시지로 가득 차 있다. 역설적이게도 그 희망 때문에 우리는 우리 자신을 잘 이해하지 못한다. 그것은 우리 자신의 근원적 조건에 대한 정교하고도 집요한 왜곡으로 이끌어 가며, 그것은 기호적 유폐가 낳은 또 다른 무지다. 모든 꼭짓점은 기호적으로 구성되며, 그 꼭짓점은 스스로를 낳은 지반을 가리기 때문이다.[27]

우리 자신의 조건에 대한 이해는 물리적 세계와의 상호작용에서 직접적으로 주어지는 일차적 층위의 앎이 아니다. 그것은 반성적 탐구를 통해 회귀적으로 도달할 수 있는 앎이다. 그것은 그저 우리에게 주어진 무엇인가를 메타적으로 넘어서는 데 있는 것이 아니라, 그 주어진 것을 반성적으로 되돌아볼 수 있는 통찰을 요구한다. 이렇게 되돌아본 앎의 문제는 '크기'(size)의 문제로 드러난다. 현재와 같은 몸을 가진 유기체로서 인간의 크기에 부합하는 앎의 크기가 있다. 그것은 유기체적 생존을 가능하게 해 주며, 나아가 인간적 번영을 가능하게 해 주는 크기의 앎이 될 것이다. 확실성이라는 꿈을 외면하는 것이 우리를 지적 허무주의로 이끌어 갈 것이라는 이분법적 우려가 무지에 대한 불안을 불러오는 일차적 이유일 것이다. 양극단 사이의 모호한

---

27 역설적이게도 경험의 유폐성을 넘어서기 위해 구성된 새로운 꼭짓점 이론들은 우리를 또 다른 유폐로 이끌어 간다. 우리는 우리가 기호적으로 건설한 닫힌 이론들에 스스로를 가두게 된다. 필자는 그것을 '기호적 유폐'라고 부른다. 기호적 유폐로서의 이론들을 넘어서는 길은 또 다른 층위의 기호적 이론을 구성하는 길이 아니라 그 출발점에 대한 반성적 통찰을 통해 다시 그 출발점으로 되돌아오는 일이다. 그것은 우리의 근원적 조건을 바꾸기 위한 노력이 아니라 우리 자신의 본래적 조건을 바라보는 시각을 바꾸는 일이다. 그렇게 되돌아본 우리 자신은 새 옷을 갈아입지는 않았지만 새로운 우리다.

대지가 우리가 서 있는 땅이다. 그것은 무지의 철학사에 기록되지 않은 무적지이지만, 사실상 그것은 철학의 역사가 시작되기 전부터도 우리 자신과 함께 있어 왔던 너무나 낯익은 땅이다.

제9장

존슨의 자연주의 윤리학과
도덕의 크기

1. 머리말

20세기 초반 분석철학의 쇄도 속에서 학문적 실지(失地)가 되어 버린 윤리학은 대안적 논의의 접점을 찾지 못한 채로 새로운 세기를 맞게 되었다. 이러한 상황에서 '자연주의 윤리학'(naturalistic ethics)은 새로운 윤리학적 탐구의 가능성을 열어 주는 주목할 만한 대안으로 떠오르고 있다. '체험주의'(experientialism)라는 새로운 철학적 흐름을 주도하는 존슨(M. Johnson)의 최근 논의는 '자연주의 윤리학'의 가능성과 필요성에 대한 체계적인 논의의 새로운 갈래를 이룬다. 특히 존슨은 '제2세대 인지과학'의 경험적 탐구 성과들을 적극적으로 받아들임으로써 사변적 전통의 윤리학이 근원적으로 그릇된 가정에 근거하고 있으며, 이 때문에 전면적으로 수정되거나 재해석되어야 한다고 주장한다.[1] 나아가 존슨의 '도덕적 이해'(moral understanding)에 대

---

[1] 1950년대에 출발했던 인지과학은 마음의 본성에 대한 학제적 탐구다. 인지과학은

202 철학적 사유의 갈래

한 경험적 해명이 윤리학의 새로운 과제가 되어야 한다고 주장한다.

보편적 도덕원리를 추구하는 도덕적 절대주의를 거부하면 자연주의는 자연스러운 귀결이 된다.[2] 초월이나 선험이라는 이름으로 추구되어 왔던 '절대'에 대한 믿음이 무너지면서 우리에게 남은 유일한 탐구의 반경은 '경험적인 것'으로 국한되기 때문이다.[3] 최근 존슨의 윤리학적 탐구는 '도덕적 근본주의'(moral fundamentalism)의 위험성에 대한 적극적 비판으로 특징지어질 수 있다. 존슨에 따르면 특정한 도덕적 원리 체계를 사고와 행위의 유일한 근거로 삼는 도덕적 근본주의는 인지적으로 그릇된 가정에 근거하고 있을 뿐만 아니라 도덕적 상황에서 오히려 도덕적 판단과 숙고를 가로막는다는 점에서 부도

마음의 핵심적 소재가 몸의 일부인 '두뇌'라는 믿음을 공유한다. '제1세대 인지과학'은 마음의 작용이 컴퓨터와 유사한 법칙적 알고리즘에 따라 이루어진다는 계산주의적 시각을 공유한다. 그러나 1970년대에 들어 마음의 작용이 은유나 환유, 심적 영상, 원형효과 등을 따라 이루어진다는 사실이 점차 분명해지면서 인지과학은 완전히 새로운 국면에 접어들게 되었다. 레이코프와 존슨은 이 새로운 변화를 '제2세대 인지과학'으로 구분한다. G. 레이코프·M. 존슨,『몸의 철학: 신체화된 마음의 서구 사상에 대한 도전』, 임지룡 외 역 (서울: 박이정, 2002), 특히 pp. 126-30 참조.

2　'자연주의'에 대한 집요하고도 의도적인 오해의 배후에는 자연주의가 필연적으로 물리주의나 환원주의의 한 유형일 수밖에 없다는 생각이 자리 잡고 있는 것으로 보인다. 이러한 주장은 소박해 보이지만 의도적 측면이 있어 보인다. 존슨이 옹호하려는 자연주의는 환원 대신에 듀이(J. Dewey)적 '창발'(emergence) 개념에 의존하고 있으며, 이런 측면에서 존슨의 입장을 '환원적 자연주의'와 대비하여 '창발적 자연주의'(emergentistic naturalism)로 부를 것이다.

3　이때 '경험적인 것'은 전통적인 경험주의(empiricism)가 유지했던, '감각적 지각에 직접 주어지는 것'으로서의 경험이 아니라 "우리를 인간 — 우리의 세계에 대한 우리의 이해를 구성하는 복합적인 상호작용 안에서 결합되는 신체적·사회적·언어적 존재 — 으로 만들어 주는 모든 것"을 포함하는 넓은 의미에서의 경험이다. 마크 존슨,『마음 속의 몸: 의미, 상상력, 이성의 신체적 근거』, 노양진 역 (서울: 철학과현실사, 2000), p. 32.

덕한 입장이다.

도덕적 경험에 대한 존슨의 시각은 다분히 듀이(J. Dewey)적이다. 존슨은 듀이를 따라 도덕적 이해와 경험을 '도덕적 문제 해결'의 한 국면으로 보고 있으며, 따라서 도덕 문제는 경험의 한 국면으로 해명되어야 한다고 주장한다. '도덕적 숙고'(moral deliberation)의 과정에서 우리가 절대적으로 의지해야 할 선결된 도덕원리는 존재하지 않기 때문이다. 도덕적 숙고는 가능한 도덕적 시나리오를 떠올리고 그 귀결들을 평가하는 과정으로 이루어지며, 거기에는 어떤 확정적인 알고리즘도 없다. 이러한 관점에서 존슨은 도덕적 숙고의 상상적 본성에 대한 해명을 통해 우리의 인지적 본성과 조건에 부합하는 적극적/건설적 윤리학의 가능성을 제안하며, 그것을 '인간의 도덕'(morality for humans)이라고 부른다. 인간의 도덕은 인간의 인지적 능력을 넘어선 사변적 전통의 도덕적 탐구에 대한 전면적 거부를 의미한다. 그 자연스러운 귀결은 자연주의 윤리학이다. 이 글에서 필자는 존슨의 논의가 현재와 같은 몸을 가진 유기체인 우리 자신의 인지적 조건에 부합하는 도덕 이론의 '크기'(size)에 대한 제안이며, 이것은 20세기 초반 이래로 분기 상태에 빠진 윤리학 영역에 새로운 건설적 논의의 가능성을 열어 주는 적극적 제안이라는 점을 밝히려고 한다.

2. 인지과학과 윤리학

존슨의 윤리학적 논의는 『도덕적 상상력』(*Moral Imagination*)에서 체계적인 윤곽을 드러내고 있다. 존슨은 '제2세대 인지과학'의 경험적 발견을 따라 대부분의 추상적 개념과 이론들이 은유적 구성물이라는 분석을 토대로 사변적 윤리학 전통의 주도적 이론들이 복합적인 은유들의 묶음이라고 주장한다.[4] 이것은 도덕적 절대주의(moral absolut-ism)가 추구하거나 제시해 왔던 도덕원리들이 근원적으로 절대성의 근거를 확립할 수 없다는 사실을 함축한다. 이러한 관점에서 존슨은 근세 이후 서양 윤리학을 주도해 온 의무론과 공리주의가 공통적으로 절대적 도덕법칙을 발견하려는 '도덕적 절대주의'의 표현이라고 본다. 도덕적 개념과 원리가 은유적 구성물이라는 체험주의적 주장에 따르면 절대적 원리를 자처하는 모든 이론은 근원적으로 그릇된 인지적 가정에 근거하고 있다.

절대주의 도덕 이론의 기본 가정에 대한 존슨의 비판은 마음의 본성에 대한 학제적 탐구인 인지과학의 새로운 발견들에 근거하고 있다. 20세기 초반 분석철학, 특히 논리실증주의가 전통적 규범윤리학의 '의미론적 근거'를 물음으로써 윤리학을 해체하려고 했다면 존슨은 전통적 윤리학의 '인지적 근거'를 묻는 방식으로 그것을 무너뜨리려고 하는 것이다. 레이코프와 존슨(G. Lakoff and M. Johnson)은 '제2세대 인지과학'의 핵심적 발견을 다음과 같은 세 가지 논제로 요약한다.

마음은 본유적으로 신체화되어 있다.
사고는 대부분 무의식적이다.
추상적 개념들은 대체로 은유적이다.[5]

이러한 인지과학적 발견에 근거한 체험주의의 은유적 분석을 따라

---

4 존슨, 『도덕적 상상력: 체험주의 윤리학의 새로운 도전』, 노양진 역 (파주: 서광사, 2008), 특히 2-3장 참조.
5 레이코프·존슨, 『몸의 철학』, p. 25 참조.

도덕법칙의 절대성이 거부될 때 우리에게 남겨진 윤리학적 관심사는 무엇이 될까? '도덕적인 것'은 우리 밖에 존재하는 물리적 세계의 질서 문제가 아니라 우리 자신의 도덕적 경험의 문제다. 우리에게 필요한 것은 세계에 대한 분석이 아니라 우리 경험의 핵심적 일부를 구성하고 있는 도덕적 국면의 본성과 구조에 대한 탐구이며, 이러한 탐구를 위해서는 우리 경험 일반의 본성과 구조에 대한 탐구에 근거해 이루어져야 한다는 것이다. 이러한 관점에서 존슨은 윤리학이 '도덕적 이해'의 탐구가 되어야 한다고 제안한다.

도덕 이론은 도덕적 이해의 이론이 되어야 한다. 그 목표는 자신과 타인들, 그리고 인간 존재의 복합성에 대한 깊고 풍부한 이해에서 비롯되는 도덕적 통찰, 그리고 안내와 지침이 되어야 한다. 도덕적 사유의 핵심에 자리 잡고 있는 것은 우리가 다른 사람들과 함께 잘 살 수 있게 해 주는 좀 더 포괄적인 목표들을 구성하고 실현하는 능력이다. 그것은 변화하는 경험을 조작하고 새로운 우연성들에 지성적으로 대처할 수 있을 만큼 충분히 유연한, 방대한 형태의 상상적 이성을 포함한다. 도덕적 지성의 핵심은 주어진 상황에서 행위의 가능성들을 상상적으로 파악하고, 어떤 행위가 의미와 평안함을 고양시킬 가능성이 가장 큰지를 식별하는 일이다.[6]

존슨의 이러한 주장은 전통적인 윤리학의 기본 가정을 비켜서는 급진적인 메타적 주장이다. 그러나 이러한 주장은 전적으로 새로운 것

---

6 Johnson, "How Moral Psychology Changes Moral Theory," in Larry May et al., eds., *Mind and Morals: Essays on Ethics and Cognitive Science* (Cambridge, Mass.: MIT Press, 1996), p. 66.

만은 아니다. 이러한 시각은 사실상 이미 한 세기 전에 듀이를 통해
훨씬 더 포괄적으로 제기되었지만 듀이의 제안은 20세기 초 분석철학
의 쇄도 속에서 대부분 과거의 것으로 잊혀져 왔다. 듀이는 철학적 탐
구가 우리 밖의 세계에 관한 것이 아니라 우리 '경험'에 대한 탐구가
되어야 한다고 생각했다. 이러한 관점에서 듀이는 도덕적 탐구 또한
'도덕적 경험'에 대한 탐구가 되어야 하며, 도덕적 경험은 다시 경험
에 대한 일반적 탐구의 한 부분이 되어야 한다고 주장했다. 존슨의 시
각은 듀이의 이러한 시각과 크게 다르지 않지만 존슨이 듀이에 비해
유리한 점이 있다면 존슨은 오늘날 인지과학이 제공하는 새로운 경험
적 지식에 의지할 수 있게 되었다는 점일 것이다.[7]

　철학적 탐구에서 경험적 지식의 중요성을 강조하는 존슨의 시각은
사변적 전통의 철학적 사유와 불가피한 긴장을 불러온다. 윤리학적
탐구 또한 다르지 않다. 경험적 탐구의 한 갈래인 인지과학의 새로운
발견들이 그 자체로 철학적 이론을 구성하는 것은 물론 아니다. 철학
은 항상 경험적 지식을 넘어서 확장되기 때문이다. 그러나 여기에서
중요하게 환기되어야 할 것은 새로운 경험적 발견과 충돌하는 철학적
가정이나 이론은 결정적으로 반박된다는 점이다. 이 때문에 새로운
윤리학적 탐구는 현재까지 주어진 경험적 증거들과 충돌하지 않는 방
식으로 수행되어야 한다. 존슨은 이렇게 수행되는 새로운 도덕적 탐
구를 "경험적으로 책임 있는 도덕철학"(empirically responsible mor-
al philosophy)[8]이라고 부른다.

7　존슨이 체험주의를 구성해 가는 과정에서 처음부터 듀이적 영향을 받은 것은 아니
　다. 오히려 존슨은 체험주의적 시각을 확장해 가는 과정에서 점차 듀이적 실용주
　의와의 유사성을 깨닫게 된 것으로 보인다.
8　존슨, 『도덕적 상상력』, p. 46.

3. 인간의 인지적 조건과 도덕의 크기

도덕적 담론의 원형적 주제는 신도 아니고 동물도 아니다. 도덕은 본성상 인간의 문제이며, 따라서 도덕적 담론은 현재와 같은 몸을 가진 우리 자신의 '종적(種的) 담론' 이다. 즉 '도덕성' 은 그 자체로 존립하거나 이해되는 사건이나 궁극적 목적이 아니라 우리의 개인적·집단적 삶을 번영으로 이끌어 가기 위한 기본적 '수단' 이다. 바꾸어 말하면 도덕은 현재와 같은 몸을 가진 유기체로서 인간의 삶의 양식에 근거해서만 그 의미를 갖게 된다. 도덕적 탐구가 도덕적 이상을 확립하려는 것이라면 그 이상은 순수한 이론적 이상이 아니라 우리 자신의 이러한 종적 조건에 근거해서만 적절하게 의미화될 수 있어야 한다.

   이러한 평이한 사실이 다시 환기되어야 하는 이유는 전통적 도덕 이론이 드러내는 기본적 가정의 부적절성 때문이다. 사변적 전통의 절대주의 윤리학은 처음부터 도덕원리가 객관적/절대적이어야만 한다는 문제의식에서 출발한다. 역설적이게도 그것은 경험 세계 안에 우리가 원하는 수준의 '객관성' 이 존재하지 않는다는 자명한 사실에서 출발한다. 이 때문에 사변적 전통의 철학자들은 자신들이 원하는 객관성을 초월적이거나 선험적인 영역에서 찾으려고 한다. 그리고 그것이 서양철학사의 지배적 주류를 이루어 왔다. 이 때문에 초월이나 선험에 관한 담론은 마치 철학이 지니는 고유한 특권처럼 간주되어 왔다. 그러나 존슨은 '도덕적인 것' 이 현재와 같은 몸을 가진 유기체로서 우리 자신의 근본적 조건에 부합해야 한다고 주장한다.

   우리 자신이 어떤 인간이 되어야 하는지, 타인을 어떻게 대해야 하는지와 관련된 우리의 도덕적 품위 개념은 인간의 본성, 인간의 필요, 인간

의 사고, 인간의 사회적 상호작용, 유의미하고 성공적인 삶을 향한 인간
의 욕구에 근거한, 전적으로 인간적인 개념이다.[9]

이러한 관점에서 존슨은 보편적 도덕원리를 추구하는 절대주의
도덕 이론이 의지하고 있는 「도덕법칙」(Moral Law) 통속이론이 근
원적으로 다음과 같은 일곱 가지 그릇된 가정에 근거하고 있다고 주
장한다.

1. **보편적 이성**: 모든 사람, 즉 모든 도덕적 주체는 논리적 원리에 따라 활
   동할 수 있는 이성 능력을 지니고 있다. 대부분의 이성 버전들은 이 합
   리성이 인간을 다른 동물들과 구별해 주는 본질적 특성이라고 본다.
2. **보편적 도덕법칙**: 인간의 이해와 이성으로 식별할 수 있고, 모든 합리
   적 존재를 구속하며, 우리의 모든 기본적인 도덕적 의무의 금지를 포
   괄적으로 규정하는 일련의 확정적인 보편적 도덕원리가 있다.
3. **절대적인 도덕적 가치/법칙**: 도덕적 가치, 목표, 법칙은 절대적이며, 따
   라서 역사적·문화적 조건이나 상황에 영향 받지 않는다.
4. **도덕적 개념은 문자적이다**: 우리의 기본적인 도덕법칙(원리)이 절대적
   이며, 명확한 의무를 규정한다면 이 원리들에 포섭되는 개념들은 상당
   히 확정적이고 잘 정의될 것이다. 만약 그렇지 않다면 그것들은 확정
   적이고 무조건적인 도덕적 지침을 제공할 수 없을 것이기 때문이다.
   우리가 도덕적 비결정성에 빠지지 않으려면 이 개념들은 세계의 사태
   에 직접적으로 합치해야 하며, 의미 또한 일의적이어야 한다. 바꾸어

---

9 존슨, 『인간의 도덕: 윤리학과 인지과학』, 노양진 역 (파주: 서광사, 2017), p. 18.
  (고딕은 존슨의 강조.)

말하면 이 기본적인 도덕적 개념들은 문자적이어야 한다.

5. 고전적 범주 구조: 이 개념들의 일의적 의미는 경험에 적용되기 위해
   일련의 필요충분조건에 의해 정의되어야 한다. 특정한 상황은 도덕원
   리에 사용되는 개념들에 의해 정의되는 조건들을 충족할 때에만 그 도
   덕원리에 해당된다.

6. 원리, 목표, 가치의 위계: 보편적 이성은 주어진 상황에서 의무들의 갈
   등, 그리고 도덕적 목표들의 우선성에 관한 불확정성을 극복하기 위해
   목표와 가치, 이차적 원리들을 서열화하는 원리를 제공해야 한다.

7. 근본적 자유: 근본주의는 도덕적 주체가 구속적이라고 인식하는 원리
   들에 따라 행위할 수 있다고 가정하며, 나아가 그처럼 완전히 자유로
   운 선택이 사람들의 행위에 대해 도덕적 책임을 부과할 수 있게 해 준
   다고 가정한다.[10]

이 가정들이 그릇된 것이라고 말하는 이유는 절대주의 도덕 이론이
근원적으로 우리 자신이 도달할 수 없는, 우리 자신의 인지적 능력을
넘어선 가정에 근거하고 있기 때문이다. 존슨은 현재와 같은 몸을 가
진 유기체인 우리 자신이 절대적인 것에 '부합하지' 않는 존재라는
사실을 환기하고 있다. 존슨의 이러한 주장은 설혹 절대적인 것이 존
재한다 하더라도 우리가 그것을 식별할 수 없다는 로티(R. Rorty)의
말을 떠올리게 한다.[11] 로티는 절대적인 것의 존재를 직접적으로 부정
하기보다는 절대적인 것에 이를 수 없는 우리의 조건에 눈을 돌리고
있는 것이다.

---

10 같은 책, pp. 314-15.

11 Richard Rorty, *Philosophy and Social Hope* (London: Penguin Books, 1999),
    p. 82 참조.

나아가 존슨이 주목하는 것은 우리 자신의 크기를 넘어선 도덕 이론이 불러오는 철학적 귀결이다. 도덕의 절대성에 대한 믿음은 흔히 '도덕적 근본주의'라는 태도를 불러온다. 존슨은 도덕적 근본주의를 "보편적 강제성의 형식을 갖는 절대적이고 무조건적인 도덕법칙이나 절대적이고 토대적인 도덕적 사실이 존재한다는 견해"[12]라고 규정한다. 존슨은 보편적 도덕원리에 대한 무조건적 확신 안에서 행위해야 한다고 믿는 이러한 도덕적 근본주의가 인지적으로 그릇된 것일 뿐만 아니라 도덕적으로 부도덕한 입장이라고 주장한다.

더 나쁜 것은 [도덕적 근본주의가] 부도덕하다는 점인데, 우리는 이제 그 이유를 알 수 있다. 도덕적 근본주의가 부도덕한 이유는 그것이 모든 진지한 형태의 도덕적 탐구를 가로막기 때문이다. 그것은 도덕적 진리를 자명하게 주어진 것으로 보기 때문이다. 도덕적 근본주의가 하나의 기본적 고려를 도덕적 문제 상황에서의 결단에 대한 유일한 해답이라고 받아들이는 한, 그것은 경험의 복잡성, 깊이, 풍부함, 그리고 변화하는 본성을 거부한다. 더 나쁜 것은 그것이 경험이 초시간적 법칙의 지배를 받는 폐쇄적이고 확정된 체계를 형성한다는 가정 아래 도덕적 탐구의 진전을 가로막는다는 점이다.[13]

도덕적 근본주의는 주어진 도덕원리가 절대적일 때에만 옳은 것일 수 있다. 그러나 체험주의적 분석에 따르면 추상적 개념의 층위에서 구성되는 모든 도덕법칙은 은유적 구성물이며, 거기에는 처음부터 절

---

12   존슨, 『인간의 도덕』, p. 304.
13   같은 책, p. 349. (고딕은 존슨의 강조.)

대성의 자리가 없다. 존슨에 따르면 "도덕적 근본주의는 인간의 유한
성과 오류 가능성을 넘어서려는 절망적이고 잘못된 시도"[14]일 뿐이
다. 도덕적 근본주의는 단순히 우리 자신의 크기에 부합하지 않을 뿐
만 아니라 도덕적 사고를 가로막는다는 점에서 오히려 부도덕으로 이
끌어 가는 위험성을 안고 있다.

4. 자연주의 윤리학의 경계

'자연주의 윤리학'이라는 말은 전통적인 윤리학적 전통에서 본다면
일종의 모순어법(oxymoron)이다. 윤리학적 논의에서 자연주의에 대
한 고전적인 비판은 윤리학을 자연화하려는 모든 시도가 '자연주의적
오류'(naturalistic fallacy)를 피할 수 없다는 것이다. '자연주의적 오
류'라는 말을 처음 사용한 사람은 무어(G. E. Moore)다. 무어는 좋음
이 자연적 속성일 수 없으며, 따라서 좋음이 분석의 대상이 아니라 직
관적으로만 알려지는 '그 무엇'이라고 주장함으로써 '도덕적 직관주
의'를 옹호하려고 했다. 그러나 후일 무어는 스스로 자신의 논변이 매
우 불투명한 것이었으며, 더 이상 정합적으로 유지되기 어려운 것이
었다는 점을 밝히고 있다.[15] 존슨은 무어의 주장에 대한 이러한 복잡
한 논란에 직접적으로 뛰어들기보다는 오히려 무어의 입장을 따라 좋
음과 같은 도덕의 문제를 직관의 문제로 간주할 경우, '도덕적인 것'
이 비판이나 합리적 반성으로부터 완전히 벗어나게 된다는 점에서 더

---

14 같은 책, p. 395.

15 G. E. Moore, *Principia Ethica*, revised ed. (Cambridge: Cambridge University Press, 1993), pp. 2-3 참조.

큰 문제가 있다고 지적한다.[16]

그러나 사실상 오늘날 많은 사람들은 '자연주의적 오류'를 "사실로
부터 당위를 추론할 수 없다"는 흄(D. Hume)의 주장을 위배하는 문
제로 해석하는 것으로 보인다.[17] 여기에서 중요한 것은 흄의 주장이
근원적으로 사실과 가치(당위)의 이분법적 구분을 전제하고 있다는
점이다. 사실과 가치의 이분법 문제는 최근 퍼트남(H. Putnam)의 집
중적인 논의를 통해 드러난 것처럼 경험주의적 가정이 낳은 근거 없
는 구분이다. 퍼트남은 사실과 가치가 본성적으로 결코 명확히 분리
될 수 없는 '얽힘'(entanglement)의 관계 속에 있다고 주장한다.[18] 퍼
트남의 주장이 옳은 것이라면 '자연주의적 오류'는 사실과 가치를 구
분하려는 경험주의적 가정이 낳은 불필요한 부산물이다. 이 문제에
관해 존슨은 퍼트남의 논의를 직접 다루고 있지 않지만, 그가 퍼트남

---

16 존슨, 『인간의 도덕』, p. 54 참조.

17 David Hume, *A Treatise of Human Nature*, eds. L. A. Selby-Bigge and P.
    H. Nidditch (Oxford: Oxford University Press, 1978), pp. 469-70. 퍼트남
    (H. Putnam)은 이 주장을 '흄의 법칙'(Hume's Law)이라고 부르는데, 흄이 직
    접 이 말을 하고 있는 것은 아니며, 또 흄의 실제 의도 또한 오늘날 사람들이 받
    아들이는 것과 동일해 보이지도 않는다고 지적한다. 흄의 실제 의도는 전통적인
    규범윤리적 명제들이 사실적 근거를 갖고 있지 않다는 것을 지적하려는 것이며,
    그것은 규범적 명제들의 의미론적 근거에 대한 도전이다. 그러나 오늘날 규범윤
    리학적 명제의 정당성을 옹호하려는 사람들이 자연주의적 시도를 반박하기 위해
    서 흄의 법칙에 의존하는 것은 역설적이라 하지 않을 수 없다. 힐러리 퍼트남,
    『사실과 가치의 이분법을 넘어서』, 노양진 역 (파주: 서광사, 2010), pp. 37-42
    참조.

18 퍼트남은 사실/가치 이분법을 '경험주의의 마지막 독단'이라고 부른다. 콰인(W.
    V. O. Quine)이 지적하는 환원주의와 분석/종합 구분, 데이빗슨(D. Davidson)
    이 지적하는 내용/체계 구분에 덧붙여 사실/가치 이분법이 경험주의의 네 번째
    독단이자 마지막 독단이라는 것이다. 퍼트남, 『사실과 가치의 이분법을 넘어서』,
    p. 243 참조.

의 주장에 동의하리라는 것은 분명하다. 대신에 존슨은 듀이를 따라 도덕적 경험의 문제를 가치 경험의 한 갈래로 받아들이며, 그것을 다른 경험들과 마찬가지로 '문제 해결'의 한 국면으로 본다. 이러한 듀이적 시각에서 본다면 사실이나 가치는 우리 경험의 국면들일 뿐이며, 거기에는 처음부터 사실/가치 이분법 같은 것은 존재하지 않는다.[19]

　한편 '자연주의'에 대한 또 다른 반대를 불러오는 흔한 오해가 있다. 자연주의의 비판자들은 모든 자연주의가 궁극적으로 환원주의나 물리주의의 한 형태일 수밖에 없다고 믿는다. 그러나 자연주의가 매우 다른 두 갈래로 구분될 수 있다는 점에 주목할 필요가 있다. 카로와 맥아더(M. de Caro and D. Macarthur)는 자연주의를 모든 초자연적 실재나 사건, 능력을 거부하는 입장으로 규정한다.[20] 나아가 이들은 자연주의를 '과학적 자연주의'(scientific naturalism)와 '개방적

19　필자는 더 근원적으로 이 이분법의 한 축을 이루는 '사실'이라는 범주 자체가 의심스러운 것이라고 본다. 경험주의적 전통 안에서 '사실' 개념은 모종의 '대응'(correspondence) 개념에 근거하고 있는데, 이 대응 개념의 실체가 불분명하다는 것이다. 예를 들어 믿음 A와 사실 A'가 대응한다고 말하는 것은 이미 A와 A'가 다른 종류의 대상이라는 것을 전제한다. ("A는 A 스스로에 대응한다"라고 말하는 것은 공허한 것이다.) 도대체 다른 대상들 사이에 대응 관계가 있다는 것이 무엇을 의미하는 것일까? 대응 개념이 불투명하다는 것은 사실 개념 또한 불투명하다는 것을 의미한다. 이러한 불투명성은 사실/가치 문제를 믿음의 문제에서 문장의 문제로 전환했던 20세기의 분석철학적 전통에도 가감 없이 이어졌다. 필자는 사실/가치 이분법을 지탱하는 이 '대응' 개념이야말로 '경험주의의 네 번째이자 마지막 독단'이라고 본다. 노양진, 「데이빗슨의 은유 이론」, 『범한철학』, 55집 (2009 겨울), pp. 372-73 참조.

20　Mario de Caro and David Macarthur, "Introduction: Science, Naturalism, and the Problem of Normativity," in Mario de Caro and David Macathur, eds., *Naturalism and Normativity* (New York: Columbia University Press, 2010), p. 3.

자연주의'(liberal naturalism)로 구분한다. 개방적 자연주의는 상위
적(추상적) 질서가 하위적(물리적) 지반에 근거하고 있다고 보지만
그 지반으로의 환원을 부정하는 입장이다. 개방적 자연주의는 '환원
되지 않아야 한다'는 선언적 입장이 아니라 실제적으로 상위적 질서
가 왜 하위적 지반으로 환원될 수 없는지를 밝히려는 해명적 입장이
라는 사실에 주목할 필요가 있다.

상위적 질서를 하위적 지반으로 환원하는 것이 왜 불가능한지를 드
러내기 위해서는 상위적 질서의 발생적 구조에 대한 해명이 필요하
다. 듀이는 그 발생적 구조를 '창발'(emergence)이라는 개념으로 설
명하려고 했지만 적어도 자신의 시대에 주어진 경험적 지식으로는 충
분한 경험적 해명에 이르지 못했다. 오늘날 급속히 성장하는 경험적
탐구, 특히 인지과학적 탐구는 창발을 뒷받침하는 훨씬 더 구체적인
증거들을 제시한다. 예를 들면 존슨은 그 창발적 구조를 '은유적 확
장'(metaphorical extension)이라는 기제로 설명한다. 존슨에 따르면
신체적/물리적 층위의 경험은 은유(metaphor), 환유(metonymy), 심
적 영상(mental imagery), 원형효과(prototype effect) 등의 기제를
통해 정신적/추상적 층위의 경험으로 확장된다.[21] 존슨은 이러한 다
양한 확장의 구조를 '상상적'(imaginative)이라는 말로 묶고 있다. 여
기에서 '상상적'이라는 말은 '비법칙적'이라는 의미를 함축한다. 이
확장이 비법칙적이라는 것은 확장된 층위의 경험이 그 지반을 이루고
있는 신체적/물리적 층위의 경험으로 산술적 환원이 될 수 없다는 사
실을 함축한다. 필자는 존슨의 이러한 비환원적 자연주의를 듀이적
시각을 따라 '창발적 자연주의'(emergentistic naturalism)라고 부를

---

21 존슨, 『마음 속의 몸』, 특히 3-5장 참조.

것이다.

존슨이 철학적 논의에서 초자연적인 것을 거부하는 결정적인 이유는 그것이 아무것도 '설명하지' 않기 때문이다.[22] 초자연적인 것에 의지하는 모든 이론들은 무엇인가를 설명하는 대신에 '선언'(assertion)한다. 설명이 없는 선언은 필연적으로 '근본주의'라는 위험을 안게 된다. 이러한 귀결은 초월과 선험 이론의 부분적 오류가 아니라 그 이론들의 본성에서 비롯되는 근원적 위험성이다. 초월이나 선험 이론은 경험적인 것을 넘어섬으로써 스스로 경험과의 연결고리를 잘라내는 방식으로 구성되며, 이 때문에 경험적인 것이 아니라 초월적인 것에 의해서만 판정될 수 있기 때문이다.

인지적 관점에서 본다면 초월적 추론 또는 선험적 추론은 사실상 경험적 내용을 새로운 정신 공간에 '은유적으로 사상'(metaphorically mapping)하는 것이다. 이렇게 구성된 초월이나 선험은 '은유적 사고'를 통한 사고실험일 수 있지만 어떤 증명도 해명도 아니다. 그것은 오히려 '선언'의 일종이며, 경험적 지식이 메우지 못한 빈 자리를 채우려는 상상적 제안일 뿐이다. 문제는 초월이나 선험이라는 이름으로 구성된 제안이 어느 순간 '해명'의 자리를 차지하게 된다는 점이다. 그것이 해명을 자처하는 순간, 경험적인 것과의 괴리 때문에 우리 자신에 대한 억압으로 변질될 수밖에 없다.

초월과 선험이 상상적 사고실험의 산물이라고 말하는 것은 우리 삶에서 초월적이거나 선험적인 유형의 사고실험이 근원적으로 금지되어야 한다고 말하는 것이 아니라 그것이 '사적 영역', 즉 사적 준칙이나 사적 가치의 문제로 국한되어야 한다는 것을 의미한다. 바꾸어 말

---

22 존슨, 『인간의 도덕』, p. 26 참조.

하면 사변적 이론들이 의지하는 특정한 초월적 또는 선험적 상상이
왜 '나의 상상이 되어야 하는지'를 객관적으로 입증할 수 없다는 것
이다.

존슨의 자연주의적 윤리학의 핵심적 요체는 우리 자신의 실제적 능
력이 사변적 도덕 이론이 제안하는 보편적 도덕원리에 부합하지 않는
다는 것이다. 이러한 사실은 특정한 이론의 귀결이 아니라 오히려 현
재와 같은 몸을 가진 인간의 유기체적 조건에 대한 반성적 성찰을 통
해서 자연스럽게 드러난다. 우리의 조건을 넘어선 도덕적 절대주의를
거부하게 되면 우리에게 남은 유일한 탐구의 지반은 경험적 영역으로
국한된다. 이런 의미에서 자연주의는 적극적인 탐구 프로그램이라기
보다는 초월이나 선험을 거부함으로써 열리게 되는 소극적 탐구의 영
역을 가리킨다. 이러한 관점에서 존슨은 "심리학적으로 현실적인 인
간의 도덕(psychologically realistic morality for humans) …… 제한
되고 오류 가능한 인지적·정서적 능력을 가진 실제 인간 존재에 부합
하는 도덕"[23]을 제안한다.

그렇다면 보편적 도덕원리나 법칙이 사라진 자리에서 우리의 도덕
적 사고와 행위는 어떻게 이루어지는 것일까? 이 물음에 대한 존슨의
핵심적 답은 '도덕적 숙고'다. 존슨에 따르면 도덕적 숙고는 '상상적
문제 해결'(imaginative problem solving)의 한 형태다.[24] 도덕적 경
험을 문제 해결의 관점에서 바라보는 시각은 듀이의 윤리학에서 이미
그 윤곽이 그려지고 있다. 듀이는 도덕적 판단이 선결된 도덕원리에
의해 이루어지는 것이 아니라 미래의 불투명한 상황에 대한 가상적

---

23 같은 책, p. 22. (고딕은 존슨의 강조.)
24 같은 책, p. 23 참조.

시나리오들을 상상함으로써 그 귀결을 추정하는 문제라고 말한다. 그래서 듀이는 도덕적 숙고의 이러한 특성을 '드라마적 리허설'(dramatic rehearsal)이라고 부른다.

숙고는 다양한 경쟁적 행위 가능성들에 대한 (상상 안에서의) 드라마적 리허설이다. …… 그것은 다양한 행위 가능성이 실제로 어떤 것인지를 찾으려는 실험이다. …… 사고는 앞으로 나아가 귀결들을 예견하며, 그렇게 함으로써 실제적 실패나 재앙이 주는 교훈을 기다리는 것을 피한다. 공공연하게 수행된 행위는 돌이킬 수 없으며, 그 귀결은 가릴 수 없다. 상상 안에서 수행된 행위는 최종적이거나 치명적이지 않다. 그것은 만회할 수 있다.[25]

이러한 도덕적 숙고의 과정에는 단일한 알고리즘이 없다. 이러한 상황에서 특정한 도덕원리를 무조건적 원리로 받아들이기를 요구하는 것이 바로 '도덕적 근본주의'다. 바꾸어 말하면 도덕적 근본주의는 도덕적 숙고를 이끌어 가는 상상적 사고실험의 가능성을 원천적으로 봉쇄한다. 도덕적 근본주의를 포기한다면 전통적 도덕 이론이 제시하는 도덕법칙들은 절대적 법칙이 아니라 도덕적 숙고의 과정에서 참조할 수 있는 지적 전승물이 될 수 있을 것이다. 존슨은 전승된 도덕법칙 이론들에 대해 이렇게 말한다.

나는 도덕법칙들이 존재하며, 또 그 일부는 행위에 있어서 인간적 보

---

25 John Dewey, *Human Nature and Conduct: The Middle Works, 1988-1924*, Vol. 14, ed. Jo Ann Boydston (Carbondale, Ill.: Southern Illinois University Press, 1988), pp. 132-33.

편성에 매우 근접한 것일 수도 있다는 점을 인정한다. 비록 필연적으로
도덕법칙들은 구체적 상황에서 어떻게 행위해야 하는지에 관한 지침으
로서만 유용할 정도로 일반적이기는 하지만. 어떤 전통이나 문화의 도덕
적 지혜의 축적물로서 도덕법칙은 사람들의 경험의 요약으로서 기능할 수
있다. 그러나 그 사실로부터 도덕적으로 행위하는 것이 합리적으로 도출
된 규칙들의 체계에 정확히 부합하게 행위하는 것으로 환원될 수 있다는
결론이 따라 나오는 것은 결코 아니다.[26]

도덕적 절대주의라는 열망을 비켜서서 자연주의적 시각에서 보면
지난 수천 년 동안 윤리학적 탐구를 혼동으로 이끌어 갔던 것은 '우리
의 것'과 '우리가 원하는 것' 사이의 혼동으로 보인다.[27] 전통적인 규
범윤리학은 보편적 도덕원리의 발견을 주된 목표로 삼았으며, 그것이
우리의 경험적 세계 안에서 발견될 수 없다는 사실을 그 출발점에서
부터 알고 있었다. 이러한 상황에서 초월과 선험은 바로 경험적 세계
를 넘어서기 위한 개념적 장치다.
    체험주의적 반성을 통해 우리는 이제 도덕적 절대주의가 추구하는
보편적 도덕원리가 왜 근원적으로 절대적일 수 없는지를 알게 되었으
며, 나아가 보편적 도덕원리가 설혹 존재한다 하더라도 더 나은 도덕
적 삶을 유지하는 데 기여하지 못한다는 사실 또한 알게 되었다. 절대
주의적 미련을 떨치지 못하는 한, 윤리학은 스스로의 이론적 과도성

---

26   존슨, 『도덕적 상상력』, p. 82. (고딕은 필자의 강조.)
27   노양진, 『몸·언어·철학』, pp. 332 참조. '혼동'이라는 생각은 서양철학의 역사
        를 의미와 무의미의 혼동의 역사로 진단했던 비트겐슈타인에게서 온 것이다. 필
        자는 의미/무의미 혼동의 실제적 국면을 우리의 것과 우리가 원하는 것의 문제
        로 보았다.

에서 비롯되는 당혹에서 벗어날 수 없을 것이다. 이러한 관점에서 본다면 절대주의적 규범윤리학의 붕괴는 지난 세기의 분석철학적 물결이 불러온 이례적 스캔들이 아니라 윤리학의 본성에 대한 지적 반성이 낳은 자연스러운 귀결로 읽힐 수 있다. 그러나 절대주의적 규범윤리학의 붕괴가 윤리학적 탐구 자체의 불가능성을 의미하는 것은 결코 아니다. 절대주의적 규범윤리학이 거부된다 하더라도 '도덕', 즉 도덕적 경험은 여전히 우리 삶의 핵심적 일부를 이루고 있기 때문이다. 이것은 우리에게 새로운 윤리학적 탐구가 필요하다는 것을 말해 준다. 자연주의 윤리학은 바로 이 필요성에 대한 존슨의 제안이다.

이제 존슨뿐만 아니라 모든 자연주의자에게 주어진 과제는 신체적/물리적 층위의 질서와 정신적/추상적 층위의 질서 사이의 불투명한 관계를 새롭게 해명하는 일로 보인다. 그것은 도덕적 절대주의가 제기했던 도덕적 문제들을 자연주의적 지반 위에서 적절하게 해명하는 데 우선적으로 선결되어야 할 과제다. 우리에게는 아직 충분한 해명이 주어지지 않았지만 적어도 두 질서에 대해 전통적으로 유지되어 왔던 이원론적 시각은 더 이상 자리가 없어 보인다. 이러한 탐구의 진전에는 또 다른 메타적 도약이 아니라 경험적 지식의 성장과 통합이 결정적인 열쇠를 제공할 것이다. 이러한 관점에서 존슨의 자연주의 윤리학은 사변적 전통의 도덕적 탐구가 드러내는 이론적 '과도성'을 넘어서서 우리 자신의 인지적 조건에 부합하는 새로운 도덕적 탐구의 방향을 제시한다. 그것은 현재와 같은 몸을 가진 유기체로서 우리 자신에게 부합하는 '도덕 이론의 크기'에 대한 제안이다.

5. 맺는말

윤리학에 관한 존슨의 최근 논의는 자연주의적 탐구의 필요성과 가능
성에 대한 적극적 옹호로 특징지어진다. 도덕적 탐구에 대한 자연주
의적 반성은 '도덕적인 것'의 본성에 대한 근원적 이해의 전환을 요
구한다. 보편적 도덕원리의 탐구를 주제로 삼았던 절대주의적 윤리학
의 결정적 오류는 도덕적 질서가 우리의 현실적 삶을 넘어서는 방식
으로, 즉 초역사적이고 객관적인 방식으로 주어져 있어야 한다는 것
이었다. 도덕적 질서는 도덕적으로 엇갈리거나 흐트러진 현실적 삶을
지도할 수 있어야 하며, 따라서 그것은 현실적 삶의 '앞' 또는 '위'에
있어야 한다. 그러나 체험주의적 시각을 따라 되돌아보면 삶의 실제
적 구조를 넘어선 초월적 원리는 '우리의 것'의 문제가 아니라 '우리
가 원하는 것'의 문제다. '우리가 원하는 것'이 단지 원하는 것으로
그치지 않고 종종 '절대'나 '보편'이라는 이름으로 오히려 우리 자신
조차도 새롭게 규정한다. 불운한 것은 그렇게 규정된 인간이 오늘날
새로운 경험적 지식이 알려 준 우리 자신의 모습과 너무나 다르다는
점이다.
　'사변'이 철학적 탐구의 배타적 특권이라는 생각은 오래된 철학사
가 남겨 준 낡은 메시지다. 사변이 인간의 고유한 특성의 하나라는 것
은 분명하지만 사변이 불러오는 철학적 혼동, 그리고 그 혼동의 귀결
은 결코 소박하지 않다. 사변을 통해 제시된 기준들은 '우리가 원하는
것'이라고 말하는 대신 종종 우리 자신에 대한 객관적 '해명'을 자처
하며, 그것은 오히려 우리 자신을 재단하는 척도가 되어 우리를 억압
하기 때문이다. 이러한 구도 안에서 억압된 것들을 구원할 유일한 통
로는 오직 그 초월적 사변에 의해서만 열린다. 사변적 이론에는 이 순

환성을 비켜설 장치가 없어 보인다.

　윤리학적 탐구 안에서 사변적 전통은 절대주의적 규범윤리학의 형태로 지배적 주류의 자리를 지켜 왔지만 지난 세기 분석의 물결과 해체론적 기류 속에서 그 학문적 정당성의 근거를 잃은 것으로 보인다. 그러나 규범윤리학의 붕괴가 옳다 하더라도 그 귀결이 결코 우호적이지만은 않다. 분석철학도 해체론도 그 자체로 절대주의적 규범윤리학의 빈 자리를 채워 줄 대안적 논의는 아니기 때문이다. 이 때문에 윤리학은 과거의 절대주의적 규범윤리학으로 되돌아갈 수도 없으며, 분석철학이나 해체론을 따라 침묵할 수도 없는 딜레마에 직면하게 되었다. 이러한 상황에서 '도덕적 이해'에 대한 경험적 탐구를 향한 존슨의 자연주의적 윤리학은 이 딜레마를 비켜서는 제3의 통로를 열어 준다는 점에서 그 현재적 중요성을 가늠해 볼 수 있을 것이다.

참고문헌

김상환. 『해체론 시대의 철학』. 서울: 문학과지성사, 1996.

김영건. 「과연 우리는 도에 대해서 말할 수 없는가?」. 한국도가철학회 편. 『노자에서 데리다까지: 도가 철학과 서양 철학의 만남』. 서울: 예문서원, 2001.

김재권. 『수반과 심리철학』. 김광수 외 역. 서울: 철학과현실사, 1995.

김형효. 「도가 사상의 현대적 독법」. 한국도가철학회 편. 『노자에서 데리다까지: 도가 철학과 서양 철학의 만남』. 서울: 예문서원, 2001.

_____. 「데리다를 통해 본 노장의 사유 문법」. 한국도가철학회 편. 『노자에서 데리다까지: 도가 철학과 서양 철학의 만남』. 서울: 예문서원, 2001.

_____. 「도구적 세상보기와 초탈적 세상보기: 이승종 교수의 비판에 대한 답변」. 『오늘의 동양사상』, 제6집 (2002): 33-43.

_____. 『사유하는 도덕경』. 서울: 소나무, 2004.

_____. 『철학적 사유와 진리에 대하여 1-2』. 서울: 청계, 2004.

노양진. 『상대주의의 두 얼굴』. 파주: 서광사, 2007.

_____. 「데이빗슨의 은유 이론」. 『범한철학』, 제55집 (2009 겨울): 357-77.

_____. 『몸·언어·철학』. 파주: 서광사, 2009.

_____. 「이승종의 「진리와 과학」에 대한 논평」. 이승종. 『크로스오버 하이데거: 분석적 해석학을 향하여』. 서울: 생각의 나무, 2010.

_____. 『몸이 철학을 말하다: 인지적 전환과 체험주의의 물음』. 파주: 서광사, 2013.

니체, 프리드리히. 『비도적적 의미에서의 진리와 거짓에 관하여: 유고(1870-1873)』. 이진우 역. 서울: 책세상, 2001.

레이코프, G. · M. 존슨. 『몸의 철학: 신체화된 마음의 서구 사상에 대한 도전』. 임지룡 외 역. 서울: 박이정, 2002.

_____. 『삶으로서의 은유』. 수정판. 노양진·나익주 역. 서울: 박이정, 2007.

로티, 리처드. 『우연성·아이러니·연대성』. 김동식·이유선 역. 서울: 민음사, 1996.

_____. 『철학 그리고 자연의 거울』. 박지수 역. 서울: 까치, 1998.

마뚜라나, 움베르또 · 프란시스코 바렐라. 『앎의 나무: 인간 인지 능력의 생물학적 뿌리』. 최호영 역. 서울: 갈무리, 2007.

메를로 퐁티, 모리스. 『지각의 현상학』. 류의근 역. 서울: 문학과지성사, 2002.

번스타인, 리처드. 『객관주의와 상대주의를 넘어서』. 정창호 외 역. 서울: 보광재, 1996.

비트겐슈타인, 루트비히. 『논리-철학 논고』. 이영철 역. 서울: 책세상, 2006.

_____. 『철학적 탐구』. 이영철 역. 서울: 책세상, 2006.

_____. 『문화와 가치』. 이영철 역. 서울: 책세상, 2006.

_____. 『청색책·갈색책』. 이영철 역. 서울: 책세상, 2006.

왕필. 『왕필의 노자주』. 임채우 역. 서울: 한길사, 2005.

용수. 『중론』. 박인성 역. 『한글대장경』. 서울: 동국역경원, 1993.

윌슨, 에드워드. 『통섭: 지식의 대통합』. 최재천·장대익 역. 서울: 사이언스북스, 2005.

이기상. 「철학함과 민족 언어, 우리말로 철학하기」. 『한민족과 2000년대의 철
학』 (1999 한민족 철학자대회 대회보 1).

존슨, 마크. 『마음 속의 몸: 의미, 상상력, 이성의 신체적 근거』. 노양진 역. 서
울: 철학과현실사, 2000.

＿＿＿. 『도덕적 상상력: 체험주의 윤리학의 새로운 도전』. 노양진 역. 파주: 서
광사, 2008.

＿＿＿. 『인간의 도덕: 윤리학과 인지과학』. 노양진 역. 파주: 서광사, 2017.

콰인, W. V. O. 『논리적 관점에서』. 허라금 역. 서울: 서광사, 1993.

쿤, 토머스. 『과학 혁명의 구조』. 조형 역. 2판. 서울: 이화여자대학교 출판부,
1994.

퍼트남, 힐러리. 『과학주의 철학을 넘어서』. 원만희 역. 서울: 철학과현실사,
1998.

＿＿＿. 『이성·진리·역사』. 김효명 역. 서울: 민음사, 2002.

＿＿＿. 『사실과 가치의 이분법을 넘어서』. 노양진 역. 파주: 서광사, 2010.

포코니에, 질·마크 터너. 『우리는 어떻게 생각하는가?: 개념적 혼성과 상상력
의 수수께끼』. 김동환·최영호 역. 고양: 지호, 2009.

포퍼, 칼. 『추측과 논박: 과학적 지식의 성장 1』. 이한구 역. 서울: 민음사,
2001.

플라톤, 『국가·政體』. 박종현 역주. 서울: 서광사, 1997.

하이데거, 마르틴. 『존재와 시간』. 이기상 역. 서울: 까치, 1998.

한국도가철학회 편. 『노자에서 데리다까지: 도가 철학과 서양 철학의 만남』.
서울: 예문서원, 2001.

한자경. 「무엇이 존재하는가?」. 『일심의 철학』. 서울: 서광사, 2002.

"Alien Hand Syndrome." http://en.wikipedia.org/wiki/Alien_hand_syn-
drome.

Cannon, Walter. *The Wisdom of the Body*. Revised ed. New York: W. W. Norton, 1963 (original 1932).

Carnap, Rudolf. *Meaning and Necessity: A Study in Semantics and Modal Logic*. Chicago: University of Chicago Press, 1947.

Cassirer, Ernst. *Language and Myth*. Trans. Susanne Langer. New York: Dover Publications, 1953.

Clark, Andy. *Being There: Putting Brain, Body, and World Together Again*. Cambridge, Mass.: MIT Press, 1997.

Davidson, Donald. "Truth and Meaning." In his *Inquiries into Truth and Interpretation*. Oxford: Clarendon Press, 1984.

_____. "On the Very Idea of a Conceptual Scheme." In his *Inquiries into Truth and Interpretation*. Oxford: Clarendon Press, 1984.

De Caro, Mario and David Macarthur, eds. *Naturalism and Normativity*. New York: Columbia University Press, 2010.

Derrida, Jacques. *Positions*. Trans. Alan Bass. Chicago: University of Chicago Press, 1981.

_____. *Margins of Philosophy*. Trans. Alan Bass. Chicago: University of Chicago, 1982.

Dewey, John. *Logic: The Theory of Inquiry: The Later Works 1925-1953*. Vol. 12. Ed. Jo Ann Boydston. Carbondale, Ill.: Southern Illinois University Press, 1986.

_____. *Human Nature and Conduct: The Middle Works, 1988-1924*. Vol. 14. Ed. Jo Ann Boydston. Carbondale, Ill.: Southern Illinois University Press, 1988.

Freud, Sigmund. *The Standard Edition of the Complete Psychological Works of Sigmund Freud.* Vols. 11, 14. Ed. James Strachey. London: The Hogarth Press, 1957.

Gadamer, Hans-Georg. *Truth and Method.* Trans. William Glen-Doepel. 2nd ed. London: Sheed and Ward, 1979.

Gallagher, Shaun. *How the Body Shapes the Mind.* Oxford: Oxford University Press, 2005.

Gasché, Rodolphe. *The Tain of the Mirror: Derrida and the Philosophy of Reflection.* Cambridge, Mass.: Harvard University Press, 1986.

_____. *Inventions and Difference: On Jacques Derrida.* Cambridge, Mass.: Harvard University Press, 1994.

Guthrie, W. K. C. *A History of Greek Philosophy, Vol. 3: The Fifth-Century Enlightenment.* Cambridge: Cambridge University Press, 1969.

Habermas, Jürgen. "What Is Universal Pragmatics?" In his *Communication and the Evolution of Society.* Trans. Thomas McCarthy. Boston, Mass.: Beacon Press, 1979.

Heidegger, Martin. *Being and Time.* Trans. John Macquarrie and Edward Robinson. New York: Harper & Row, 1962.

Hume, David. *Enquiries Concerning Human Understanding.* Ed. L. A. Selby-Bigge. 3rd ed. Oxford: Clarendon Press, 1975.

_____. *A Treatise of Human Nature.* Eds. L. A. Selby-Bigge and P. H. Nidditch. Oxford: Oxford University Press, 1978.

Johnson, Mark. "How Moral Psychology Changes Moral Theory." In Larry May et al., eds. *Mind and Morals: Essays on Ethics and Cognitive Science.* Cambridge, Mass.: MIT Press, 1996.

Kihlstrom, J. F. "Conscious, Subconscious, Unconscious: A Cognitive Perspective." In K. S. Bowers and D. Meichenbaum, eds. *The Unconscious Reconsidered*. New York: Wiley, 1984.

_____. "The Cognitive Unconscious." *Science*, vol. 237 (1987): 1445-52.

Lakoff, George. *Women, Fire, and Dangerous Things: What Categories Reveal about the Mind*. Chicago: University of Chicago Press, 1987.

Lakoff, George and Rafael Núñez. *Where Mathematics Comes From: How the Embodied Mind Brings Mathematics into Being*. New York: Basic Books, 2000.

Leder, Drew. *The Absent Body*. Chicago: University of Chicago Press, 1990.

Lyotard, Jean-François. *The Postmodern Condition: A Report on Knowledge*. Trans. Geoff Bennington and Brian Massumi. Minneapolis, Minn.: University of Minnesota Press, 1984.

Moore, G. E. *Principia Ethica*. Revised ed. Cambridge: Cambridge University Press, 1993.

Quine, W. V. O. *Word and Object*. Cambridge, Mass.: MIT Press, 1960.

_____. *The Ways of Paradox and Other Essays*. Revised ed. Cambridge, Mass.: Harvard University Press, 1976.

Reddy, Michael. "Conduit Metaphor: A Case of Frame Conflict in Our Language about Language." In Andrew Ortony, ed. *Metaphor and Thought*. 2nd ed. Cambridge: Cambridge University Press, 1993.

Rorty, Richard. *Objectivity, Relativism, and Truth: Philosophical Papers 1*. Cambridge: Cambridge University Press, 1991.

_____. *Philosophy and Social Hope*. London: Penguin Books, 1999.

Searle, John. *The Construction of Social Reality*. New York: Free Press, 1995.

_____. *Making the Social World: The Structure of Human Civilization*. Oxford: Oxford University Press, 2010.

Sellars, Wilfrid. *Empiricism and the Philosophy of Mind*. Cambridge, Mass.: Harvard University Press, 1997(original, 1956).

Selye, Hans. "A Syndrome Produced by Diverse Nocuous Agents." *Nature*, vol. 138 (1936).

찾아보기